SUYANG DAOXIANG XIA

XIAOXUE KECHENG ZONGHEHUA DE

SHIJIAN ZHILU

素养导向下

小学课程综合化的实践之路

主　编◎刘　檩

副主编◎吴　艳　易　洁

编　委◎闫　军　杨　琳　吴海燕　钟明秀

马恬然　魏　星　代长珍　周昕昕

蹇文媛　赵春梅　苟千惠　宋雨珂

黄　锐　刘仕虞

电子科技大学出版社

University of Electronic Science and Technology of China Press

·成都·

图书在版编目（CIP）数据

素养导向下小学课程综合化的实践之路 / 刘檩主编.
成都 : 成都电子科大出版社, 2025. 6. -- ISBN 978-7
-5770-1667-2

Ⅰ. G622.3

中国国家版本馆 CIP 数据核字第 2025ZF1471 号

素养导向下小学课程综合化的实践之路

刘　檩　主编

策划编辑　卢　莉　赵倩莹
责任编辑　赵倩莹
责任校对　卢　莉
责任印制　段晓静

出版发行　电子科技大学出版社
　　　　　成都市一环路东一段159号电子信息产业大厦九楼　邮编 610051
主　　页　www.uestcp.com.cn
服务电话　028-83203399
邮购电话　028-83201495

印　　刷　成都市火炬印务有限公司
成品尺寸　170 mm×240 mm
印　　张　14.25
字　　数　265千字
版　　次　2025年6月第1版
印　　次　2025年6月第1次印刷
书　　号　ISBN 978-7-5770-1667-2
定　　价　68.00元

序 言

人类进入21世纪的第三个十年，时代正在发生一系列深刻的变化，世界变得具有更多可能性：人工智能正在加速重塑知识的获取与创造方式，突飞猛进的科技呼唤学校教育内容的更新，全球化与本土化的张力则要求教育在传承与创新之间找到平衡。这些变化对教育提出了新的要求：学生不仅需要掌握学科知识，还需要具备跨领域思维、协作能力与创新精神，以应对日益复杂的现实问题。然而，当前的教育实践仍然面临三重割裂的困境：一是知识间的割裂，学科壁垒高筑，学生只见树木不见森林；二是知识与经验的割裂，书本内容与现实生活脱节，学习沦为应试工具；三是知识与自我的割裂，标准化教学忽视个体差异，学生成为知识的容器而非运用知识的主体。

在此背景下，课程综合化重新走入公众视野。在19世纪，课程综合化的概念由德国教育家赫尔巴特首次明确提出，赫尔巴特在“统觉论”的基础上对课程综合化进行理论论证。而后在德国的合科教学中得到初步实践，被用于解决传统学科课程脱离实际生活、忽视学生情感等问题。此后，综合课程在不同国家和地区呈现出多样化的发展趋势，杜威的“经验中心课程”、布鲁纳的“结构主义”以及21世纪的核心素养教育，都对课程综合化的思想演进作出贡献。

在我国，课程综合化的研究与实践也在不断发展。随着新课程改革的推进，课程综合化成为教育改革的一个重要方向。2022年，教育部印发的《义务教育课程方案和课程标准（2022年版）》强调课程的综合性和实践性，要求加强学科内知识整合，并设置不少于10%的课时开展跨学科主题学习。这一政策的实施标志着课程综合化在我国教育体系中的进一步深化和加强。

作为一种创新性的教育行动，课程综合化通常以“大概念”或“核心问题”为统整线索，根据不同学段学生的认知水平，从“学科内知识整合”到“跨学科主题学习”分层推进，将多方面的学习内容、多方面的学习过程、多方面的素养发展全部进行有机融合，形成更具整体性的课程设计。就其目标而言，课程综合化的核心是培养学生以跨学科思维解决复杂问题的能力与广泛适应现实世界的综合素养。须知，课程综合化不是学科叠加，也非否定分科，而是一场以“联结”和“融合”为核心的教育重构：通过知识的整合、经验的贯通与认知的生成，让学生在真实情境中成长为“完整的人”。正如联合国教科文组织在《反思教育》中所言：“教育必须超越功利主义和经济主义的狭隘视角，回归人文主义的整体观。”本书的写作正是成都市龙江路小学武侯新城分校（简称“龙小新城”）以课程综合化为切口，探索中国基础教育从“分离育人”走向“综合育人”的突围之路。

课程综合化的产生并非偶然，而是有着深厚的理论基础和现实驱动，建构主义理论、多元智能理论、认知主义理论和生活教育理论等为课程综合化提供了丰富的理论支撑和方法论指导。为此，本书第一章系统梳理了课程综合化的理论脉络，揭示其如何以“大概念”为锚点，将碎片化知识编织为意义之网。理论的烛照需要实践的脚步丈量，第二章和第三章构建了课程综合化的“方法论图谱”，试图回答教育者最关心的三个问题：如何建构？如何实施？如何保障课程综合化？

在实践建构层面，龙小新城提出了“三级进阶模型”，即学科内综合学习、跨学科主题学习与超学科综合学习。其中，学科内综合学习旨在将学科内部的知识整合成综合的学习项目。例如，语文单元统整教学中将《爬山虎的脚》《蟋蟀的住宅》等课文整合为“连续观察”主题，通过群文阅读、整体感知、生态写作等活动，让语言学习成为审美体验与生命感悟的旅程。跨学科主题学习搭建学科协同的桥梁，例如，在《跳绳中的数学》跨学科教学中，教师引导学生运用数学知识设计跳绳赛制，在“公平与效率”中辩证理解数学的实践智慧，体现对学科本质的深度回归。超学科项目学习直接链接生活世界，引导学生解决现实问题。例如，在“耕园兑换梭梭树”项目学习活动中，引导学生通过成本核算（数学）、生态研究（科学）、公益倡导（语文），将校园实践付诸荒漠化防治的社会行动，知识学习也由此升华为公民精神的觉醒。

在具体实施层面，龙小新城提炼出“四维支撑体系”：以柔性项目管理、跨学科教研共同体重构组织生态；以线上线下融合的学习空间支持探究与协作；以“鱼骨分析法”“反思 2+1”等工具支架实现可视化思维；践行“教-学-评一致性”原则与“新城币-公益积分”机制，在评价的基础上使学生走向发展。

本书扎根于课程改革的土壤，用严谨的逻辑、翔实的案例和实用的工具，回答了两个根本问题：课程综合化“何以必要”与“何以可能”。全书构建了“理论认知-实施路径-案例解析”三位一体的框架，既从建构主义等理论视角阐释课程综合化的底层逻辑，又通过“三级进阶模型”（学科内知识整合→跨学科主题学习→超学科项目学习）和“四维支撑体系”（制度、空间、工具、评价）提供可落地的操作指南。

“君子生非异也，善假于物也。”无论是课程综合化，还是分学科教学，其终极追求是让教育回归其本质——使人成为人，使人成为整体的人，使人成为强有力的人。当课程综合化让知识回归生活、让学习指向成长、让教育充满温度时，我们便离这个理想更近了一步。

愿这本书成为一束火把，照亮更多教育者前行的道路——因为最好的教育永远在路上。

四川师范大学教育科学学院院长　李松林

2025年3月6日

目 录

第一章

课程综合化的理论认知

课程综合化是21世纪教育变革的重要命题，其并非简单的“学科拼盘”，而是具有独特内在特质的教育生态。本章从内涵价值、现实驱动与理论依据三个维度，系统阐述课程综合化的理论认知框架。首先，剖析课程综合化的内涵，揭示其在教育中的独特价值，包括整体育人、综合育人和个性化育人三重价值维度，这些价值不仅满足了教育的本质需求，也为学生的全面发展提供了新的路径。其次，深入分析了课程综合化的现实驱动力量。课程综合化的产生并非偶然，而是有着深刻的现实驱动，从教育政策的导向到学生多元需求的满足，再到学校自身发展的需要，课程综合化成为教育改革的必然选择，本章将详细探讨这些背景因素，揭示课程综合化与教育改革的内在联系。最后，从建构主义、多元智能、认知主义与生活教育理论四大基石出发，为课程综合化提供坚实的理论支撑。通过本章的论述，读者将全面理解课程综合化的概念与必要性，为后续的实践探索奠定理论基础。

一、课程综合化的内涵价值

（一）课程综合化的内涵

从课程理论的分类维度看，课程综合化与分科课程构成互补关系。近年来，学界逐渐突破传统“综合课程”的单一表述，开始广泛使用“统整”“融合”等概念进行阐释。值得注意的是，这种概念演进不仅体现了知识观的转变，更折射出教育者对基础教育现实困境的深刻反思。基于此，可将课程综合化的内涵归纳为以下三点。

1. 一般意义上的综合课程

通常而言，综合课程作为分科课程的对应形态，其核心特征在于跨学科或合科的组织方式。有学者指出，这类课程组织形式是以特定主题或问题为核心，有意识地整合两门及以上学科的知识与方法。其价值体现在通过多学科协同突破单一学科的认知局限，完成单科教学难以完成的复杂任务，而这种整合本质上是在预设的学科框架内进行的操作，学科本位属性未发生本质改变，因此在学界被定义为广义学科课程或学科类综合课程（与活动类课程形成对应关系）。

就知识组织维度而言，此类课程可分为两类：其一，维持原有学科边界的跨学科主题联结；其二，突破学科本体论限制的新型知识生产范式。

2. 学科的综合化

学科综合化的显著特征是破除学科本位，形成以现实领域主题为导向的全新课程设计范式。这些课程从自然、社会和自我等学科之外的现实领域选择有价值的主题、问题和议题，展开课程设计与内容组织，并聚焦主体发展与社会问题相关的课程目标。相较于学科类综合课程，此类课程不再依赖分科理论基础，而是构建了独立的目的、知识与学习理念体系。随着学科界限的消解，知识得以在现实问题脉络中重构定位，这种课程模式在信息社会背景下更具发展前瞻性，让学生在面对人类共同挑战与个体精神危机时，能够有效回应复杂世界的教育需求。

3. 学科内的综合化

现代学科体系是人类智慧的结晶，它为分科教学提供了重要支撑。无论任何时候，学科始终是学校课程教学最重要的资源和基础。然而，受功利主义与还原主义的影响，传统学科课程容易忽略与知识发现过程相关的背景性要素，导致教学侧重于对学科知识点的离散式学习。值得注意的是，在现实的课程和教学中，学科内的综合化一直或多或少地存在。从知识结构的系统整合到教学经验的有机融合，再到学科思维过程的贯通培养，构成了综合化体系的微观基础。同时，学科间的综合化往往以学科内的综合化为基础，由学科内到学科间，再到超越学科的学科外的主题设计，这种由内而外的拓展路径（科内综合→科际整合→超学科主题设计）不仅反映了课程综合化过程中要素的连续扩充和建构，更与人类认知发展规律呈现动态协同的关系。

我们认为，传统分科课程体系虽然在知识体系的构建上具有一定的系统性，但忽视了知识之间的内在联系，导致学生在学习过程中往往陷入“只见树木，不见森林”的困境。课程综合化的核心观念在于打破学科之间的壁垒，强调知识的整合与融合，通过跨学科、超学科的学习方式，帮助学生构建更加完整、系统的知识体系。课程综合化不仅是教学方式的变革，更是教育哲学的重构——从“知识本位”转向“素养本位”，从“学科割裂”转向“整体育人”，从“被动接受”转向“主动建构”。课程综合化的本质是对传统教育中“知识间、知识与经验、知识与自我”的深度回应：传统分科课程将知识切割为孤立领域，而现实世界的复杂性要求跨学科思维，而课程综合化以“大概念”（如系统、平衡、可持续性）为锚点，重新编织知识网络，帮助学习者形成对问题的整体认知。同时，课程综合化强调“在真实情境中学习”，让学生在行动中理解知识的实践价值，通过个性化学习设计（如角色分工、分层任务），帮助学生将知识学习与兴趣、价值观相联结，在行动中建构个体意义。

课程综合化的内涵在于从“碎片化”到“结构化”，从“静态传递”到“动态生成”，从“统一标准”到“个性发展”。课程综合化以新课标为纲，将知识、能力、态度三维目标整合为“素养立方”，通过学科内整合（结构化基础）— 跨学科主题（能力迁移）— 超学科项目（素养综合）的实施路径，形成能力发展的螺旋阶梯。

（二）课程综合化的三重价值

学校课程作为育人载体，其价值实现离不开教育形式的多元化创新与实施路径的动态优化。课程综合化从三个维度体现了其育人功能，由此揭示出其内在的教育价值：以整体主义为出发点，强调整体性育人理念的渗透；以人本主义为核心导向，凸显综合性人才培养模式的创新；以建构主义为理论支撑，倡导个性化成长路径的构建。

1. 基于整体主义视野，课程综合化注重“整体育人”

整体主义理论是人们处理个人与群体、个人与社会关系的工具，其强调反对将知识与人格割裂，主张教育应回归人的完整性。整体主义“强调事物内部要素及其与外部环境之间的关联，借助其他事物才能界定自身”，根据课程综合化的主张而开展的课程设计、课程实施与评价都体现了整体主义的观点，并最终服务于培养德智体美劳全面发展的人才。课程综合化通过跨学科整合，将不同学科的知识有机融合，帮助学生构建完整的知识体系，以跨学科的学习方式，使学生能够从整体上把握知识的全貌，避免了知识的孤立与割裂。课程综合化从整体主义视野出发，强调教育的系统性，以培养全面发展的人才为整体目标，通过整合课程内容、优化教学方法、完善评价体系，形成一个有机的教育生态系统；在这个系统中，各要素相互联系、相互作用，共同促进学生在知识、能力、情感等多个方面的协调发展。课程综合化不仅关注知识的传授，更注重学生综合素养的培养，在开展学科间综合学习、跨学科学习与超学科学习的过程中，实现知识学习与实践能力、创新思维、社会责任感等素养的培养有机结合，使学生在学习过程中能够全面发展，成为具备综合素质的现代人才。

2. 基于人本主义视野，课程综合化强调“综合育人”

人本主义主张教育应关注人的情感、需求与自我实现，认为学生是学习活动的中心，强调关注学生的个体需求和情感体验。课程综合化在人本主义视野下，强调在综合化的课程实践中“综合育人”，即尊重学生的主体地位，关注学生的情感需求，促进学生的人格发展。正如卡尔·罗杰斯所言：“真正的学习必须触及情感。”课程综合化通过情境化的设计，将学生从知识的被动接受者转变为意义的主动创造者，使学生在学习过程中不仅获得知识和技能，更获得情感上的满足和人格上的成长，实现“综合育人”的价值。通过主题式学习、项目式学习等方式，学生可以根据自己的兴趣和特长选择学习内容和学习方式，激发学习兴趣和积极性，在学习过程中感受到自身的价值和意义。

3. 基于建构主义视野，课程综合化主张“个性化育人”

建构主义认为，学习的本质在于通过与环境的互动主动建构知识体系，强调学习者主动发现、分析和整理问题，并将新知识与原有知识和经验建立联结并进行意义建构的过程。在建构主义视野下，课程综合化重视教师与学生参与课程的主体性、经验性和意义性，注重差异化，根据学生认知水平提供分层任务，通过多样化的课程选择、个性化的学习指导、多元化的评价方式，满足不同学生的兴趣和发展需求，实现个性化育人。

课程综合化不但能够创设多样化的学习情境，为学生提供丰富的学习资源和实践机会，帮助学生在真实情境中主动建构知识体系；还能提供个性化的学习支持，通过多样化的教学方法、个性化的学习指导、多元化的评价方式，帮助学生根据自己的学习进度和特点进行学习，让学生更好地建构知识体系，发展自己的潜能。更重要的是，课程综合化通过个性化的学习设计，让每位学生都能在“最近发展区”内取得成长，并通过动态评估档案记录学生的思维演进过程（如初期假设→实验失败→方案修正→最终结论），清晰呈现学生的个性化学习轨迹，真正实现“因材施教”的目标。

二、课程综合化的现实驱动

（一）教育政策导向

2022年教育部颁布的《义务教育课程方案和课程标准（2022年版）》及其配套学科课程标准，明确提出“强化课程综合性和实践性，推动育人方式变革，着力发展学生核心素养”的指导方针。本次改革将“综合”的举措拓展为三个方面：其一，“注重课程内容与学生经验、社会生活的关联”；其二，“加强课程内容的内在联系”；其三，“原则上，各门课程用不少于10%的课时设计跨学科主题教学”。从2001年版方案中对“加强课程综合性，设置综合课程”的强调到新方案中对“推进综合学习”的倡导，从“综合课程”到“综合学习”的概念演进，既延续了课程改革对学科融合的一贯追求，更凸显了素养导向时代下学习方式转型的迫切需求。

课程的综合性主要表现在以下方面：一是在培养目标上，强调增强综合素质，构建德智体美劳全面培养的课程体系。二是在课程内容结构上，强化课程综合性。“强化学科内知识整合，统筹设计综合课程和跨学科主题学习。加强综合课程建设，完善综合课程科目设置。”加强课程内容的内在联系，突出课程内容的结构化，注重与学生经验、社会生活的关联，探索主题、项目、任务等内容组织方式。三是在课程实施上，倡导整合实施和综合性教学。“注重培养学生在真实情境中综合运用知识解决问题的能力。”要求开展跨学科主题教学，推进综合学习。改变传统的以知识点为中心的教学，探索大单元教学，推进主题化、项目式学习等综合性教学活动。四是在课程评价上强调“健全综合评价”。要注重动手操作、作品展示、口头报告等多种方式的综合运用；开展综合素质评价，注重对正确价值观、必备品格和关键能力的考查。

（二）学生需求

课程综合化的兴起不仅是教育发展的产物，更是对学生需求的深刻回应。人工智能时代，学生的学习需求正在从“知识获取”转向“能力发展”与“意义建构”。同时，学生对于所获取知识的需求也逐渐由程序性、陈述性、概念性知识演变为认知专业知识，这就要求学习活动能够通过个人经历、观察和反思，以及逻辑推理为学生创造产出—解释—理解的机会。传统分科课程将知识割裂，学生虽掌握大量学科知识，却缺乏解决真实问题的能力。课程综合化通过“主题式学习”“项目式学习”等方式，为学生创造解决真实问题的情境，让学生在学习过程中跨越学科界限，整合不同领域的知识，培养更加全面、系统的知识体系。

除知识与能力的需求外，课程综合化也为学生提供了个性化学习的路径，学生能够根据兴趣能力与学习风格找到适合自己的学习方式，进而促进自主学习能力。课程综合化也突破了传统课堂以个体学习为主的结构方式，通过小组合作、跨学科项目等方式，为学生带去丰富的协作体验，有效提升他们的沟通能力与团队精神。

（三）学校发展需要

成都市龙江路小学武侯新城分校开办于2012年，致力于建成与成都市龙江路小学（简称“龙江路小学”）拥有共同文化理念、共同管理制度、共同质量标准的发展共同体。龙小新城把传承龙江路小学优秀文化作为学校发展的原动力，确立了“思想引领、文化渗透、行为导向”的文化传承方针。

学校以中国学生发展核心素养和学科各科目核心素养为导向，致力于建设传承龙江路小学课程基因、基于龙小新城实际、指向学生核心素养的“六乐”（乐道养德、乐学培智、乐艺雅兴、乐体强基、乐群取友、乐新创思）课程体系，以红色德育、绿色智育、橙色体育、七色美育、金色劳动教育为主题，结合学校“六乐”育人目标，力图通过高质量落实国家课程校本化实施和校本课程特色化发展，五育并举，培养“六乐”学子。

学校一直倡导适应时代需求的教育变革新要求，以创新化的教育思维来培养学生的综合能力。为改变传统分科教学模式观念，重视课程的整合与优化，2012年至2015年，学校鼓励教师探索新的教学方法，进行了“单学科”与“单学科”拼盘式教学尝试。各学科在同一个主题上（“盘子”），各自寻找与该主题相关联的学科内容，设计以单课时为主要形式的课程内容（“菜”）；在同一节课上（“盘子”），不同学科，不同老师各上分学科教授内容（“菜”）。在这个阶段，各学科之间实现了“拼盘”式学习，从形式上改变了传统分科泾渭分明的传统分科教学现状，学科融合的观念开始萌芽。

为改变“拼盘”式学习的样态，2015年至2020年，进一步促进学科融合，学校以项目式学习（PBL）为主要方式，联合少数学科老师围绕一个真实而复杂的问题，探索学科内、学科间、超学科的整合，构建了系列项目式学习课程模块。以问题导向、兴趣导向、发展导向为课程资源，开发不同年级的主题课程。在这个阶段形成了项目式学习课程内容框架，将项目式学习融入了学校“六乐”课程体系。师生对改变学习方式观念及团队协作的意识开始增强，教师跨学科教学的视野进一步扩大，学生综合运用多学科知识解决真实而复杂问题的能力开始增强。

在“少数学科尝试的项目式学习”阶段，课程体系虽初步构建，但跨学科主题学习的覆盖面仍有局限，课程的系统性和综合性也有待进一步提升。2020年至今，为全面解决跨学科主题学习课程体系整体设计缺失、课程要素整合缺失以及管理保障机制缺失的问题，学校进一步深化跨学科主题学习，推动全学科参与，实现《义务教育课程方案和课程标准（2022年版）》中提出的“原则上各门课程用不少于10%的课时设计跨学科主题学习”的目标。

学校提炼出“成长”这一关键词，紧密结合学生的现实生活与真实需求，同时充分挖掘教材中的现有元素，以主题式、项目式、问题式等多种学习方式推进全学科参与“跨学科主题学习”，整体系统设计了“六与”（我与自己、我与家庭、我与自然、我与同伴和学校、我与家长、我与社会）跨学科主题学习为校本主题，完善了“六乐”课程体系，整合了课程要素，建立了跨学科教研机制、师资培训等保障机制，推动实现“乐新学子”的育人目标。

通过三个阶段的系统化推进，从“拼盘式”整合，再到以学习方式变革为突破口的少数教师参与的项目式学习，进而发展到当前以主题式、项目式、问题式等方式推进全学科参与的跨学科主题学习，撬动了学校育人方式的创新突破口，形成了一个不断深化、不断验证的实践场域，实现了从“学科+”到“核心素养+”的迭代升级。

三、课程综合化的理论依据

课程综合化是指将不同学科的知识和技能融合到一个课程中，以提高学生的综合能力和竞争力，培养学生的综合思考能力和解决实际问题的能力。课程综合化的实施主要依据建构主义理论、多元智能理论、认知主义理论以及生活教育理论。

（一）建构主义理论

课程综合化与建构主义理论在教育领域中有着密切的联系。建构主义强调学习是一个积极主动的建构过程，学习者通过与已有知识和经验的互动来构建新的理解，认为知识不是被动接受的，而是通过学习者的主动选择、发现、思考和探究来构建的。基于建构主义的课程综合化主张“个性化育人”。这种个性化学习方式有助于学生在学习过程中更好地理解和吸收新知识。建构主义课程强调以学生为中心，注重社会文化环境对学习者的重要影响，提醒我们在开发校本课程时要关注学生已有的知识经验，这表明课程综合化需要考虑学生的背景和文化环境，以更好地促进学生的个性化发展。这种教育理念不仅有助于学生适应现代社会科技综合性加强的趋势，还能够满足应用型人才培养的需求。课程综合化与建构主义理论共同强调学习的主动性和经验性，主张通过整合不同学科的知识和技能，促进学生的全面发展和终身发展。建构主义理论为课程综合化提供了理论基础和实践指导，强调尊重学生已有的知识和文化基础，关注学生的个性化学习经历，以及课程设计中的个性化和情境化需求，从而推动教育改革和课程整合。

（二）多元智能理论

该理论由加德纳提出，主张人的智能是多元化的，包括语言智能、逻辑数学智能、空间智能、身体运动智能、音乐智能、人际交往智能、内省智能和自然观察智能等。这一理论认为，每个人都有不同的智能类型，这些智能在相当程度上彼此独立存在，并且每个人在这些智能上的表现各不相同。多元智能理论强调课程内容和教学目标的多元化，主张课程和教学模式的多元化和个别化设计，以及课程实施的情境化。在课程设计中，教师需要根据学生的智能特点和个人兴趣进行个性化教学，例如，采用项目式学习、翻转课堂等方法，让学生根据自己的兴趣和优势进行学习，发展他们的综合能力。此外，多元智能理论还为跨学科融合教学提供了理论基础。跨学科融合教学能够培养学生的多种智能，提高其综合素质和能力。例如，在历史与社会课堂教学中，通过整合历史、地理及社会科学的相关知识，可以充分体现出学科的时代性、综合性、人文性、开放性和实践性等特点。在实际应用中，多元智能理论已被广泛应用于英语教学中，通过角色扮演、情景模拟、创意写作和视觉设计等方法，学生可以培养语言能力、人际沟通能力、创造力和空间感知能力。这种教学方法不仅能激发学生的学习兴趣，还能促进他们英语技能的全面发展。多元智能理论为课程综合化提供了重要的理论支持，通过强调个性化教学和跨学科融合，帮助学生在多样化的学习环境中发挥自己的优势，实现全面发展。

（三）认知主义理论

认知主义理论强调学习是一个主动的认知过程，学习者通过与环境的互动积极获取和建构知识。这一理论认为学习不仅是简单的刺激和反应，还是涉及感知、注意、记忆、理解、问题解决等复杂的认知活动。认知主义理论特别关注学习者的内部信息加工过程，认为学习者的思想、态度、信念以及已有经验对学习有重要影响。这种观点与课程综合化的理念相契合，因为课程综合化旨在通过整合不同学科的知识，促进学生在实际情境中应用所学知识，从而提高他们的综合素质和能力。此外，这一教学策略与课程综合化的目标一致，即通过跨学科的学习方式，使学生能够在复杂情境中运用所学知识解决问题。认知主义理论为课程综合化提供了重要的理论支持，因为它强调学习者的主动性和认知能力，以及通过整合不同学科知识来促进有意义的学习。这种理论基础不仅有助于理解学习过程中的复杂性，还为设计有效的教学策略提供了指导，从而推动课程综合化的实践发展。

（四）生活教育理论

生活教育理论由陶行知提出，强调教育与生活的紧密联系。生活教育理论的核心是“生活即教育”，即认为生活本身包含了教育的意义，教育应通过生活来实现其价值。这一理论主张社会是大众唯一的学校，生活是大众唯一的教育，教育应回归生命，关注民众的生活和教育需求。在课程综合化的背景下，生活教育理论为课程设计提供了重要的指导思想。课程综合化强调从整体主义视角出发，注重“整体育人”，并认为教育应与生活紧密相连，以促进学生全面发展。课程综合化的设计思路也体现了整体主义的观点，强调课程内容需要与学生的生活密切相关，从而更好地服务于学生的全面发展。此外，生活教育理论还强调“教学做合一”，即在实践中将学习和教学相结合，通过行动发现问题、解决问题，培养学生的动手能力和创新思维。课程综合化在实践中需要考虑社会生活的多元性，学校课程的设计和实施应符合社会生活的本来面貌，以满足学生德智体美劳全面发展的实际需求。因此，生活教育理论为课程综合化提供了坚实的理论基础，使其能够更好地适应现代教育改革的需求。

第二章

课程综合化的实施路径

课程综合化不能一蹴而就，而是需要系统的设计、科学的路径和有力的保障。锚点选定是课程综合化的起点，需要结合学校的实际情况和学生的需求，选择合适的主题或项目，本章分析了课程综合化的锚点选定原则，强调以“大概念”为核心、以真实问题为驱动、以学生兴趣为起点，确保综合化学习的有效性与针对性。典型路径则包括学科内综合学习、跨学科主题学习和超学科综合学习，这三种路径各有特点，适用于不同的教育场景。实施策略则是将这些路径落实的具体方法，包括教学方法的选择、学习方式的创新和评价体系的优化。课程综合化的立体架构是实施路径的重要支撑。本章将分别探讨“学科内综合学习”“跨学科主题学习”和“超学科综合学习”三种课程建设，它们相互补充，形成了一个多层次、全方位的课程体系。学科内综合学习注重学科知识的整合与深化，跨学科主题学习强调多学科知识的融合与应用，而超学科综合学习则超越学科边界，链接现实生活，培养学生解决复杂问题的能力。课程综合化的实施离不开良好的制度和队伍的保障，制度建设为课程综合化提供政策支持和管理框架，队伍建设则确保教师具备实施课程综合化的能力。本章从制度建设与队伍建设两个维度，探讨了课程综合化的实施保障机制，为学校推进课程综合化提供了可操作的建议。通过本章的阅读，读者将掌握课程综合化如何实现，为实践探索提供清晰的方向与工具。

一、课程综合化的路径分析

《义务教育课程方案和课程标准（2022年版）》明确提出要推进课程综合化，“整体理解与把握学习目标，注重知识学习与价值教育有机融合，发挥每一个教学活动多方面的育人价值。探索大单元教学、积极开展主题化、项目式学习等综合性教学活动，促进学生举一反三、融会贯通，加强知识间的内在关联，促进知识结构化”。

（一）课程综合化的锚点选定

课程综合化依据全人发展理念和对人才培养的需要，改变分科教学的弊端，突出学科内整合、学科间协同、学科外支撑，重视对核心素养的实际培养。与传统分科教学相比，课程综合化一是弥补了分科教学的局限，让学习不再割裂；二是改变了学生学习点状化的状态，让学习内容串、联、通；三是优化了教与学的方式，倡导启发式、互动式、探究式的教，研究型、项目化、合作式的学。

党的教育方针为学校课程建设路径（如图2-1所示）指引了方向，国家课程方案与课程标准明确了导向，省义务教育课程设置及比例提出了要求。只有充分认识课程综合化在学校整体课程中的地位与作用，明确采取的路径与方式，方能将课程方案的要求在实践层面贯彻落实。育人蓝图指导学校绘制课程施工图，从学校教育哲学出发，以办学理念和育人目标为旨归，综合考量三个层级、三类功能、两种形态，从而构建学校课程体系。通过细化“课程施工图”，以课程四要素形成学校整体课程、学科课程、单元课程、课时课程的实景图，形成自上而下的规划；反之，透过课程实景图优化课程施工图以实现学校育人目标，落实育人蓝图，形成自下而上的实践。“课程施工图”对两种课程形态进行了界定：课程的分科化与课程综合化实施。

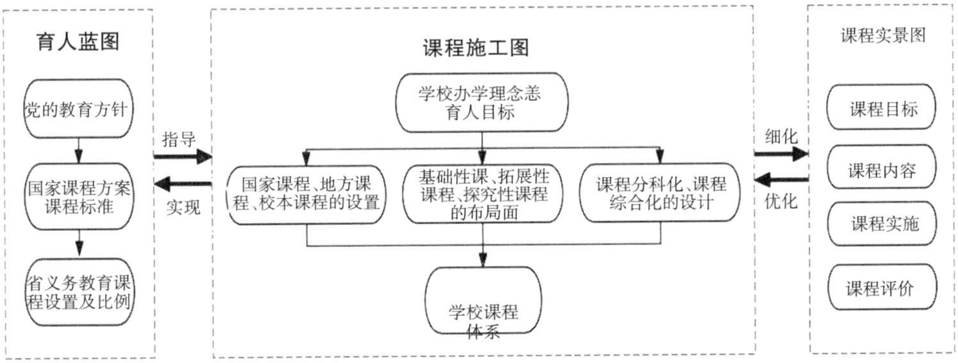

学校课程建设路径

图2-1　学校课程建设路径

学校的课程逻辑图（如图2-2所示）清晰地揭示了学校的目的是在愉快教育的理念下致力于通过“三线”（国家、地方、校本三级课程，基础、拓展、探究三类课程，课程分科化与课程综合化两种形态）并行的“六乐”课程，通过实施“乐思行”好课堂培养五育并举的“六乐”少年。

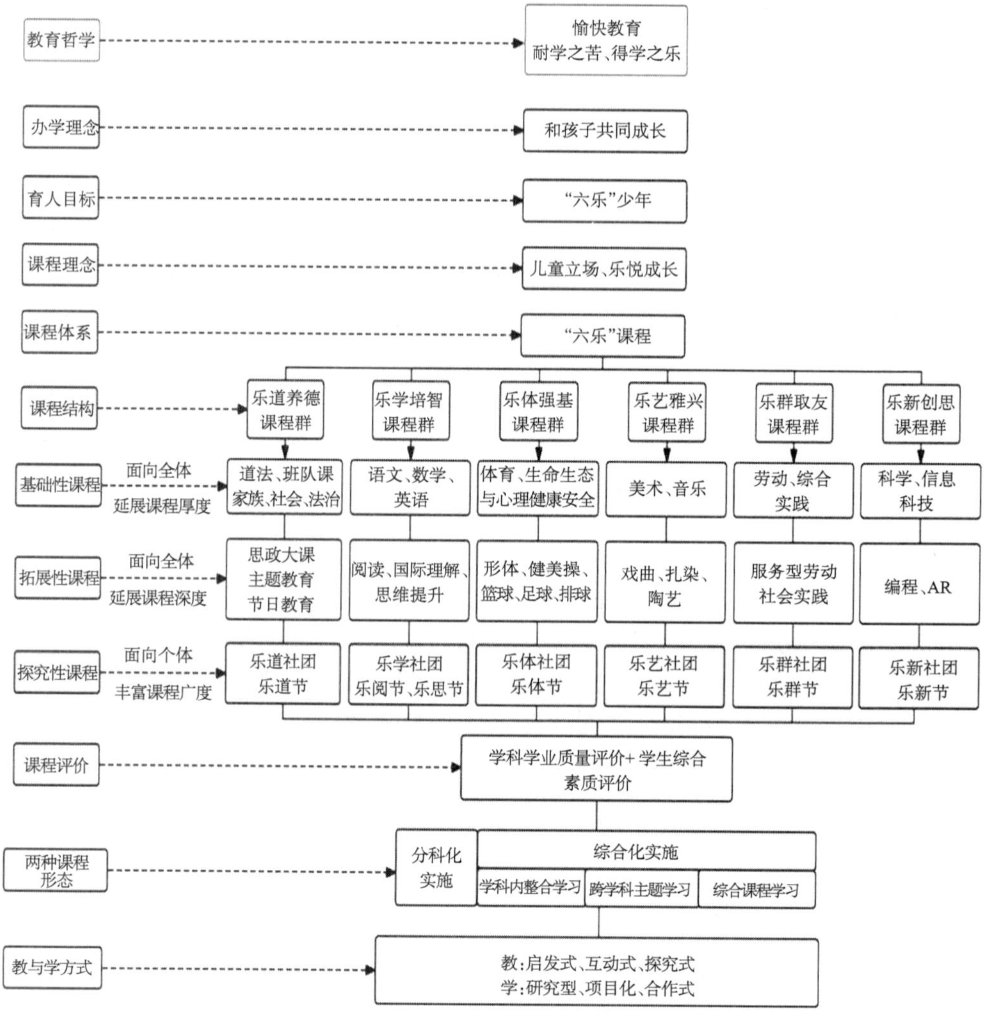

图2-2　学校课程逻辑图

（二）课程综合化的典型路径

新课程学习方式的关键表征之一，是针对知识间、知识与经验、知识与自我的三重割裂，强调学科内整合学习、跨学科主题学习和综合课程的学习。《义务教育语文课程标准（2022年版）》指出："语文学习任务群由相互关联的系列学习任务组成，共同指向学生的核心素养发展，具有情境性、实践性、综合性。"《义务教育数学课程标准（2022年版）》也指出："课程内容组织，重点是对内容进行结构化整合，探索发展学生核心素养的路径。"

学校在推进课程综合化的过程中，将实施路径分为三类：学科内整合学习、跨学科主题学习和超学科综合学习。这三种路径相互补充，共同构建了学校课程综合化的实践框架。

1. 学科内整合学习：夯实基础，优化结构

学科内整合学习的核心在于"整"与"合"。"整"即整理与梳理，对学科知识进行系统化重构；"合"即组合与融合，将不同单元、不同年级的知识围绕一个主题或问题进行有机整合。学科内整合是围绕一个主题或问题开展的符合该阶段学生认知发展特点的学习内容与学习方式的变革。学科内整合学习坚持以核心素养为导向，在内容安排上围绕各学科核心素养目标灵活组合调整教材中的内容，从学情出发，采取"增删调改"的方式确立新的单元学习内容。在学习方式上采取"问题解决式""学科内项目化学习""主题统整式""单元统整式"等方法落实实施。

龙小新城建校初始就倡导适应符合时代需求的教育变革新要求，以创新化的教育思维来培养学生的综合能力。鼓励老师改变传统的分科教学模式，重视课程的整合与优化，鼓励探索新的教学方法，尝试把相同主题、相同结构、相互关联、形成对比、逻辑自洽的内容整合在一起，开展了基于学科的融合教学尝试，如学科单课时内整合、学科单元内整合、学科跨单元整合、学科跨学段整合，将原本固化的课时内容调整为动态的、可变的、有内在逻辑的内容。学科在同一个主题中寻找与该主题各部分相关联的内容，设计以单课时、单元为主要形式的课程内容。学科内整合学习不仅优化了课程内容，还改变了传统教学模式，鼓励教师打破固化的课时安排，将内容调整为动态的、有内在逻辑的学习模块，从形式上改变了传统分科教学的现状，为学科融合奠定了基础。

2. 跨学科主题学习：打破边界，协同育人

跨学科主题学习是课程综合化的进阶路径，目的在于通过跨学科的知识整合，培养学生解决复杂问题的能力，通常以某一研究主题为核心，以一门学科为主干，整合其他学科的相关知识和方法，形成综合性的学习内容。《义务教育课程方案和课程标准（2022年版）》明确提出，"原则上各门课程用不少于10%的课时设计跨学科主题学习"，这为跨学科学习的常态化实施提供了政策支持。

跨学科主题学习的实施能够解决传统课程中存在的诸多问题，如课程内容不系统、学科融合不深入等。例如，在"体育中的数学——为学校设计合理的拔河比赛赛制"这一跨学科主题学习中，学生需要运用数学中的"可能性""优化"

等知识，结合体育学科的“淘汰赛”“循环赛”特点，以及道德与法治学科的“规则意识”，设计并评价比赛规则。这种学习方式不仅加深了学生对各学科知识的理解，还提升了他们的综合素养。

跨学科主题学习的价值集中体现在以下三个方面：

一是素养导向。从宏观层面看，跨学科主题学习旨在培养学生在未来复杂世界中解决真实问题的能力；从微观层面看，通过教学内容的跨学科重组和学习方式的变革，提高学生解决实际问题的综合能力。

二是立足学科，主要体现在以下三点。

（1）基于学科

跨学科主题学习不是对学科学习的否定与推翻，相反，越是强调跨学科，越说明学科的重要性。如果对学科本质认识不清，对学科知识把握不牢，便谈不上高质量的跨学科学习。如在本校跨学科主题学习案例《体育中的数学——为学校设计合理的拔河比赛赛制》中，学生要掌握数学学科中的“可能性”等数据意识判断体育比赛规则的公平性，结合实际体育比赛中时间过长、体力消耗过大等影响公平与效率的现实因素，通过学习体育学科的“淘汰赛”“循环赛”的特点，再用数学中的“优化”思想、模型意识去设计并评价新规则。没有学科知识的支撑，就没有办法让学生走向深入学习。

（2）关联学科

“跨”就是要让学科与学科之间产生深度关联。因为关联发生得越多，理解就会愈发深刻。找准相关学科的上位概念和共通素养可以实现有意义的关联，当学生有了对上位学科概念的理解与联结之后，学习的迁移便容易发生。大部分学生具备用单一学科解决问题的能力，但是无法融合多学科的知识进行有效的问题解决，如上述案例中，除了运用数学学科的知识点，还关联体育学科“运用规则参与裁判工作，观看体育比赛并能进行简要评价”以及道德与法治学科“根据规则参与校园生活的民主实践”，运用“优化”策略，体现了“公平与效率”这一上位概念，解决单一学科无法解决的生活中的真实而复杂的问题，从而不断提升学生的综合素养，实现多学科协同育人。

（3）反哺学科

跨学科主题学习的最终目标是通过学科间的联系，加深对各学科本质的深度认识，并实现知识的灵活迁移。在上述案例中，学生通过灵活运用数学中的可能性、优化和体育中的比赛场次等知识，加深了学生对学科的本质理解，可以推出原来生活中抽签、轮空等体育现象背后是两个学科知识的支撑。

这三种价值，一是体现“整体性”，融合多学科思想方法凸显整体育人；二是体现“真实性”，千教万教教人求真；三是体现“进阶性”，横向互有关联，纵向螺旋上升。

3. 超学科综合学习：跨越学科，链接生活

超学科综合学习是课程综合化的重要路径，旨在模糊学科边界，突破学科限制，链接现实生活。本校的超学科综合学习以综合实践课程和超学科项目化内容为主，强调“探究、体验、边做边学”等学习方式，通过项目驱动，联合多学科教师围绕真实而复杂的问题开展超学科综合教学。

（三）课程综合化的实施策略

在推进课程综合化的实施过程中，本校围绕学科内整合学习、跨学科主题学习和超学科综合学习三条核心路径，结合自身办学理念和教育目标，探索出一套系统的课程综合化实施策略。

1. 基于课标与教材设计课程综合化主题

根据学校育人目标，各学科组及年级组结合“六与”校本主题库，寻找与之相匹配的相关课程标准、单元及教材内容，从而提炼主题并关联相关学科，从学校主题库中选择适宜各阶段学生的课程综合化学习内容。

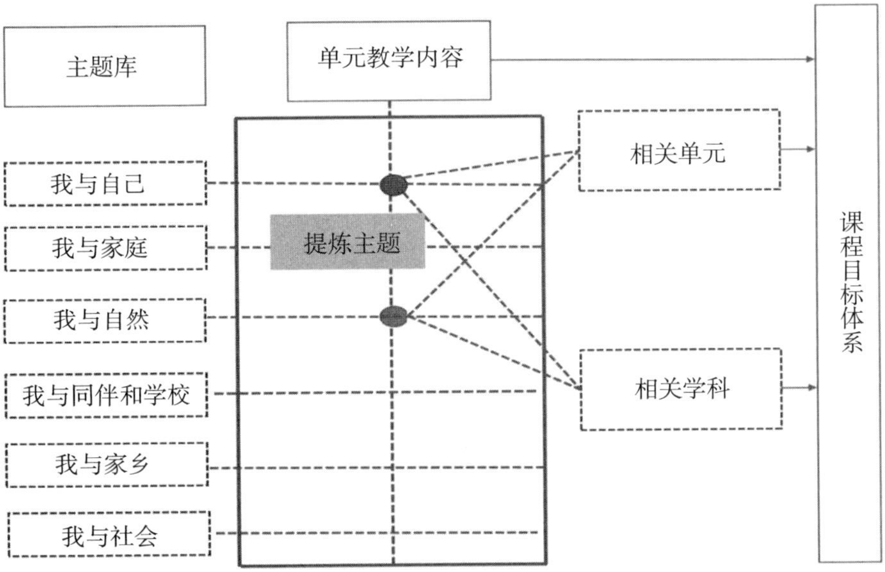

图2-3　学校课程综合化目标体系图

2. 以横纵双线整合具体课程内容

纵向上，以单一学科为主开展学科实践活动。主要是指围绕某一主题，以某一学科为主干，通过打通学科之间的界限，突出“用中学、做中学”。依托该学科知识基础和思维方法，借鉴其他学科的思维方法和问题解决策略，帮助学生加深对核心概念的理解与对学习任务的思考。

横向上，以复杂问题统领多学科融合或项目化学习活动，主要指围绕真实情境、复杂现象、棘手问题等，指向问题的解决。将两种或两种以上的学科进行统整，所有学科围绕同一主题组织教学，关注学生学习和创造性，运用不同学科视角形成整合理解和成果。

在内容层面，以新课标要求为指导，围绕核心素养，从学习目标、学习内容和学习过程三个方面进行整合，形成课程综合化的学习范式。

整合学习目标：以核心素养为引领，将学科目标与综合素养目标有机结合，确保课程目标的系统性和连贯性。

整合学习内容：以学科核心知识为基础，围绕主题或问题进行跨学科内容的整合，打破学科壁垒，形成结构化的课程内容。

整合学习过程：以核心问题为导向，设计问题解决式、项目化学习等多样化的学习方式，让学生在真实情境中经历完整的探究过程。

例如，在“如何为家委会提供一份合理的研学方案”这一学科内整合学习的案例中，学校以数学学科为主，围绕数据意识、模型意识等核心素养，将路程、时间、速度、租车策略等知识内容进行整合，引导学生通过设计方案、动手实验、交流反思、自我评价等环节，完成对核心问题的探究。

3. 以多种学习方式协同支撑课程实施

（1）基于项目的跨学科主题学习

即将多个学科知识融合在一起，以项目为载体，让学生在解决实际问题的过程中进行学习的教学模式，强调以学生为中心，通过真实的项目任务驱动学生进行自主学习和合作探究。如通过“设计毕业微电影脚本”，引导学生运用多学科知识与技能，包括语文、信息技术、音乐和劳动技能，进行综合学习，在分组合作中，通过实践提升问题解决能力。

实施步骤：包含确定主题与项目，组建学习团队，制订项目计划，开展项目研究，制作项目成果，进行展示与评价。

（2）基于问题的跨学科主题学习

即以问题为导向，整合多个学科知识来解决实际问题的学习方式。这种模式强调学生的主动探究和合作学习，旨在培养学生的综合素养和创新能力。

实施步骤：包含确定问题，组建学习小组，制订学习计划，开展学习活动，形成解决方案，展示与交流，评价与反思。

（3）基于情境的跨学科主题学习模式

即借助构建真实的学习情境，例如在“穿越时空的光——探秘中华复兴路”情境中，将道法与历史进行联结，学生通过角色扮演体验历史，并通过角色体验和互动，深化对跨学科知识的理解与应用，在真实感中深化对跨学科知识的理解和运用，提升学生素养。

实施步骤：包含情境创设，问题提出，跨学科知识整合，合作探究，成果展示与交流，反思与拓展。

在课程综合化实施过程中，需着力关注三点内容。

一是实施过程中凸显高阶思维培养。学校的课程综合化实施关注学生的学科与跨学科实践能力与高阶思维的培养。（1）着力在真实复杂、有挑战性的问题的创设上。如问题“耕园如何实现最大化兑换梭梭树的目标？”再如问题“如何把活水园变成移动科普站”等。（2）着力在过程实施中聚焦学科本质。（3）着力在成果形成过程中培养学生的“4C”能力，即批判性思维（critical thinking）、沟通能力（communication）、团队协作（collaboration）、创造与创新（creativity and innovation）。

二是在实施过程中构建五种课型。从问题的提出、团队的组建、计划的制订、知识的准备、探究的开展、分析与制作、成果的展示、复盘与总结中提炼出课程综合化实施的基本课型并形成范式，即项目入项课、问题分解课、设计与修改课、成果展示课、反思与评价课。

三是在实施过程中借助工具支架。引导教师借助学习工具去支持学生课程综合化的探索，为学生搭建思维的支架，学生运用工具的过程就是理解专家思维的过程，助力教师更科学规范地指导学生进行学科实践，并通过工具的运用提升师生的素养。如在团队分组中运用“好团队画像法”进行团队奖惩，在问题分解环节引导学生运用“鱼骨法”抽丝剥茧，在成果展示环节运用“画廊漫步”或“旋转木马法”在短时间内观看所有成果，并使其给出意见建议，在反思评价环节运用“反思2+1法”引导学生进行结构化反思。

4. 从多种维度开展多元课程评价

（1）实行OKR目标评价

OKR（objectives and key results）即目标与关键成果管理方法，是一种明确的并能跟踪目标及其完成情况的绩效管理工具和方法。“O”是目标的缩写，“KR”是主要成果的缩写，也就是完成目标的指征和表现。学校用OKR管理方法设定目标，明确目标、跟踪课程进度、量化结果、评估完成情况。

（2）开展分类评价，实施学生、教师、课堂与课程的多维度评价，确保评价的全面性。针对学生采用“2+1”及“4F”反思评价，对自我、同伴、团队进行综合评价。对参与过程进行过程性评价、终结性评价、增值性评价。对教师以定性评价替代定量评价。鼓励探索与创新，评价结果可作为自我衡量、自我反思、自我更新的动力。参与项目的老师可以申报学校项目奖项，用重大突破项目的定位鼓励教师们的积极参与，并对取得优异成果的教师给予精神及经济的双重奖励。

（3）开展多元主体评价。首先实施校内激励评价。一是在由家长、教师之间、年级组长、教研组长、校长办公会、个人专业积分等多元主体赋权评价体系中，对开展课程综合化给予项目加分。二是实施家校社协同评价，让学校（教师、学生）、家长和社区成为评价主体，实现学校评价的“学校虚拟货币”和学校所在地社区“社区公益积分”的互换。学生参与校内外课程综合化活动，获

"学校虚拟货币"和"社区公益积分"，可兑换相应的课程与服务。三方评价体系可促进学生在不同环境中表现一致，提升校家社协同效应，如图2-4所示。

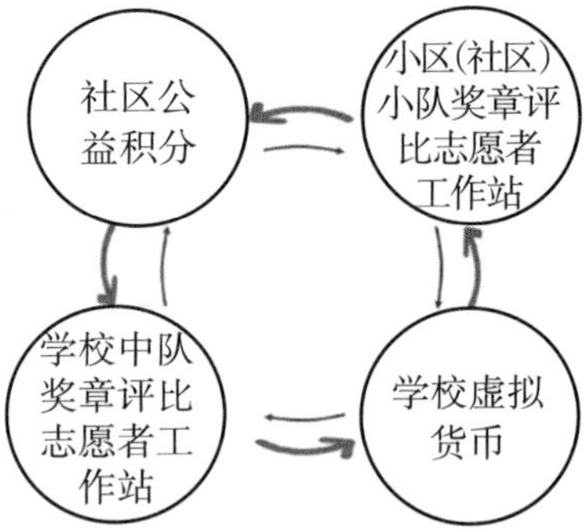

图2-4 "学校虚拟货币"和"社区公益积分"的互换流转图

5. **以多元指向为引领，重构课程综合化管理机制**

学校通过建立健全管理机制（如图2-5所示），为课程综合化的实施提供有力保障。一是成立了相应的领导小组，采取扁平管理的方式以项目管理方式运行。二是建立时间安排、人员安排、跨学科教研等运行机制。

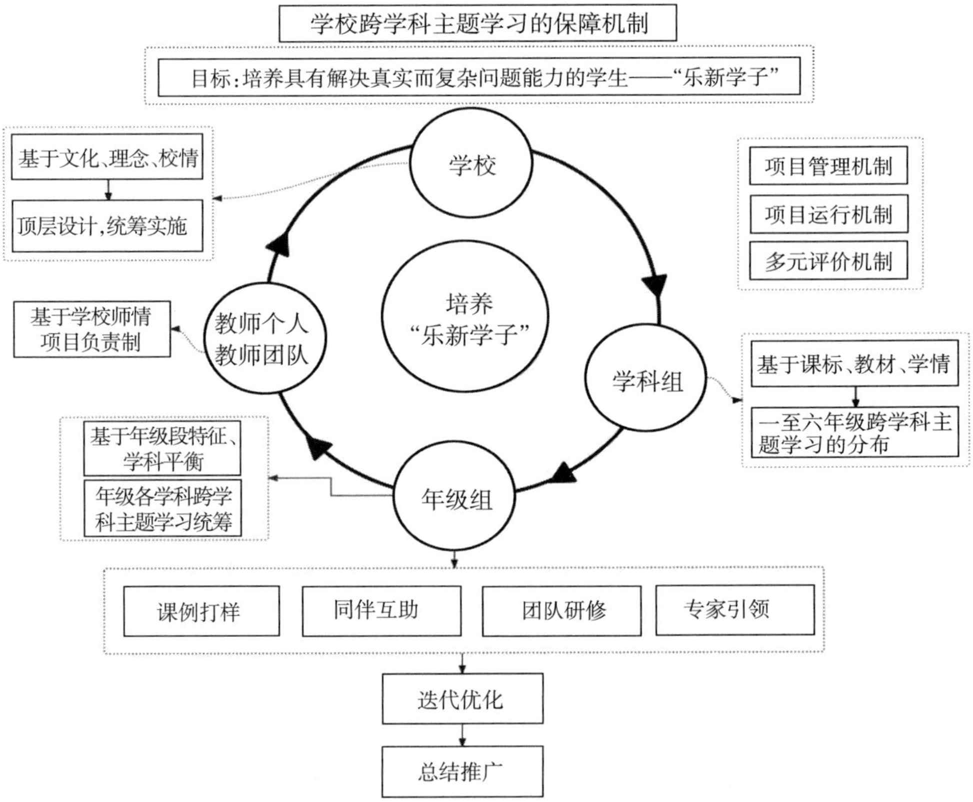

图2-5 学校课程综合化实施的保障机制

二、课程综合化的立体架构

（一）“学科内综合学习”课程建设

在当下的教育环境中，学科学习常常陷入一种困境：过于专注于分散的知识点，“只看到眼前的树木，却忽略了整片森林的全貌”。这种“只见树木不见森林”的学习现状，使得学生难以从宏观层面把握学科知识体系，无法清晰洞察各知识点之间千丝万缕的联系，也难以明确某一知识点在整个学科架构中的准确定位。而“学科内综合学习”课程建设，正是为打破这一僵局，引导学生从宏观、整体的视角重新审视知识，构建起一个条理清晰、逻辑连贯的学科知识大厦。

1. 课程目标

学科内综合学习课程目标包括知识与技能、过程与方法、情感态度与价值观、应用与创新、实践与应用五个方面，这些目标的实现有助于培养学生的核心素养和综合能力。

（1）知识与技能层面

掌握核心知识点：通过综合学习，使学生深入理解和掌握本学科不同领域内的知识，形成更为完整和系统的知识体系。

提升综合能力：培养学生综合运用所学知识的能力，包括分析、综合、评价等高级思维能力，以及解决实际问题的能力。

（2）过程与方法层面

经历学习过程：强调学生在学习过程中的体验和经历，通过参与、探究、合作等方式，加深对学科知识的理解和掌握。

掌握学习方法：引导学生掌握有效的学习方法，如自主学习、合作学习、探究学习等，提高学习效率和效果。

（3）情感态度与价值观层面

培养学习兴趣：激发学生对学科学习的兴趣和热情，使其愿意主动投入学习，享受学习带来的乐趣。

形成积极态度：培养学生认真、勤奋、严谨的学习态度，以及勇于探索、敢于创新的精神。

树立正确价值观：通过综合学习，帮助学生树立正确的世界观、人生观和价值观，增强社会责任感和使命感。

（4）应用与创新层面

学科内融合：鼓励学生将学科内的不同知识领域或技能进行整合，拓宽视野，增强综合运用知识的能力。

培养创新意识：通过综合学习，激发学生的创新意识和创新思维，鼓励学生尝试用新的方法和思路来解决问题。

（5）实践与应用层面

注重实践操作：强调实践操作在综合学习中的重要性，通过实验操作、社会调查等方式，使学生将所学知识应用于实际情境中。

提升应用能力：培养学生将所学知识应用于解决实际问题的能力，提高其实践能力和综合素质。

2. 课程内容

学科内的综合学习课程内容紧密围绕学科内部知识的整合展开，旨在通过这种深度整合，引领学生对学科进行全面、深入的理解，进而构建起一个完整、系统的学科知识体系。

（1）语文学科任务群：情境实践，素养导向

义务教育语文课程内容以学习任务群为基本组织形式呈现，将语文学习与真实的生活情境紧密相连，围绕特定的学习主题，策划一系列具有内在逻辑关联的语文实践活动。这些活动被学习主题这根主线串联起来，共同构成丰富多彩的语文学习任务群。

语文学习任务群由一系列相互关联的学习任务组成，被巧妙地分为三个层面的学习任务群：第一层的“语言文字积累与梳理”基础型学习任务群，为学生的语文学习奠定坚实的基础；第二层的“实用性阅读与交流”“文学阅读与创意表达”“思辨性阅读与表达”三个发展型学习任务群，进一步拓展学生的语文能力；第三层的“整本书阅读”和“跨学科学习”拓展型学习任务群，为学生打开更为广阔的学习视野。

（2）数学学科结构化：领域整合，素养关联

义务教育数学课程内容采用结构化的组织与呈现方式，旨在打破传统数学教学中知识的碎片化现象，构建一个更加系统、连贯的数学知识体系。小学数学结构化课程内容主要涵盖“数与代数”“图形与几何”“统计与概率”三个核心领域，通过对教学内容的精心整合和重构，有效提高教学效率和学生的学习效果。

在“数与代数”领域，将“数的认识”与“数的运算”整合为“数的认识与运算”主题，使学生更清晰地理解数的概念和运算之间的内在联系。在“图形与几何”领域，将“图形的认识”与“图形的测量”合并为“图形的认识与测量”，使学生在认识图形的同时，深入理解图形的测量方法和性质；将“图形的运动”与“图形与位置”合并为“图形的运动与位置”，以帮助学生从动态和静态两个角度全面认识图形的特征和变化规律。在“统计与概率”领域，内容被整

合为“数据的分类”“数据的收集整理与表达”“随机现象”三个主题，引导学生学会收集、整理和分析数据，理解随机现象的本质，培养学生的数据分析观念和随机意识。

3. **实施路径**

在设计综合学习课程时，需要依据综合学习的内涵与特点，对学习的目标、内容、方法等进行全面、系统的整体设计，以使学习者在综合学习的过程中逐步形成并提升核心素养。

（1）设计“输出端”的学习目标：以终为始，聚焦学生发展

目标是综合学习的核心与灵魂，综合学习强调目标的综合性、知识的联结性和结果的运用性，这就要求综合学习的目标不仅要紧密贴合课程标准、教材内容，更要从学生的“输出端”出发，深入思考学生所要学习的知识能够与哪些已经学过的知识建立联结，在哪些方面能够进行知识的迁移运用，以及学习内容对学生当下和未来的发展具有怎样的意义和价值。

传统的教学目标设计往往只从教师的“输入端”出发，过于关注教师的“教”，而忽视了学生的“学”。为改变这一现状，综合学习目标的设计应更加注重学生的主体地位，让学生真正理解学习目标的具体要求与深层意义。可以从生动具体的例子或富有启发性的大问题入手，采用灵活的前置方式，巧妙设置整体目标。通过这种方式，引出学生需要掌握的核心概念和关键问题，精准直指所学内容的本质和重、难点。

（2）制定“任务型”的学习内容：任务驱动，整合多元目标

学习任务是实现综合学习目标的关键载体和有力抓手。学习任务具有鲜明的整体性，但这并不意味着将整个复杂的任务直接抛给学生，让其自行摸索学习。相反，需要将完整的任务巧妙划分为一系列相互关联的问题或任务群，并为学习者提供相应的支持和引导。在学习者对整体任务有了概览和初步的了解后，再对学习任务进行细致拆解，将其划分为不同的学习内容。在这个过程中，要特别强调各部分任务之间的内在关联，确保学生在完成各部分任务的同时，能够清晰地认识到它们与整体任务的关系，最终将各部分整合为一个完整的任务。

在每一个任务类别中，随着学习者素养的不断提升，教师的支持和指导应逐渐减少，使学习者逐步形成自主学习和自我指导的能力。这些任务的完成需要学生整合知识、技能、情感等多方面的因素，通过任务将多种学习目标相互融合，避免学生进行碎片化的学习，从而实现知识的系统性建构和综合能力的全面提升。

（3）创设“真实性”的学习情境：情境浸润，提升实践能力

学习任务的顺利完成离不开精心创设的真实学习情境。情境是学生获得信息

和运用信息的重要基础，它能够帮助学习者深刻认识任务的整体性，全面理解任务的各个组成部分，敏锐发现部分与部分之间、部分与整体之间的内在联结。创设真实学习情境，并非一定要让学生置身于现实生活环境中学习，而是要通过各种教学手段和方法，让学生产生仿佛就在现实环境中学习和解决问题的真实感受。

创设有利于学生展示学习成果的情境，要求学生将自己所学的知识和技能运用到生活情境中，当学生将知识运用到实践中或目睹知识在实际情境中的适用范围时，他们的思维将被充分激活，他们将充满活力，创造精神也将得到极大的激发。当然，各学科在综合学习情境的选择上，应根据学科特点和实际教学需求来灵活决定，在某些情况下，适当的实践性情境对于学生综合学习能力的提升效果要优于虚拟情境。

（4）采用“变焦式”的学习方法：通观结合具观，把握整体与局部

综合学习强调通观与具观相结合，其学习方法可以巧妙地借助“变焦”的比喻来形象说明。综合学习同样遵循这样的过程，即始于对“缩影”的学习。这里的“缩影”可以是完整学习任务的最简化版本，也可以是所学内容的核心概念。学生首先从整体上对学习任务或核心概念有一个初步的认识和把握，然后通过变焦放大，深入查看任务细节，并进行必要的专项操练，将细节练习与任务概览紧密结合起来。在这个“变焦”的过程中，不断进行“通观—具观—通观”的循环，实现对整体与局部的灵活转换与深入掌握，最终达到预期的学习目的。

（5）组织“合作性”的学习形式：团队协作，促进共同成长

综合学习内容源于生活，而生活中的难题往往没有标准答案，且靠单人难以完成。如策划校园活动，需宣传、组织、协调资源，必须团队协作。所以，基于生活的学习任务是团队任务，在学习中以合作模式呈现。

合作时，每人都有各自的责任。如调研中，有人设计问卷，有人采访，有人整理资料，且付出需被看见、评价。同年级、不同年级同学优势互补，能碰撞更多火花。先定大目标，再分配任务，成员兼顾个人兴趣与团队目标，充分发挥个人与团队的优势，完成学习任务。

4. 评价方式

综合学习的整合性决定了其评价不能只注重过程或结果评价，而是要关注评价的整体属性。评价的整体性是指超越对认知、情感、技能等某一方面的评价，强调考虑学习目标、内容、方法、结果等要素之间的紧密联系，涉及教师、学生、家庭、社会等多重关系主体。评价的焦点是对学习任务的评估，完成任务的表现和完成程度体现了目标所涉及的相关知识技能和支持程序。综合学习评价还要与学习情境相结合，学习任务的完成需要在情境中进行，只有回到具体的学习

情境中，才能充分感知学习者的真实体验，以整体性的视角把握学习中相关要素的关系。在具体情境中通过增加任务模式，使任务情境的特征多样化，使学习所得能在将来应用于不同的情境中。学习评价既关注个体又涉及学习共同体，综合学习的形式是合作性的，因此，在评价中既要涉及对学生个体的评价又要观察团队合作的密切性。取得评价数据的方法不局限于书面考试，还可在学习者完成任务的过程中不断收集。评价者从多元、统整的角度搜集学生综合学习的数据信息，为全面、综合、准确判断综合学习状况提供基础，向学生及时反馈定量的分数评价和定性的描述性评价，从而帮助他们实现迁移。

（二）“跨学科主题学习”课程建设

1. 课程目标

（1）目标确定的基本依据

①基于学生发展

深入理解学生核心素养的内涵和构成要素，确定跨学科主题学习所涉及学科在核心素养要求方面的共通点，将核心素养的发展作为确立目标的重要依据。在跨学科主题学习中，注重培养学生的问题解决能力、团队协作能力、创新思维能力等核心素养。

与此同时，关注学生的个体差异和不同需求，根据不同学生的特点和水平，制订个性化的学习目标，将学习目标与跨学科主题学习的内容、方法和过程紧密结合起来，形成一个完整、系统的学习目标体系，让每个学生都能在跨学科主题学习中得到适合自己的发展。

②基于学习活动

跨学科主题学习目标，要根据环环相扣的实践活动设置，并确保活动与目标相匹配，进而确保目标的有效达成。这些目标具有可衡量性，便于学生在学习过程中清晰地看到自己的进步。同时，目标也应该具有挑战性，以激发学生的学习动力。

③基于学生学情

针对小学生开展的跨学科主题学习，目标不能过于复杂抽象。要考虑学生的学习需求，如对于学生已经知道的、即将知道、即将理解、即将懂得的知识，要设定具体、明确的学习目标。避免目标与学生实际水平脱节，要基于学生已有的知识去构建新的、更高层次的学习目标。同时，跨学科主题学习要围绕现实生活中的问题展开，依据这些真实情境中的实际问题确定学生需要达到的认知、技能、情感态度等方面的目标，让学生学会寻找问题、分析问题，并运用其他学科知识解决本学科的问题。

（2）学习目标的表述方式

①跨学科主题学习目标表述的基本语式

跨学科主题学习目标包含知识、工具、活动、作品等要素。对学科知识掌握的要求是达成目标的基本前提。跨学科主题学习目标的表述要明确责任主体是学生，说明达成目标的途径、所需达到的准确程度和具体成果要求，使目标具有可操作性和可评价性。例如，要求学生（行为主体）通过查阅资料、实地考察、小组讨论（行为条件），能够准确（表现程度）分析出（行为动词）城市交通拥堵的多方面原因，并提出至少三种（表现程度）可行的（行为条件）缓解方案（行为动词），概括为：行为主体+行为动词+行为条件+表现程度。

基本语式为教师的教学目标确立提供了可视化的思维支架，既突出目标的重、难点，也明确活动实施的落脚点，使教师更加深刻理解实施过程中目标的内涵指向。

②跨学科主题学习目标表述的基本类型

一是以真实问题为导向表述。聚焦核心问题，引导学生在跨学科知识学习过程中寻求解决方案，围绕问题展开的探究过程就是达成学习目标的过程，同时也便于教师依据问题解决的程度评估学生学习成效。

二是以育人价值为指引的表述。价值取向是跨学科主题学习目标的风向标，该目标又承载着跨学科主题学习所承载的育人价值，因此，目标框架既要有操作意义上的指引，也要有价值层面上的内涵。

2. 课程内容

（1）课程内容的确定依据

一是基于课程标准。课程标准中明确强调，跨学科主题学习以学生素养发展为目标，围绕某一个研究主题，以本学科内容为主，并综合运用其他学科的知识和方法，来解决学生遇到的真实问题。同时，不同学科的课程标准明确了跨学科主题学习要求、学习内容及教学提示。各学科课程标准中有关跨学科主题学习所设置的内容，我们可以从完成主题任务的需求出发加以判断。可以按主导学科的数量来选择，也可以按照关联学科的数量来选择，还可以按照主题的性质、组织中心或者学习方式等不同的分类标准来选择。明确跨学科主题学习既要让学生了解多种观点和评估相互矛盾的观点，更重要的是构建“结构性知识”。也就是说，要借助不同类型知识的结合，使学生对要解决的问题形成自己的想法和解决方案。

二是基于学科教材。一方面，受限于学科教材内容，要解决本学科无法解决的真实问题，需借助他学科知识辅助分析，促进学生学习进阶、问题解决能力提升；另一方面，从本学科内容发散思维，选择既能立足于本学科知识的内容，同时又能借助其他学科知识促进学生深度学习，丰富和理解本学科的概念和思维。

三是基于学生需求。根据学生已有的知识基础以及在学习和生活中所面临的真实困境等，通过交流、互动、问卷调查等确定跨学科主题学习的内容。同时，跨学科主题学习的内容要具有真实性，与学生的现实生活接轨，贴近学生生活中真实存在的问题或者社会热点的内容，关注学生的个性化需求，为学生提供多样化的跨学科主题学习选项，让他们能够根据自己的兴趣和特长来选择适合自己的内容。

（2）课程内容具备的相应特征

①综合性

跨学科主题内容的确定需要找到不同学科知识结构之间的耦合点。强调跨学科知识的重组和串联，寻找不同学科所需求的共通素养和思维方法，使学生综合运用多种技能，加深、理解本学科知识内容。

②情境性

课程内容基于真实的情境，以解决实际问题为导向，以任务为驱动，激发学生的学习兴趣和知识迁移能力。如在校园运动中让学生探索体育赛事中的数学问题，将生活内容与学习结合，使课程内容紧密联系学生的真实生活经验，模糊学科边界，强调核心素养的培养。

③进阶性

课程内容的组织和设计要遵循学生的认知发展规律，确保学习挑战与学生能力相匹配。学生在跨学科主题学习中经历了从话题启动到能力构建，再到成果展示和复盘优化的全过程，以研究者的身份参与真实的研究活动，促进核心素养的培养和问题解决能力的提升，让育人目标实现“1+1＞2”的效果。

3. 实施路径

（1）制定明确目标

跨学科主题学习的目标应该是明确、具体、可衡量的。在制订学习目标时，结合学生的年龄特点、能力高低、知识储备等情况，拟定可行性高、操作性强的目标。同时，学习目标应该与课程大纲和课程标准相一致，确保学生能够获得全面的知识和技能。

（2）设计适切内容

跨学科主题学习的内容应该与现实生活和社会发展紧密相连，具有趣味性和吸引力，能够激发学生的探究兴趣。在设计跨学科主题学习内容时，需要整合多学科的知识和技能，设置真实的问题情境，引导学生运用所学知识解决实际问题。

（3）安排实践任务

选择有挑战性和实践性的跨学科主题学习任务，在实践活动中培养学生的问题解决能力、团队协作能力和创新思维能力。在安排学习任务时，应该提供必要的学习资源和支持，帮助学生完成任务。

（4）采用多元评价

跨学科主题学习的评价应该是全面、客观、公正的。评价应该关注学生的表现和进步，而不是仅关注成绩和分数。评价应该包括学生的自评、互评、师评等多种形式，以便更好地了解学生的学习情况和表现。

4. 评价方式

（1）课程评价的基本依据

一是以学生核心素养、学科所要求的共通素养为导向。围绕学生解决问题的能力、理解能力、沟通能力、团队协作能力、创新创造能力、表达能力和自我反思能力等核心目标进行评价设计。

二是以主题为引领，以问题解决为导向。检验学生是否能联系实际，解决与主题相关的一连串真实问题，评价内容要基于学科知识中的问题链，紧扣本质问题，并要体现学生在真实生活情境中对学科知识的迁移应用情况。

课程评价应体现跨学科主题学习中驱动性问题的提出与解决、团队合作与实践探究成果等。评价需要关注学习成果、学习过程、学习方法和学习态度等。具体的评价依据如下。

①知识掌握情况：通过多元化方式对学生的知识掌握情况进行考核，评估学生是否能够将不同学科的知识进行融合与运用。

②素养提升情况：考查学生在跨学科主题学习过程中是否养成了融会贯通的思维方式，是否对知识形成了整体性和系统性的认知，以及是否提升了辩证思维、创新能力和实践能力等综合素养。

③问题解决能力：评估学生是否能够运用多学科知识思考问题、解决问题，以及在解决问题的过程中所表现出来的态度和能力。

④团队合作情况：考查学生在团队合作中是否能够积极沟通与协作，是否拥有坚持不懈的精神和严谨负责的态度。

⑤学习成果质量：评价学生的学习成果是否具有创新性、实用性和价值性，以及是否体现了跨学科学习的特点和优势。

（2）课程评价设计要点

一是评价目标的适切化：跨学科主题学习旨在培养学生的综合素养，因此评价目标也应多元化，包括知识掌握、技能提升、思维能力、情感态度、价值观等多个方面。

二是评价内容的综合化：跨学科主题学习的内容往往涉及多个学科领域，因此评价内容也应具有综合性，要能够全面反映学生在不同学科领域的学习成果。

三是评价方式的多样化：跨学科主题学习强调学生的实践探究和问题解决能力，需要全面、客观地评价学生的学习表现。

四是评价过程的动态化：跨学科主题学习是一个持续的过程，评价也应贯穿整个学习过程。关注学生在不同阶段的学习进展以及存在的问题，及时给予反馈和针对性指导。

五是评价主体的多元化：除教师评价外，还可以鼓励学生、家长、社区专家等多方参与评价，形成多维度、立体式的评价网络，增强评价的公正性和可信度。

六是评价标准的情境化：跨学科主题学习通常围绕某一实际情境或问题展开，评价标准也应与实际情境紧密结合，体现学生在特定情境下运用跨学科知识解决问题的过程与效果。

跨学科主题学习的评价不仅是对学生学习成果的检验，更为学生未来的发展提供指导信息。评价应关注学生的潜能和特长，鼓励学生发挥优势，弥补不足，实现全面发展。

（3）课程评价设计类型

①过程性评价：在进行跨学科主题学习的过程中，学生要主动参与，积极参加每一次活动，完成小组中应承担的任务，在活动中认真倾听，主动帮助他人。讨论时，能提出有用的观点，吸取他人观点，产生更好的想法。同时能分析问题，设计出有创意的活动。通过自主学习获得解决问题的方法，结合各学科知识进行优化，主动对本项目和个人进行反思和调整，提出与众不同的想法和创意。

②终结性评价：跨学科主题学习的成果或作品应能体现考察的过程与结果，做到真实、科学、有理有据。学生应做到清晰、有条理地介绍项目成果，并提出合理建议。作品形式应丰富，图文并茂，能体现特色。

③综合评价：结合教师个人和参与者的描述进行评价，对学生参与过程的表现和结果生成个人评价雷达图。

（三）“超学科综合学习”课程建设

超学科综合学习是指聚焦生活真实问题或社会性科学议题等主题，基于多学科知识，旨在解决真实问题的课程融合模式。超学科课程链接学生的真实生活，基于真实情境创设项目化学习内容，学生需要应用多学科知识解决问题，发展自身的高阶思维能力。超学科综合学习模式的价值在于关注人的全面发展，实现全面育人。

1. **课程目标**

教师在确定学习目标时，要充分依据指导纲要的相关要求，立足学生的真实生活情境，在情境中引导学生形成“超学科理解”及核心素养。

（1）超学科课程指向的综合素养目标

超学科课程以解决真实问题为愿景，旨在实现全面育人，最终目标指向学生综合素养的全面提升。

①知识整合：超学科课程强调将不同学科的知识进行整合，使学生能够在更广阔的知识背景下理解和应用所学内容。

②技能培养：通过跨学科的项目和活动，学生可以发展、合作、自我管理等关键技能。

③态度形成：课程鼓励学生形成积极的学习态度和价值观，如好奇心、探究精神和创新意识。

（2）超学科课程指向的关键能力目标

超学科学习鼓励学生对所学知识进行批判性思考，使其学会质疑、分析和评估，培养学生的独立思考能力和判断能力，培养其解决问题的关键能力，促进高阶思维发展。

①分析与评价：引导学生进行深入分析和评价，从而提升他们的批判性思维能力。

②创造与创新：通过解决实际问题和创造性任务，学生能够锻炼创造力和创新能力。

③决策与解决问题：课程鼓励学生在面对复杂问题时做出独立判断和决策，培养解决问题的能力。

④沟通与协作：培养学生的沟通协作能力和团队精神。学生需要学会与他人有效沟通，共同解决问题，达成目标。

（3）超学科课程指向的未来人才目标

①培养终身学习习惯：超学科学习倡导持续学习和终身学习的理念，鼓励学生保持好奇心和求知欲，不断拓宽知识视野，提升自我素养。

②培养社会责任感。

全球视野：超学科课程通常包含国际元素，帮助学生建立全球视野，理解不同文化和社会问题。

社区参与：通过社区服务和社会实践，学生可以学习如何为社会作出贡献并承担起社会责任。

道德意识：课程强调伦理原则和责任，培养学生成为有道德和社会责任感的时代新人。

这种教育模式不仅关注学生的知识积累，更重视他们的技能发展、态度形成和社会责任感的培养。通过实施超学科课程，学校可以为学生的全面发展和未来的成功奠定坚实的基础。

2. 课程内容

（1）确定超学科主题

教师可根据学生的发展需要，从《中小学综合实践活动课程指导纲要》（简称《指导纲要》）附件提供的建议主题中选择，也可基于指导纲要的要求、当地社会生活和学生发展特点生成新的超学科主题。生活本身具有可借鉴性和变化性，教师可随着时代发展和生活情境变化，立足于学生的发展特点和需求，来确定超学科主题。

（2）提出"超学科概念"并形成"超学科大观念"

教师要提出理解并探究超学科主题所必不可少的"关键超学科概念"，为探究超学科主题提供"概念视角"；在两个及以上的"关键超学科概念"之间建立联系，形成"超学科大观念"，即学生探究完本单元后将形成的可普遍迁移的"超学科理解"。以"超学科大观念"为基础确定学习目标。综合实践活动课程的学习目标由超学科大观念、超学科能力及品格、关键学科知识三部分构成。教师在确定学习目标时，要充分依据《指导纲要》的相关要求，立足于学生的真实生活情境，在情境中引导学生形成"超学科理解"及核心素养。提出"超学科引导问题"，贯穿超学科主题学习始终。由引导问题可引出探究线索。教师可提出概念性问题、事实性问题、争议性问题作为引导问题。概念性问题对应"超学科大观念"，事实性问题对应关键学科知识，争议性问题则由更加开放的哲学性问题或更加复杂的实践性问题构成。

（3）链接真实世界

"超学科探究"，即以实现超学科学习或者发展超学科素养为目标，运用超学科思维对有价值的生活世界或现实世界问题进行的系统探究。围绕引导问题及探究线索，由浅入深地设计结构化超学科探究任务，构成"超学科子任务"，子任务累积成"超学科表现性任务"。每一个子任务依然按照任务名称、具体"关键超学科概念"及"超学科大观念"、引导问题、子任务构成环节等要素来设计。系列超学科探究任务需要持续数周或数月，直至学生真正形成可迁移的"超学科理解"。形成"超学科理解"与核心素养极为艰难，需要反复尝试与探究，在不断的失败中取得成功经验，故而这种"超学科活动"需要经历较长时间，且需要系统、专业化设计。

3. 课程实施

学校以国家课程标准为基准，将"融合"作为超学科课程建设的基本方式，围绕一构主题、二定维度及目标、三融界限、四细步骤的策略设计课程内容。

一构主题：立足学生全面发展，基于课标和教材，聚焦生活中的真实问题，结合校情和社区资源情况，设计结构化超学科探究主题任务。

二定维度及目标：依据超学科综合学习的课程维度，确定相关活动维度目标，即知识与技能素养、创新与创造素养、合作与表达素养。

（1）知识与技能维度

知识与技能是学习者对特定学科或技术领域的认知水平，包括对相关概念、原理和方法的深入理解。在超学科项目式学习中，学生需要掌握跨学科的知识与技能，以便能够将不同领域的知识和技能综合运用于解决实际问题。

（2）创新与创造维度

创新与创造是指学习者利用已有的知识和技能来创造性地解决问题的能力。在超学科项目式学习鼓励学生探索新的方法和思路，以应对复杂多变的挑战，并寻找更有效的解决方案。

（3）合作与表达维度

合作与表达涉及在团队中有效协作、沟通和整合资源的能力。在超学科项目式学习中，学生往往需要在团队中合作，共同完成任务，这要求他们不仅要具备良好的团队合作精神和协调能力，还要通过不同的渠道有效地传达思想和观点。在超学科综合学习中，学生需要学会清晰、准确地表达自己的想法，并能够通过书面、口头或视觉等多种方式与他人进行有效的沟通。

三融界限：一是融知识与知识，不限于学科和知识体系之间的划分；二是融知识与生活场景，将课本与真实的生活相链接；三是融知识与自我，让学生主导课程，赋予学生更多学习的主动选择权，在过程中充分质疑和探究。

四细步骤：按照活动准备、活动实施、活动总结、活动评价的步骤设计教学内容。

下面以“校园一方土，荒漠千点绿”为例介绍超学科综合学习。该活动实施框架图如图2-6所示。

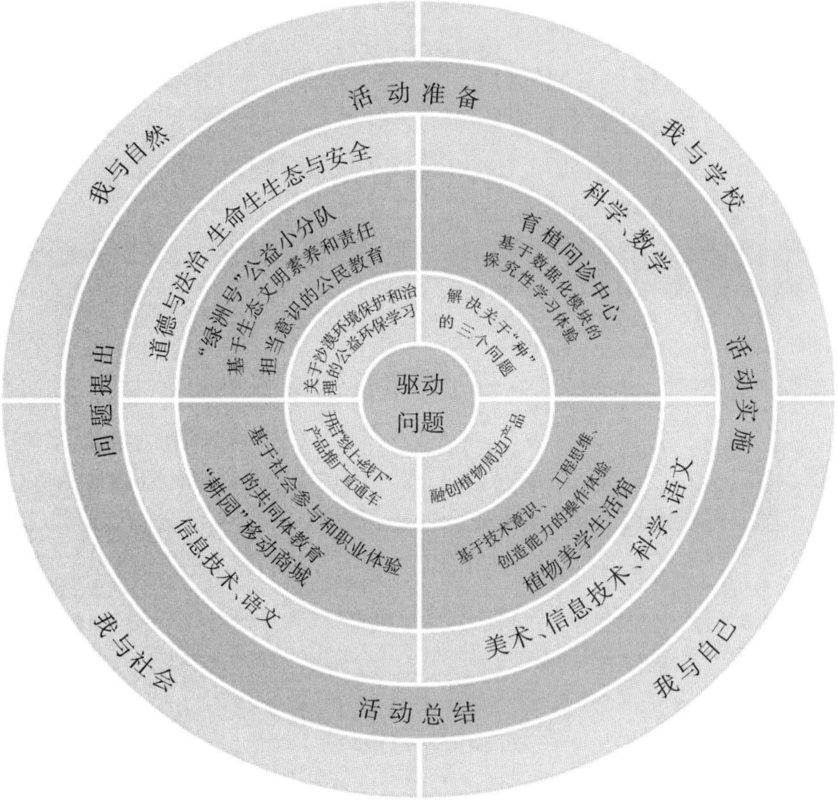

图2-6　“校园一方土，荒漠千点绿”超学科综合学习活动实施框架图

图2-6圈层关键解读：

第一圈层：1个驱动问题

“如何让耕园达到最大化兑换梭梭树的目标？”

第二圈层：4个核心问题

①关于“种”的三个问题：种什么？怎么种？如何种得又多又好？

②如何融合创新创造植物的周边产品？

③如何开通“线上+线下”的产品直通车并进行推广营销？

④如何在实践中开展关于沙漠环境保护和治理的公益环保宣传？

第三圈层：4条实施路径

基于实践育人功能，对应核心问题形成解决问题的途径。

①育植问诊中心：基于数据化模块的探究性学习体验。

整合科学、数学学科知识，通过实地调查耕园的面积、土壤、环境等，解决种植什么以及怎么种植可以提高产量等问题。

②植物美学生活馆：基于技术意识、工程思维、创造能力的操作体验。

整合美术、信息技术、科学、语文等学科，通过实验操作、动手制作、编程设计等方式，找出植物与文创的结合点，如开展植物艺术作品、花艺作品、编程作品、文学作品的创作等。

③“耕园”移动商城：基于社会参与和职业体验的共同体教育。

整合信息技术、语文学科，通过举办“最具创意的文创产品推广”“耕园市集”活动，让耕园的文创产品通过线上电子商务、线下实体等方式推广，以产出更大收益。

④“绿洲号”公益小分队：基于生态文明素养和责任担当意识的公民教育。

整合道德与法治学科、生命生活与安全等学科，开展沙漠环境治理与保护的学习，用收益所得参与“种植梭梭树，开展荒漠治理”的公益项目。

第四圈层：4项实施步骤（见表2-1所列）

包括活动准备、活动实施、活动总结、活动评价。

表2-1　“校园一方土，荒漠千点绿”超学科综合学习活动实施过程

活动阶段	阶段目标	课时/学时	教师指导	学生活动
活动准备	学生围绕驱动问题，并利用思维导图的方式对耕园可以种什么提出可行性方案	1课时/3学时	对学生的可行性方案进行评价和引导	第1～3学时： 1.围绕驱动问题制作思维导图； 2.在老师指导下修改调整思维导图
活动实施	育植问诊中心——整合科学、数学学科知识，通过实地调查耕园的面积、土壤、环境等，解决种植什么以及怎么种植可以提高产量等问题	4课时/12学时	第一课时，采取线上直播教学方式带领学生研究植物的生长特点，研究五月的耕园可以种什么； 第二课时，采取线下实地教学方式带领学生实地调查了解耕园的面积、土壤与环境特点； 第三课时，采取线上直播教学方式通过推送影响植物生长因素的微视频，让学生了解影响植物产量的原因； 第四课时，采取线下实地教学方式带领学生实地栽种	第1～3学时： 学生了解植物的生长特点，编写植物知识小报； 第4～6学时： 学生根据实地调查了解耕园的面积、土壤与环境特点，写出任务单； 第7～9学时： 学生自主学习并了解影响植物生长与产量的因素，写出微报告(表格形式)； 第10～12学时： 学生动手实践、实地栽种

续表

活动阶段	阶段目标	课时/学时	教师指导	学生活动
活动实施	植物美学生活馆——整合美术、信息技术、科学、语文、英语等学科，通过实验操作、动手制作、编程设计等方式，找到植物与文创的结合点，如开展植物艺术作品、花艺作品、编程作品、文学作品的创作等	4课时/12学时	第一课时，采取线上教学方式，观察植物特点，寻找植物特点与文创作品的结合点。思考可以创作哪些主题的文创作品。 采取线下教学指导、书画及花艺作品的创作指导、编程与摄影作品的创作指导、文学作品的创作指导	第1～3学时： 根据资料学习，做出植物与文创可以怎样结合的思维导图； 第4～6学时： 学习、了解并自主创作编程与摄影作品； 第7～9学时： 学习编程及摄影知识并进行创作； 第10～12学时： 学习、了解并自主创作文学作品，如自然笔记，种植日记，观察报告
	“耕园”移动商城——整合信息技术、语文学科，通过“最具创意的文创产品推广”、举办“耕园市集”活动，对耕园的文创产品通过线上电子商务、线下实体等方式进行推广，以产出更大收益	4课时/12学时	第一课时，采取线上教学方式，了解产品的推广要素 第二课时，线下开展“最具创意的文创产品推广”评选活动； 第三课时，了解线下耕园市集的筹办要素； 第四课时，开展线下“耕园市集”活动	第1～3学时： 学习用语言文字和图片对文创产品进行描述； 第4～6学时： 学生对文创产品进行说明； 第7～9学时： 学生创意设计“耕园线下市集”方案； 第10～12学时： 学生体验参与耕园市集文创产品推荐及售卖会
活动实施	“绿洲号”公益小分队——整合道德与法治学科、生命生活与安全等学科，开展沙漠环境治理与保护的学习，用收益所得参与“种植梭梭树开展荒漠治理”的公益项目	1课时/3学时	引导学生思考，前期活动售卖所得应该怎样使用才更有价值与意义？ 了解、参与梭梭树公益项目参与	第1～3学时： 学生学习并了解荒漠治理的相关知识，学习了解梭梭树的公益项目
活动总结	开展“活动反思总结分享会”，将耕园的面积与梭梭树固沙的面积进行对比，提升学生的环保意识。对最具创意的文创产品颁奖，对销售量前三的文创产品颁奖，并评出十大最具创意的文创产品和最有意义的毕业礼物等。			

第五圈层：4种顶层关系

立足于“立德树人”根本任务、着眼于“五育并举”育人目标、基于“提升学生综合素质”培养方向的顶层设计：我与自己、我与学校、我与社会、“我”与自然。

4. **课程评价**

超学科学习的评价需要综合考虑学生在多学科的知识融合、实践能力、创新思维等方面的表现。以下是几种有效的超学科学习的评价方式。

（1）多元视角评价

从多个维度制定评价标准，如主题理解能力、任务策划能力、组织协作能力和自我发现意识等。每个维度有进一步细化的具体评价指标，确保评价的全面性和科学性，具体分为项目化成果评价、任务导向性评价和过程探究性评价。

项目化成果化评价：对学生的学习成果进行评价，关注作品的科学性、条理性和艺术性表现。例如，在“耕园——植物美学生活馆”项目中，学生需要完成一个超学科的项目化学习，最终提交一份包含文字描述、图片展示和视频演示的综合作品。

任务导向性评价：通过真实且有意义的项目任务成果来评估学生的表现。例如，“毕业微电影”项目中，学生需要编写剧本、挑选配乐及表演，从而展示其在语文、美术和音乐方面的综合能力。

过程探究性评价：在学习过程中进行持续的评估，关注学生在活动中的探究态度、思维转化与创新能力。例如，在“活水园”项目中，评估学生是否能识别新情境、表征新问题、整合现有知识并提出解决方案。

（2）个性化和协同化评价

自评与互评：鼓励学生进行自我反思和同伴互评，增强他们的自我认知和批判性思维能力。例如，在“人气午餐”项目中，运用项目化学习工具——画廊漫步，进行互评和自评。

团队合作评价：评估学生在团队中的合作能力和贡献度。例如，在“水与生活”项目中，学生需要共同设计和实施实验，记录学习和评价情况，并进行团队反思。

（3）嵌入式评价

在学习过程中嵌入评价环节，及时反馈学生的学习进展。例如，在“人气午餐”项目中，教师邀请食堂大厨、社区人员及家长代表适时介入进行评价。

（4）综合能力评价

核心素养导向：以学生的核心素养为导向，结合学校办学理念和课程开发指导思想设计评价目标。例如，在“校园一方土，荒漠千点绿”项目中，评价学生的创作能力、表达能力、合作能力和反思能力。

超学科学习的评价方式不仅能全面反映学生的学习状况，还能促进他们的全面发展及核心素养养成。通过上述评价结果，教师可以更好地指导学生。

三、课程综合化的实施保障

（一）制度建设

学校将企业管理理论与学校治理实践相结合，用管理机制为运行机制提供指导监督，确保该项目按既定目标运行。用评价机制评估运行机制的效果与效率，同时将反馈结果用于改进优化管理机制。动力机制有效激发教师的实施意愿和热情，而保障机制则为课程综合化实施提供充足支持。

1. **管理机制**

（1）组建项目管理的专任机构

学校组建项目管理中心，负责项目引进、项目孵化、项目管理和项目评价，分重大项目、常规项目和临时项目三类进行管理。重大项目一般自上而下产生，由学校党组织和校长办公会根据年度重点工作提名立项。常规项目一般自下而上产生，一是与课程建设相结合，涵盖学科内项目、跨学科项目、超学科项目；二是与学校需解决的现实问题相结合；三是与学校常有常新项目相结合，由教师个体、教研组、联合体等申报产生。临时项目则一般是由于临时需要的“双向奔赴”产生的。

（2）建立教学组织建设的管理机制

学校从目标、总课时、上课课时、学科界定、上课教师、教研方式等方面对教学组织情况进行界定。明确课程综合化的目标是落地核心素养培养、强化课程育人成果；按照省课程方案确定跨学科学习总课时为依据核算各学科不低于10%的总课时量；上课课时采用主学科课时，不超过6课时，每课课时40分钟；以一门学科为主，最多跨3门其他学科；内容为各学科教材或课标要求的学科思想方法等；上课教师由主学科的一名老师或与多名老师配合；教研方式采取统筹+固定+灵活方式。

（3）建立教师培训发展的管理机制

为破解教师对课程综合化存在观念偏颇的问题、教师在设计实施评价方面能力不足的问题，学校系统规划了三条路径。一是专家引领。学校依托北京师范大学教师教育研究中心桑国元教授团队、成都师范学院周鑫燚教授团队、成都师范学院徐猛副教授团队、四川师范大学周雄俊副教授团队开展理论与实操的专题培训、案例剖析等活动。二是同伴互助。学校定期举行课程综合化专题研讨活动，开展同伴合作进行课程设计和教学实施，进行资源共享。三是自我反思。鼓励教师开展行动研究和案例研究，以进行课程综合化的问题研究。

（4）建立课程资源建设的管理机制

通过研究所在地域的现实特点、社区的资源优势、学校的育人方向、学科建设的需要、师资队伍的水平、不同学段学生的成长需要，体系化建设基于校情、社情的跨学科主题学习课程资源内容。

一是客观分析地域特色状况，把握历史、风土人情、重大活动。如围绕成都大运会开发“定制主题，玩转成都”课程资源，围绕“拜水都江堰”开发实地考察与探究的课程资源，围绕“水韵园”实践基地开发“木作手工”“运动时分”课程资源。

二是立足社区资源，把握社区特色定位、已有场馆或资源。如借助社区场馆“妮妮全球食育中心”开发“午餐营养成分”“餐点设计制作”等课程资源，借助社区场馆“科普馆”开发“科技探索”“太空探秘”“人与自然”等课程资源，借助社区场馆“天空农场”开发“蔬菜种植、采摘、制作”等课程资源，借助社区“儿童友好型场所”开发“尾箱集市”等资源。

三是立足校情特点，把握学校未来发展方向和育人方式变革。如借助学校场景开发“校园一方土，荒漠千点绿”“活水园”“塾园”“食堂”等课程资源，根据学科特点开发“语文拓展”“数学好玩”“双语融合”“人工智能”等课程资源，根据学段特点开发“劳动课程”等课程资源。

2. 运行机制

（1）确立项目负责制的运行方式

项目管理中心根据项目需要，组织校内外团队进行立项评估、校内招标、过程服务、经费保障、结项评价等工作。由项目负责人自主调配人力资源、自主确定运转方式、自主承担项目风险，并实行民主集中决定奖励分配制。学校跨学科主题学习活动的主题、内容、实施、评价均按项目负责制方式运行。学校资源向项目汇集，项目向师生汇集。

（2）开发课程综合化的构建路径

坚持自上而下与自下而上相结合：顶层设计是学校办学理念与育人目标，底层实施是教师从学生的现实生活和真实需求中寻找匹配的相关主题，查找相关教材或课标依据。

（3）确定课堂实施流程

一是以问题为导向，开展基于真实而复杂的问题的解决情境设计，开展核心问题和驱动问题的设计；二是以成果为导向开展逆向设计，明确往哪里去、用什么证据佐证、设计什么活动；三是建构共通素养，挖掘学科A与学科B之间的上位通用概念；四是搭建学习支架，用鱼骨图、思维导图、视觉笔记等学习工具助力学生分析学习；五是进行合作探究，在自主学习基础上开展小组合作探究，培养合作意识；六是开展成果展示；七是进行复盘优化。课程实施的流程运用项目化思维。对较长周期的跨学科主题学习，采用项目式学习方式推动，形成项目探索课、问题分解课、设计与修改课、成果展示课、反思与评价课五种基本课型，为师生搭建教与学支架。

（4）确立课程综合化的教研机制

为提高教研的效度和精度，学校向内取智成立临时、灵活的教研团队，向外借力把“国家智慧云平台”“生成式人工智能”变成老师的二位助手，形成了以课程项目中心为总课程管理机构，各项目组根据需要开展灵活教研，协同多学科力量聚焦同一个主题。达成学科协同、教师协同、时空协同、平台协同、技术协同的目的。

3. 评价机制

（1）开展课程综合化的OKR目标评价

OKR即目标与关键成果管理方法，是一种能明确并能跟踪目标及其完成情况的绩效管理工具和方法。

（2）开展课程、课堂、教师、学生的分类评价

突出评价主体的多元化，以多元思维重构对学生、教师、课程、课堂的评价（如图2-7所示及表2-2、表2-3所列），追求教、学、评的一致性。

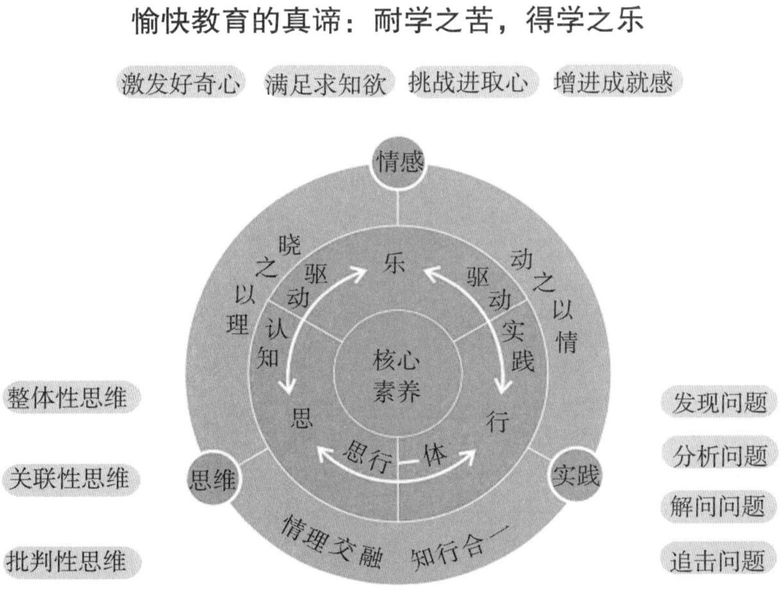

图2-7　龙江路小学武候新城分校“乐思行”课堂主张架构图

表 2-2　龙江路小学武侯新城分校数学学科课堂教学评价表

类别	项目	评价内容	占比/%	评价
教师课堂教学	教学目标	1. 目标明确、具体，符合课程标准、教材基本要求和学生实际发展情况； 2. 能体现知识与技能、过程与方法、情感态度与价值观三位一体，面向全体学生，注重兴趣和能力的培养	10	
	教学内容与教学过程	1. 依托教材，注重情境创设，启思导学，与学生的经验基础相适应，学习目标呈现清晰； 2. 根据作业完成情况或相关数据反馈，准确把握学情点，组织相应学习活动，衔接新旧知识，突重点、破难点、抓关键、夯基础、强技能； 3. 创设真实、复杂、有趣味性或挑战性的核心问题，应符合学生认知规律，激发学生求知欲； 4. 为学生提供发现、提问和质疑的机会，使其亲身经历对知识的探索、延伸、发散、应用的全过程，师生、生生间的多向交流及互动性强，提升学生实践能力； 5. 教学过程体现学生思维水平的发展：凸显思维的整体性、关联性和批判性； 6. 根据教学内容选择合理有效的教学方法和手段，符合学生的学习需求	20	
教师课堂教学	基本素质	1.语言精练、生动、应变能力强，教学有实效、有感染力； 2.板书设计科学合理，富有启发性，体现结构化，让思维可视化； 3.教学基本功扎实，信息技术娴熟，能恰当合理运用智慧教育技术； 4.教学过程体现教、学、评的一致性	10	
学生学习反馈	学习效果	1.学生主动参与，精神饱满，思维活跃，乐学、会学； 2.各层次学生学有所得，体验成功的喜悦	5	
	思维状态	1. 能主动积极提出问题，发表不同见解； 2. 提出的问题具有个性、价值和创造性； 3. 能自主学习、合作探究、质疑问题	10	
	目标达成	1. 达成预定教学目标； 2. 各层次学生按实际情况完成学习任务，获得不同程度的收获	5	

表2-3 龙江路小学武侯新城分校课堂教学评价表

维度	有待改进	符合预期	超出预期
课程目标（20%）	1.未提出培养核心素养的目标； 2.未明确学生需要掌握的核心知识和概念； 3.学科间关联度不大	1. 提出培养素养的发展目标； 2.对于学生需要掌握的核心知识和概念有明确的要求； 3.学科间有一定的关联度	1. 提出培养素养的发展目标，且各学科有需学生具备的共通素养； 2. 对学生需要掌握的与核心概念有关的知识既有广度也有深度的要求； 3. 各学科间关联度大，联系巧妙
真实、复杂、有挑战的问题（10%）	1. 驱动性问题答案单一，对学生没有吸引力； 2. 驱动性问题无法激发学生兴趣	1.驱动性问题有多个可能的答案且与学习目标高度相关； 2.就驱动性问题可开展的探究有限，学生兴趣不大	1. 驱动性问题源于真实情境，指向理解核心概念的关键问题，且具有开放性，有多个可能的答案； 2. 驱动问题的设计能够激发学生兴趣且易于学生理解
探究解决（40%）	1.与现实世界的联系很小或几乎没有，缺乏真实情境，没有融入真实的流程、任务或工具； 2.无法激发学生深度问题的解决潜力； 3.学生未使用多学科知识来解决问题	1.模拟真实世界的活动，具备1～2项真实性特征； 2.学生只是简单地应用知识来解决问题，没有机会深入理解； 3.学生使用部分学科知识来解决问题	1.项目有真实的情境，涉及真实世界的流程、任务以及工具； 2.学生在整个项目中像科学家、工程师或设计师等专家一样思考和实践； 3.推动学生综合运用各学科知识开展持续探究
评价与优化（20%）	1.没有考虑设计评价方案，或者评价不是基于课标和素养目标； 2.没有使用合适的工具和流程来评价目标达成情况	1.使用基于课标和素养目标的量规来指导过程性评价和总结性评价； 2.偶尔采用合适的工具和流程进行过程性评价	1.学生和教师使用基于课标和素养目标的量规来指导过程性和总结性评价； 2.采用合适的工具和流程进行过程性评价
展示与反思（10%）	1.学生未将其作品公开展示； 2.学生和教师未对学科进行反思	1.学生的作品仅向同学和教师公开展示； 2.学生与教师会在教学进行时或结束后进行反思，但反思不深入，对加深对主学科的理解作用不大	1.学生公开展示作品，甚至面向课堂以外的用户或专家展示； 2 进行深入、全面、辩证、发散的反思，加深对主学科的理解和对其他学科的认识

（3）开展多元主体评价

①开展校内激励评价：一是学校在家长、教师、年级组长、教研组长、校长办公会、个人专业积分等多元主体赋权评价体系中，对课程综合化实施情况给予项目加分；二是学校在校级课堂展示平台上对实施适当的学习内容进行单独赋分。

②实施家校社协同评价：为解决学校、家庭、社会在儿童评价上各自为政的问题，学校完善了“学校好学生、家庭好孩子、社会好少年”评价体系，让学校（教师、学生）、家长和社区都成了评价主体，实现了学校儿童化评价的“新城币”和学校所在地社区“社区公益积分”的互换。学生参与学校的跨学科主题学习，可获得“新城币”；学生参与社区的项目活动，可获得“社区公益积分”。“新城币”可以在社区换取体验课程、文创礼品等，“社区公益积分”在学校可用于参与评优选先、兑换服务机会、获得免作业卡等。社区的项目活动中，党、团员志愿者成立项目组，负责兑换工作（如图2-8所示）。三方评价打通后，学生在学校、家庭和社区中的正向表现趋于一致。在项目实施过程中，家校社的协同性得以提升。如学生要参与“校园人气午餐”项目，社区食育基地便可开展相关课程的学习体验活动，学生可获得相应的“社区公益积分”评价。

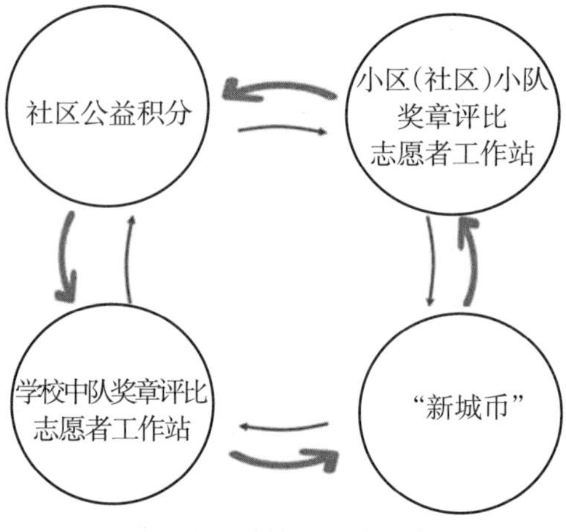

图2-8　家校社协同评价示意图

4. **动力机制**

（1）教育理念的引领动力

学校通过“请进来”“走出去”的方式邀请专家驻校，组织教师参与教育思想研讨会、学术讲座及校内外培训，通过深入学习现代教育理念，认识到课程综合化的重要意义，明确现代社会对复合型人才的需求。

（2）教育政策的推动动力

学校通过教育政策引领，积极整合各类教育资源。如学校的“少年科学院”

和社区积极联动，并设立五个校外科技活动基地，通过贯通培养、联合培养、项目培养的方式来促进学生成长。

（3）学生发展需求的拉动力

通过定期开展大规模学生学习需求调研活动，如通过问卷调查、学生访谈、学习数据分析等多种方式，精准把握各阶段学生的学习需求及不同学生的个性化学习期望，让学生成为课程综合化的积极参与者与推动者，以学生需求拉动课程综合化进程。

（4）教师专业成长的驱动力

学校建立完善的教师教学创新激励机制，以项目申报等方式鼓励教师在课程综合化领域大胆创新，申报的课程教学项目取得重要成绩的，给予教师重大贡献奖；此外，积极为教师搭建教学创新的展示平台，激发教师在课程综合化中不断探索创新教学模式的动力。

5. 保障机制

（1）师资队伍的保障

搭建教师团队协作平台，利用线上、线下开展综合课程的备课组会议，搭建协作交流空间等，打破时间和空间的限定，方便教师交流探讨。

（2）教学资源的保障

学校利用校级资源平台建立课程综合化教学资源库，教研组长负责收集、整理和开发各种教学资源，包括教学课件、教学视频、案例集、习题库等，并定时进行资源的更新，确保资源的质量和时效性。

（3）相关设施的保障

首先，学校不断推进硬件升级，打造了1间录播教室和2间AI人工智能教学分析中心，并加快推进其常态化运用；其次，为有效弥补相关教学系统数据不足、功能较为单一的情况，学校构建起集武侯智汇云平台、国家中小学智汇云平台、AI人工智能教学分析系统等的学习平台，促进互联互通。

（4）教学管理的保障

其一是制定弹性的教学计划，设置长短周期课时，以适应课程综合化的灵活性；其二是在课程安排上，注重综合课程与基础学科课程之间的协调和整合，确保在各年级开展适宜该阶段学生的综合课程，让学生能够更好地运用已有知识进行综合学习；其三是建立教学质量监控机构，即学术委员会，定期对课程综合化教学质量进行检查和评估。

（5）专项经费的保障

学校每学期均设立课程综合化专项经费，用于支持教师课程培训、校本课程的编写、教学资源的开发、教学设施的采购、校外实践活动等方面。由支委会合理规划经费预算，并由教代会审核，确保经费能够满足课程综合化实施的基本需求。此外，学校还积极拓展经费来源渠道，争取政府教育部门的专项拨款、企业合作等外部资金支持。

（二）队伍建设

课程综合化背景下，学校开展项目制管理，以专业能力为基石，以科研项目为抓手，实施梯队发展、动态管理、多元评价，打造了一支专业精湛的“新熠”干部教师队伍。

1. 主要做法及创新举措

（1）项目制管理激发干部教师内驱力

学校建构党组织领导下的“六会四中心”治理体系，运行“共同参与、协调互动、多元主体”的共同治理模式，建立以评价为导向的、共同参与、分布式、项目制管理相结合的治理形式。通过愿景引领，在武侯区“两自一包”（教师自聘、管理自主、经费包干）改革体制下，以项目制管理的方式，激发教师潜能，让每一位教师“有梦想、有舞台、有发展”。

（2）分梯队研训培育干部教师专业力

学校抓牢师德底线，抓住师能标准线，找寻教师成长的“最适宜发展区”，建设“新熠”教师专业发展课程体系。自下而上结合干部教师个人发展意愿与规划将其分四个阶段——新生适应期、新星成长期、新辉成熟期、新耀创造期，聚焦“专业态度、专业知识、专业能力”系统开展研训，锤炼专业水平。

专业态度围绕教师如何对待职业、对待学生、对待教育教学和对待自身发展；专业知识涵盖一般教育知识、学科知识、学科教学知识、通识性知识等内容；专业能力聚焦教学能力、班级管理和其他教育活动的能力、人际交往能力、专业阅读能力等进行分层必修与选修设计。

以多条路径构建研训一体。围绕共性能力开展“新课标学习竞赛”“微讲堂”“集体备课展示”“智慧课堂教学展示”“同伴互助赛研”等全员研训。围绕教学能力，如在新生适应期关注教师课堂教学基本功（板书设计、语言表达、教材解读）等，新星成长期修炼教师课堂教学进阶功（讲题能力、评价语言、听课记录）等，新辉成熟期锤炼课堂教学高阶功（生成能力、反思能力、学科融合）等，新耀创造期聚焦科研引领能力、学科融创能力、学术交流能力等，从而进行分层研训。采取同伴互助、师徒结对、团队赋能等多种方式发展教师专业能力。

以常态化校本教研作为发展基石。实施行政学科制度，各学科定期、定点、定位教研。以教育数字化转型、项目化学习为发展抓手，依托国家云平台、武侯智汇云、智慧课堂、智学网等开展“基于数据的精准教学”“线上线下双线融合教学”，提升教师信息化专业素养。

（3）高频次教研激发干部教师研究动力

坚持“人出课题，课题出人”的指导思想，组织教师参与课题研究活动，真正做到“教学研究化，研究课堂化”。建立校—区县—区级—市级多级科研课题组，树立科研兴校的思想，吸引教师参与课题研究，使科研成果在教育教学改革方面发挥直接效应。

（4）多元主体评价找准干部教师发展力

学校建立了具有校本特色的“多元主体赋权评价”制度，以评价导向促进教师同伴互助和专业发展，建立和完善了《薪酬分配办法》《项目管理办法》等，坚持团队考核与个人考核相结合，坚持工作量和工作质量兼顾，坚持累积性贡献和阶段性贡献相结合，坚持定量为主、定性和定量相结合，反映教师个人及团队年度业绩。具体可参考以下两点。

一是将团队评价置于个人评价之上。在多主体、多元维度评价中，学校应重视对团队的评价。评价机制的变革让团队上下一条心、乐共享，营造组内、学科内、学科间的良性生态。

二是将评价权还给治理主体。个人评价采取多元主体赋权评价方式，分别赋予家长、教师、教研组长、年级组长、分管行政、校长办公会等治理主体不同权重，让大家都有发言权，加上个人量化积分部分，形成最后评价。

2. 实施成效及效果

（1）教师个人专业发展迅速

近三年来，学校教师专业能力成长迅速，共计区级及以上赛课、获奖、发表2047人次，较2020年9月增长499%，平均每年6.8人次。其中不乏担任省教材审定委员会专家、省师范生素质大赛评委、省级名师工作室成员的以及获得省市级赛课一等奖、市集体赛研一等奖等的。我校新星成长期教师肖明君斩获四川省音乐赛课一等奖，新星成长期教师周昕昕斩获成都市语文赛课一等奖，新生适应期教师谭丽杉斩获成都市英语赛课一等奖。多位教师参加区级研究课、展示课教学。

我校现有38位教师获评学科市级区级以上名师优师称号。近三年，新增2名成都市优秀青年教师、2名成都市德育工作者、3名成都市优秀班主任、1名区特级校长、1名区优秀校长、10名区学科带头人。

“从自主思考开始，向合作对话出发，在团队协作中不断提升，就是同侪共进应有的样子。”龙小新城语文教师周昕昕对同伴互助有这样的体会。

值得一提的是，教师间的同伴互助在龙小新城已蔚然成风，学生不仅享受到优质教师资源，更形成了以项目学习为主要形式的学生互助模式。学生先后参与了“校园一方土，荒漠千点绿”项目、设计一周的校园人气午餐单项目、充满温情的毕业微电影脚本项目、二十四节气项目、光盘行动项目等。这些项目式学习促进了学生的综合素养发展，同时让孩子们成为学校的主人。其中，设计一周的校园人气午餐单项目的中期阶段展示课，在四川省综合实践网络教研活动“基于校本课程的综合实践活动开发与实施”中得到展示，荣获成都市综合实践活动成果展示特等奖。

2020年9月，团中央、教育部等组织带领全国学习贯彻习近平总书记关于少年儿童和少先队工作的重要论述专题研讨班的代表们到龙小新城调研，对龙小新城教师团队建设取得的成果给予了充分肯定。

（2）教师科研水平提升显著

我校在科研课题方面取得了丰硕的成果，研究面辐射多个学科，教师们积极参与课题研究、论文比赛和成果发表，其数量、比例逐年上升，参与范围也逐步扩大。从建校以来，我校申报清华大学子课题立项1次、市级课题立项4次、区级课题立项27次，课题研究阶段性成果也获得了市级区级评比一等奖若干次，其中“‘两自一包’背景下的教师同伴互助教研模式”在成都市龙江路小学、成都市熊猫路小学和四川天府新区第三小学进行推广运用，并获好评。

我校2021年出版《携手同行——“两自一包”背景下的教师同伴互助教研成果》一书。2022年，《四川教育》杂志以“凝志共进开新境——成都市龙江路小学武侯新城分校教师共同体建设纪实”为题对我校教师专业发展经验进行了专题报道。2024年，《中国教育报》刊登了我校提升办学品质的经验做法。这样的同伴互助模式，既有利于专家型教师倾听新进教师在非学科方面的创意，也有利于新进教师接受来自专家的意见，让团队在同伴互助中听到不同的声音，使团队的互助效果最大、最优。

第三章

课程综合化的案例成果

理论的价值在于指导实践，实践可以验证并丰富理论。本章通过精选的优秀案例，生动展现了课程综合化在学科内、跨学科与超学科三个层面的实践成果。“学科内综合学习”案例展示了如何通过内容重组与学习方式创新，优化课程内容，打破学科内部的知识割裂，提升学生的学科素养和综合能力，强调学科知识的系统性和连贯性，为分科教学提供了新的思路。“各学科跨学科主题学习”案例则展示了如何突破学科边界，通过跨学科合作，培养学生解决复杂问题的能力，案例涵盖了多个学科领域，揭示了跨学科主题学习在激发学生学习兴趣和提升其综合素养方面的独特优势。“超学科综合学习”案例展示了如何融合学科，通过项目式学习、探究性学习等方式，让学习直接链接生活世界，让学生在真实情境中应用知识，培养创新思维和实践能力。本章不仅为读者提供了可借鉴的实践模板，更通过“案例解析”与“反思启示”栏目，深入探讨了课程综合化的实施要点与改进方向，为学校推进课程综合化提供经验和参考。

一、“学科内综合学习”优秀案例

（一）语文学科任务群

1. 语言文字积累与梳理

渗透韵语识字，感受对韵之美

设计教师：蒲　萍　谭文娟　鲁　凤　冯　岚

（1）适用学期：一年级上期

（2）单元整体解读

这是一年级上期第2个识字单元，延续第1个识字单元的编排特色，单元编排了《对韵歌》《日月明》《小书包》《升国旗》四篇识字韵文，渗透了韵文识字、会意识字、分类识字等识字方法，属于“语言文字积累与梳理”任务。以“感受对韵之美”作为学习主题，旨在引导学生在感受汉语音韵节奏的过程中识字，提高学生学习语言的兴趣和运用语言的能力。在第1个识字单元中，学生认识了象形字，初步感受了汉字以象示意的特点。在本单元，学生将认识会意字，并进一步了解形声字形旁表义的构字规律。教材力图通过丰富多样的编排形式，让学生在识字的同时，了解汉字的文化内涵，体会到汉字不仅有用，还很有意思。

《对韵歌》是由优秀蒙学读物《声律启蒙》和《笠翁对韵》杂糅而成。整首《对韵歌》一共三句，内容均为自然景色，每一句分别代表“自然现象”“动植物”“美丽景色”。其中第一、二两句是单字对，第三句是双字对，隐藏了“山清水秀”“桃红柳绿”两个成语。对子是古老而充满活力的传统文化，课文从插图到文字，都充满了中国古典韵味。《对韵歌》旨在教给学生在对对子中识字的方法，初步感受古老汉语独特的音韵节奏，激发学生学习祖国语言文字的兴趣。

（3）学情分析

大部分学生在入学前具备了一定的识字基础，学生的识字途径多样，但识字量差异较大。本单元是在原有基础上的进一步提升，帮助学生从认识象形字，到认识会意字，不断夯实识字能力。《对韵歌》一文结构鲜明，读着朗朗上口，有助于学生进一步触摸传统文化的脉搏，体会汉字的有趣。

（4）教学目标（含教学重难点）：

①通过字理识字、结合图片，联系生活，偏旁归类等方法，认识“对、歌、

云”等9个生字和“绞丝旁”这个新偏旁，会正确书写“提”的笔画和生字“虫”。（重点）

②正确朗读课文，背诵课文。初步感受韵文字数相同、意思相对、音韵和谐的特点，接受中华传统文化的熏陶。（难点）

③寻找课文中或生活中的对子，和伙伴合作创编一首对韵歌。

（5）教学环节

教学环节由初识对韵之美、揭秘对韵之谜、创编对韵之歌三部分构成，如图3-1所示。

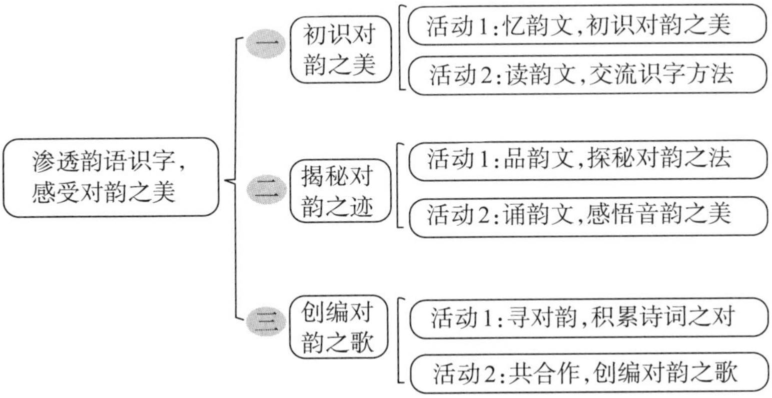

图3-1　《对韵歌》教学环节图

①初识对韵之美

活动一：忆韵文，初识对韵之美

A. 温故寻“对”。

诵读《金木水火土》，在儿歌中找对子。

B. 识“对”揭题。

古人将意思相对，字数相同的词语，组合在一起就成了“对韵歌”。齐读课题，识记生字“对”“歌”。

【设计意图】：温故而知新，从旧知引入，初识对子，感受韵文，调动学生的学习兴趣。通过老师的小结，初步了解对子的特点：意思相对，字数相同。为后面“揭秘对韵之谜”奠定学习基础。

活动二：读韵文，交流识字方法

A. 初读正音，交流识字。

a. 自由朗读儿歌。

b. 和同桌互读儿歌，并交流易读错的字。

c. 分句出示，指名读。

强调易错音。

随文识字，交流识字方法。

随文学写“虫”。

B. 结合游戏，巩固识字。

a. “词语对对碰”。

b. 巩固生字并诵读课文。

【设计意图】：教学中采用读识结合，运用多种方法引导学生认识字形，理解字义。在写字教学时，引导学生注重观察和发现，“一看、二数、三发现”，明确汉字的书写要点，养成良好的书写习惯，规范写字。

②揭秘对韵之谜

活动一：品韵文，探秘对韵之法

趣读韵文，发现对韵之谜。

a. 同桌对读，师生合作读，拍手读。

b. 结合课文内容出示相应插图，说说看到了什么。

类别特点：自然现象，动植物，美丽景色。

字数特点：单字对，双字对。

音韵特点。

活动二：诵韵文，感悟音韵之美

A. 熟读成诵，感受韵味。

a. 填空式诵读韵文。

b. 结合课文插图背诵韵文。

B. 配乐吟诵，拓展韵文。

a. 播放《声律启蒙·一东》音频，学生聆听。

b. 学生跟着配乐吟诵，感受音韵之美。

【设计意图】：从类别、字数、音韵三个方面梳理《对韵歌》的特点，让学生进一步感受对韵之趣。在理解课文的基础上，引导学生填空式，结合插图等方法背诵课文，并拓展《声律启蒙·一东》音频，让学生在聆听，吟诵中进而感受音韵之美。

③创编对韵之歌。

活动一：寻对韵，积累诗词之对

结合成语古诗，寻找对子。

活动二：共合作，创编对韵之歌

小组合作，创编对韵歌。

a. 小组成员将自己积累的对子连起来，你一句我一句，创编对韵歌。

b. 指名小组展示。

c. 鼓励学生将创编的对韵歌通过朗诵、写绘等方式记录下来。

【设计意图】：适当拓展，引导学生去成语，古诗中寻找，积累对子，学生在收集对子，合作交流，创编对韵歌的语言实践中，激发了学生的学习动力，增强了学习自信。

（6）教学反思

①优点。

a. 识字方法形式多样。

b. 充分朗读，扎实有效。

c. 教学创新，注重积累。

②不足之处。

a. 注重朗读，忽略书写。

③整改措施。

a. 注重效率，提升质量。

b. 授人以渔，方法总结。

渗透识字方法，感受会意之趣

设计教师：王　娜　何　明　罗　燃　刘雪莹

（1）教学目标（含教学重难点）：

①初步了解会意字的构字特点，认识“力、尖”等生字。会写“力、男”等字和笔画卧钩。积累由本课生字组成的词语。（重点）

②正确朗读课文，体会团结协作力量大的道理。（难点）

（2）教学环节

教学环节由感知汉字的奇妙组合、探索会意字组合之意、凝练会意字背后的含义三部分构成，如图3-2所示。

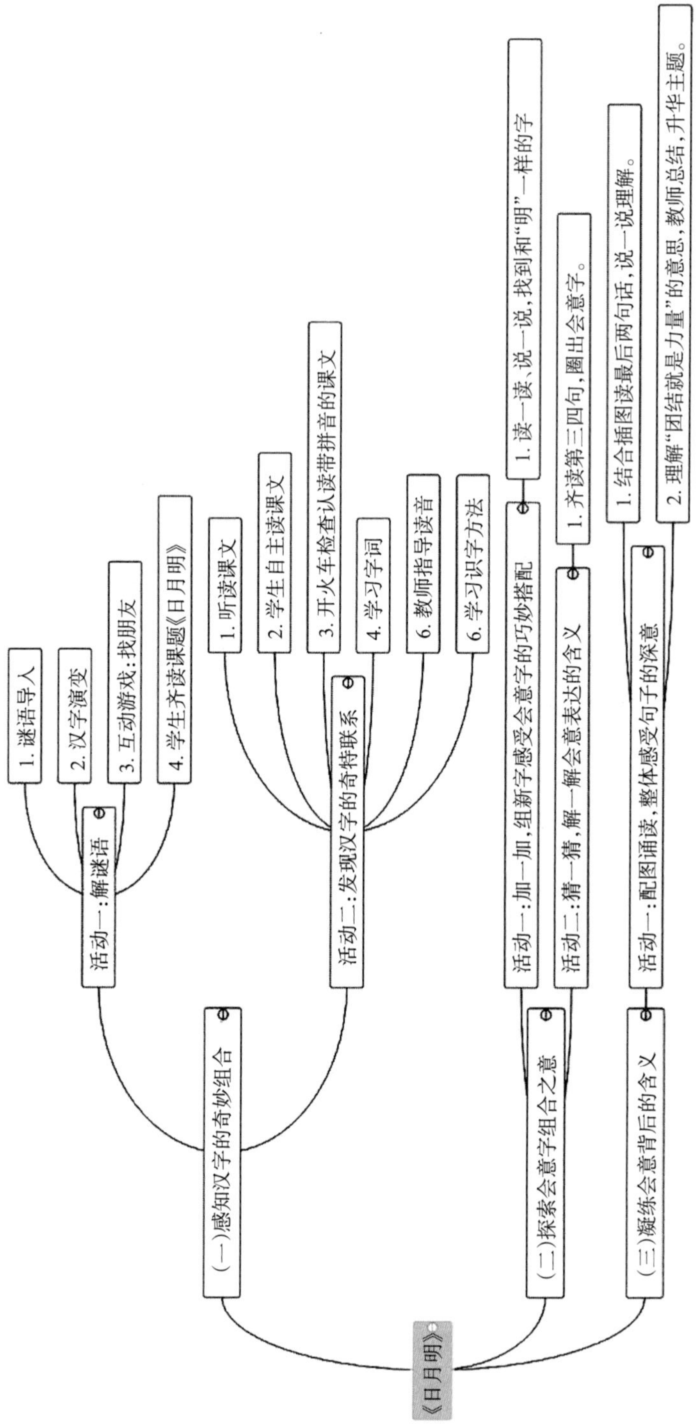

图3-2 《日月明》教学环节图

①感知汉字的奇妙组合

活动一：解谜语感知汉字奇妙组合

A. 谜语导入。

B. 汉字演变。

C. 互动游戏：找朋友。

D. 学生齐读课题《日月明》。

活动二：识生字发现汉字的奇特联系

A. 听读课文。

B. 学生自读课文。

C. 以“开火车”方式检查认读带拼音的课文。

D. 学习字词。

E. 教师指导读音。

F. 学习识字方法。（加一加，猜字谜，字理识字）

【设计意图】：以解谜入课，激发学生的学习兴趣，引导学生发现汉字组合的奇特之处，熟字与熟字的结合创造出新的汉字，让学生感受到汉字构字的神奇，以此引发学生继续探索，自主学习探究的意识。

②感受汉字魅力，探索会意字组合之意

活动一：加一加，感受会意字的巧妙搭配

读前两句，说说你找到了哪些像“明”一样的字。

a. 思考：为什么古人要把这些字组合起来？

b. 出示会意字的字形演变，引导学生理解的字义。

c. 教师引导学生联系生活想一想。

活动二：猜一猜，解一解会意表达的含义

A. 齐读课文的第三四句，圈出会意字。

a. 选一句自学，通过图片或想象画面，猜测意思。

b. 小组合作学习，交流自己的学习收获。

c. 全班交流学习成果。

B. 小结会意字的含义：像这样把两个或者两个以上的字根据各自的含义合在一起组成的新字，叫作会意字。我们只要知道每个部分的意思，就能大致知道它们组成的新字的意思了。

C. 猜一猜：你能猜出下面这些字的意思吗？

泪：氵　目。　　苗：艹　田。　　歪：不　正。

【设计意图】：根据本课要求所学会意字的构字规律及特点，先分类学习再加强巩固，在教师的带领下观察发现汉字的识记规律。借助字理、图片等多种方法识字，便于学生发现汉字的特点，树立归类识字意识。

③感受会意字造字艺术，凝练会意背后的含义。

活动一：配图诵读，整体感受句子的深意

A. 读最后两句话，说说你的理解。

B. 观察插图说一说：孩子们在做什么？

小结：大家齐心协力才能帮助小树安家。说明了团结就是力量，团结可以创造奇迹。（板书：团结就是力量）

C. 联系生活说一说：还有什么事情说明团结就是力量？

【设计意图】：由图入手，渗透团结协作意识，通过图画读懂儿歌的内容，再结合生活中的例子，让团结协作的意思具象化、生活化。

（3）教学反思

①优点.

a. 创设趣味情境，引发学生探索。

b. 发现构字规律，运用规律识字。

②不足与改进.

a. 可开展小组合作，发挥学生主体作用，学会举一反三。

2. 实用性阅读与交流

走进儿童生活　晒晒幸福家庭

设计教师：万　旭　章　丹　阳　蕾　王杉　李艳秋　何玉琦　龚琳峰
冯小彤　林欢欢　胡新荣

（1）适用学期：二年级上期

（2）内容简介

本单元以“儿童生活”为主题编排了《曹冲称象》《玲玲的画》《一封信》《妈妈睡了》四篇课文，这些课文从儿童视角来表现儿童生活。《玲玲的画》讲述了玲玲在爸爸的帮助下解决难题的故事，《一封信》表达了对离家很久的爸爸的深切思念，《妈妈睡了》表达了对忙碌过后的妈妈的赞美与感激之情。口语交际《做手工》和写话《我最喜欢的玩具》都是学生的快乐家庭生活的写照。

本单元的语文要素是“阅读课文，能说出自己的想法”和“借助词句，尝试讲述课文内容”，这也正好契合了学生在家庭生活中“感受爱、表达爱、记录爱”的需求。《玲玲的画》落脚点在“感受爱”，引导学生联系生活谈谈对关键句

"只要肯动脑筋，坏事有时也能变成好事"的体会，感受充满智慧的家庭生活。《一封信》和《妈妈睡了》落脚点在"表达爱"，引导学生比较两封信的内容，说说怎样写信才能让在外工作的爸爸不用担心家里的情况；说说睡梦中的妈妈是什么样子的，从而表达对辛劳的妈妈的关切和爱意。口语交际《做手工》和写话《我最喜欢的玩具》落脚点在"记录爱"，引导学生说说做手工的过程，写写喜欢的玩具等，记录有趣的家庭生活。

（3）学情分析

二年级的学生已经对语言有了初步的理解和积累，能够运用所学方法理解词语。但对于书信文体是初次接触。教师应充分考虑二年级学生的特点和需求，选择合适的教学方法和策略，帮助他们更好地理解和感受课文中的亲子之情，以提高他们的阅读理解能力、语言表达能力和逻辑思维能力。基于此，单元活动设计如图3-3所示。

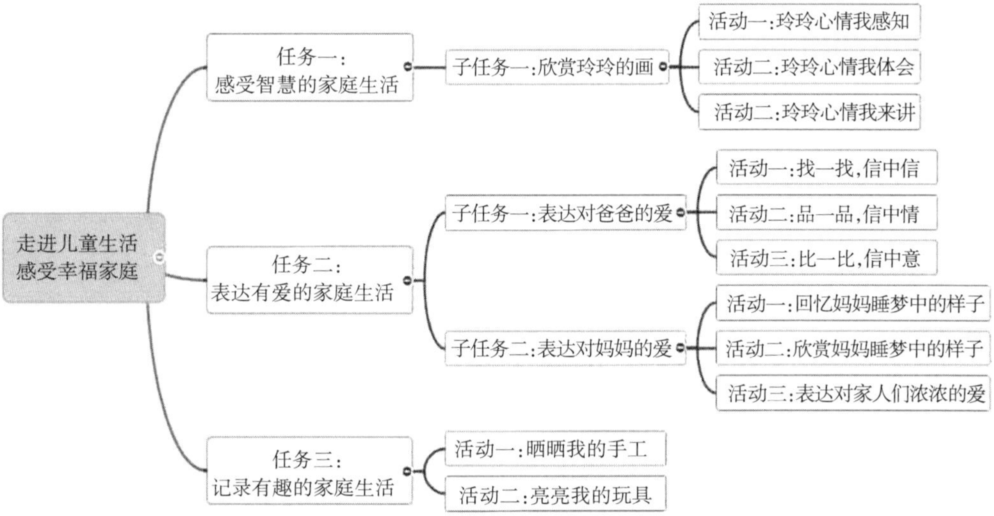

图3-3　单元活动设计

案例一：《一封信》（第二课时）

教学目标：

①认识"团、重、接"等9个生字，学会写"珠、笔"。

②边读边勾画，梳理出露西写的第二封的内容，能用恰当的语气读好露西写的第二封信。（重点）

③通过对比两封信，发现露西前后写给爸爸的两封信的不同之处，说出自己更喜欢哪一封信，感受信中洋溢的浓浓的亲情，培养乐观积极的心态。（难点）

教学环节（如图3-4所示）：

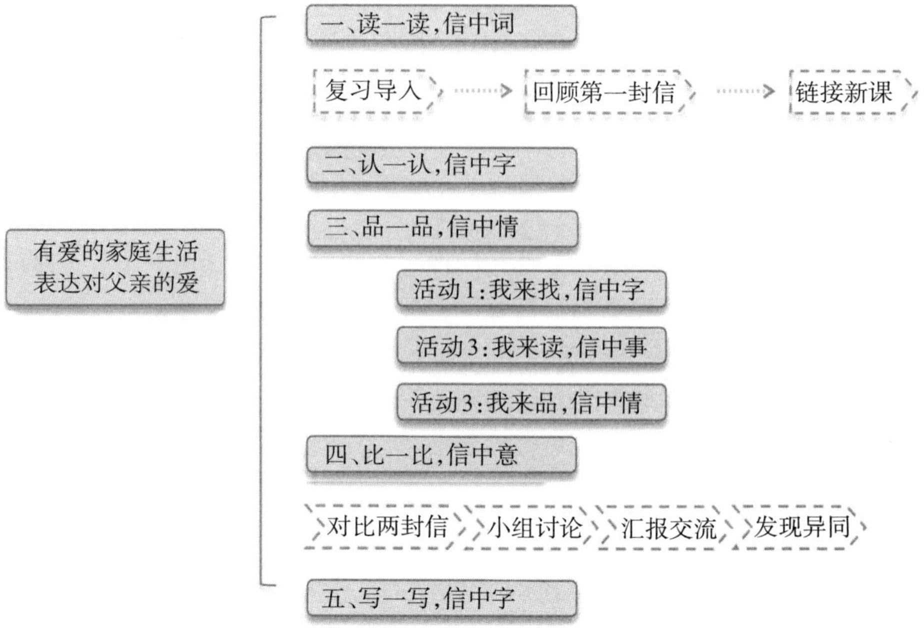

图3-4　教学环节设计

（1）读一读，信中词

①复习导入。

②回顾第一封信内容。

③链接新课：这些事情都让露西觉得心情如何？

【设计意图】通过复习词语，回顾第二封的内容导入新课，链接第一课时，为学习第二封信的内容扫清文字障碍。

（2）认一认，信中字

①提问：小露西对这封信满意吗？从哪里看出来的？

②请生读问。

③相机学习词语——重新。

【设计意图】落实课后多音字，在课文语境中去理解多音字，多音字是根据意思来确定读音的。

（3）品一品，信中情

①聚焦第二封信的内容。

活动一：我来找，信中字

出示【学习要求】：

a. 读：自由读课文第7～14自然段。
b. 画：用“______”画出露西写的第二封信的相关内容。

活动二：我来读，信中事

A. 学生交流、读一读。
B. 找找第二封信中露西写的事情。
a. 具体写了哪些事呢？她的心情如何？
b. 齐读信的开头：亲爱的爸爸，我们过得挺好。
c. 有哪些事情让露西觉得过得挺好的呢？
预设1：下个星期天去看电影。
预设2：跟妈妈一起修台灯。
预设3：阳光下，小狗希比希又蹦又跳。
②感悟第二封信的情感。

活动三：我来品，信中情

以读促悟，品读第二封信中的情感。

【设计意图】引导学生链接生活实际，以读促悟，从露西所写的生活小事中去感受露西对爸爸的关心与想念，体会浓浓的亲情。

（4）比一比，信中意
①对比两封信。
请学生完整地读信，读出对爸爸的思念。
②小组讨论：你更喜欢哪一封？为什么？（展示两封信）
③汇报交流。
A. 交流第一封信。
B. 交流第二封信。
④发现异同。
A. 引导学生对比发现，两封信的相同与不同之处（见表3-1所列）。

表3-1　两封信的异同表

	第一封信	第二封信
相同	都是写给爸爸的信，表达了思念	
不同	表达了露西难过的心情	传递了快乐
	露西一个人写的	露西和妈妈一起写的

B. 想象并配乐引读、朗读：
第二封信我们很喜欢，露西的爸爸会更喜欢。
a. 当爸爸出差在外，孤独寂寞时，读到这封信，便有了安慰；
b. 当爸爸工作不顺，焦头烂额时，读到这封信，便有了信心去解决问题；

c. 当爸爸思念露西，悲伤难过时，读到这封信，便会开心起来；

【设计意图】通过表格对比两封信的内容，学生能更加直接地发现两封信的相同与不同之处，发现露西写两封信的心情不同，读信人的感受也不同。从而帮助学生感受露西积极乐观的生活态度，体会信中浓浓的亲情。

（5）写一写，信中字

①练写“珠”“笔”。

A. 学生读。

B. 学生观察：一看结构，二看宽窄，三看关键笔画。

C. 教师范写，边写边指导关键笔画。

D. 学生描一写二。

E. 师生根据标准评价，共同点评。

②结束语：同学们，这节课我们学习了露西给爸爸写信的内容，感受到了露西与爸爸之间的温情，学会懂得了对生活的积极乐观。愿你们今后都能乐观面对生活，每天都有好心情。

【设计意图】选择两个左右结构的生字，让学生独立自主观察生字的结构、宽窄与关键笔画，把握书写要点，再根据评价标准，对照修改，帮助学生书写正确、美观的汉字。

教学反思：

①该课从学生的切身体验出发，激发学生对本课的兴趣。利用课文内容之间内在的关联，设计有串联的过渡语，让整个课堂有整体性，学生在情境中，体会信中的情感。在生字教学中，采用随文识字的办法，将生字的学习融入课文学习中，进一步帮助学生理解露西写的第二封信的内容，可在培养发展学生的语言表达和逻辑思维能力取得一定的效果。

②在引导学生表达态度的对比时，抓住学生思路的引导不足，应进一步引导学生发现第二封信更能表达出一种乐观、坚强地对待生活的态度。

案例二：《妈妈睡了》（第二课时）

教学目标：

①认识“哄、先”等14个生字，会写“哄、沉”等8个字，积累“明亮的眼睛”等短语。

②能正确、流利有感情地朗读课文，感受睡梦中妈妈美丽、温柔、劳累的样子，体会孩子与妈妈之间的爱。（重点）

③用上细心观察和用心联想的方法，仿照课文句式，说出家人睡觉时的样子。（难点）

教学环节：

（1）创设发布“家人相片大赏会”情境

（2）活动推进

活动一：回忆妈妈睡梦中的样子

①整体感知，识记“哄”字。

A. 解读“哄”字。

B. 联系生活理解“哄”的意思。

C. 书写“哄”字。（一看结构，二看占格，三看关键笔画）

②指导朗读，奠定基调。

③回忆内容，梳理信息。（教师板书：真美丽、好温柔、好累）

【设计意图】本文具有浓郁的情感，开课伊始，借助“哄”字的文意和生活实际的理解，随文识字的同时与书写相结合，教师指导朗读，以读促情，为后文体验文本情感积淀了充足的感情基调。

活动二：欣赏妈妈睡梦中的样子

①感受妈妈的美丽。

A. 聚焦美丽，提出学习要求。

（学生随机贴板贴：明亮的眼睛、弯弯的眉毛、红润的脸上）

B. 指导读带“的”的短语。

C. 理解运用：“明亮的眼睛、弯弯的眉毛、红润的脸上”

（提炼方法：孩子们，仔细观察插图就能说出妈妈的美丽了）

D. 练习课后第二题迁移运用，拓展丰富学生的语言积累。

E. 指导朗读，以读代感，感受妈妈的美丽。

②感受妈妈的温柔。

A. 感受“温柔”，出示学习要求。

（眼睛、嘴巴、眼角都笑弯了，体会妈妈的温柔）

B. 联想拓展，感受妈妈的温柔。

a. 联系生活，睡前妈妈还会微笑着为我们做些什么？

b. 提炼方法：用心联想，也能说出妈妈的样子。

3. 指导朗读，以读代感，感受妈妈的温柔。

③感受妈妈的劳累。

A. 感受“好累”，出示学习要求。

a. 联系生活理解“呼吸很沉”，随文识“沉”字。

b. 额头渗出的汗珠，体会妈妈的劳累。

c. “窗外有声音，但是妈妈完全听不见”，说明妈妈睡得熟，同时感受环境的静谧和家的温馨。

B. 联系生活，试着理解妈妈为什么那么累。

C. 深情点赞，深化感恩与讴歌。（板书总结）

追问：看见妈妈那么累，你想对她说什么呀？

D. 以读代感，指导朗读，理解“劳累”。

【设计意图】从第2、3自然段的学习中，将“……的……”句式学习到位，并提炼方法仔细观察，用心联想，充分地理解妈妈的“美丽”和“温柔”。在此基础上，将方法运用到第4段的学习，同时联系生活实际情况，自行感悟妈妈的劳累和辛苦，实现教学的教—扶—放。并且以读代感，指导朗读，用朗读的方式将学生心底的情感激活，抒发孩子内心真挚的感情。

活动三：表达对家人们浓浓的爱

①模仿句式，练习表达。

A. 拓展延伸，感受家人之爱。

请你用“……的……”来描述你画的家人睡着时的样子，先与同桌讨论，再全班分享。

B. 展示图画，互评点赞。（教、学、评一体）

小结：孩子们，美丽的妈妈用温柔的方式在爱我们，用她的付出和劳累去表达对我们，对整个家的爱。所以，老师要布置三个特别的小任务。

a. 为妈妈做一件事，如倒茶、捶背、拿拖鞋……

b. 观察一下家人，记在“每日一句”上，读给他（她）听。

c. 请家人帮忙，查找并阅读《妈妈心·妈妈树》《袋鼠宝宝小羊羔》《大棕熊的秘密》这三本书，每本书的故事都告诉我们伟大的母爱可以创造奇迹的道理。

【设计意图】回扣情境设计，将学到的句式和方法用于配画当中，学以致用。同时培养学生大胆发言和倾听的习惯，进行教学评的统一，并且由此布置温馨的小任务，将情感和爱延伸到实际生活中。最后的推荐阅读旨在引导学生感受母爱，体验母爱，学会表达母爱，这也是对文本主题的深化和拓展。

教学反思：

①设计过程中，指导学生进行有层次的朗读，透过对睡梦中妈妈的描绘，体会词汇的精美，积累语言，训练说话。又通过启发学生想象，联系学生的生活，让学生感受到妈妈对孩子的关爱，让学生学会爱自己的妈妈。

②课中，出于时间分配考虑，对需要展示的画像指导不够细致。比如：学生能够清楚自己要表达的内容，但如何开头进入描写状态，学生稍显生涩。

3. 文学阅读与创意表达

聚焦关键语句　游览祖国山河

设计教师：赵群芬　钟秋月　简　月　周昕昕

（1）适用学期：三年级上期

（2）内容简介

①单元人文主题解读

统编小语三年级上册第六单元的人文主题是“祖国山河”。本单元的四篇课文为描写山水美景的《古诗三首》（《望天门山》《饮湖上初晴后雨》《望洞庭》）；表现海疆风景优美、物产丰富的《富饶的西沙群岛》；描绘南国美丽风光的《海滨小城》；以及展现北国四景迷人景色的《美丽的小兴安岭》，旨在让学生领略祖国各地美丽的风光，激发学生热爱祖国大好河山的思想感情。

②单元语文要素解读

本单元的阅读要素是“借助关键句理解一段话的意思”。这是教材中第一次出现“段”的教学，《富饶的西沙群岛》在文中以泡泡插图的形式提示学生关注关键语句。《海滨小城》的课后题引导学生从段落中找出关键语句，单元内课文呈递进式联系。本单元的表达要素是“写作的时候，试着围绕一个意思写”。这是“借助关键语句理解一段话的意思”这一阅读方法在习作中的运用，形成了“由读到写”的学习路径。

③单元结构化活动设计

单元结构化活动设计如图3-5所示。

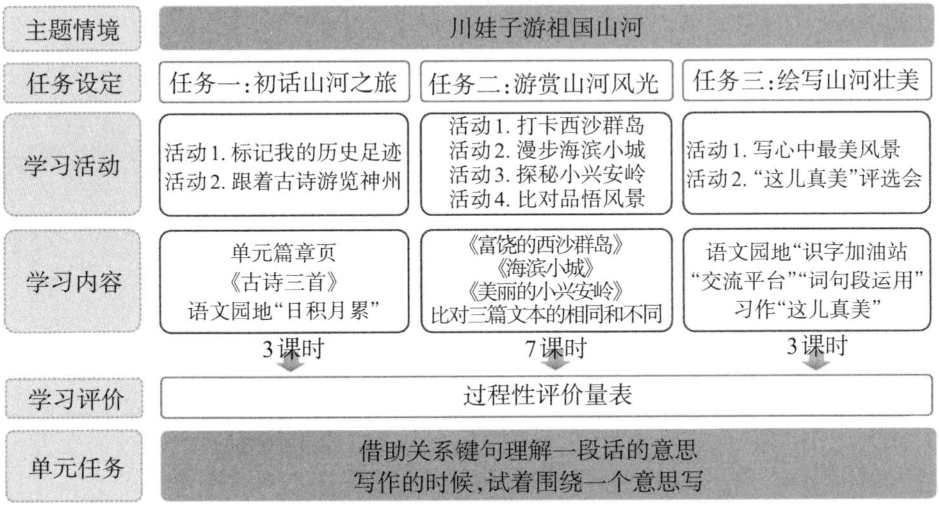

图3-5　单元结构化活动设计图

（3）学情分析

一是阅读方面，通过前几个单元的学习，学生已经懂得关注有新鲜感的句子，学会了用多种方法理解难懂的词语和句子。但是学生难以弄清段落是如何围绕关键句把一个意思表达清楚的，应引导他们找准关键句。二是表达方面，学生能写出描写景物的语句，但围绕一个意思写的能力比较欠缺。

（4）《富饶的西沙群岛》（第二课时）教学设计

本课文教学流程图如图3-6所示。

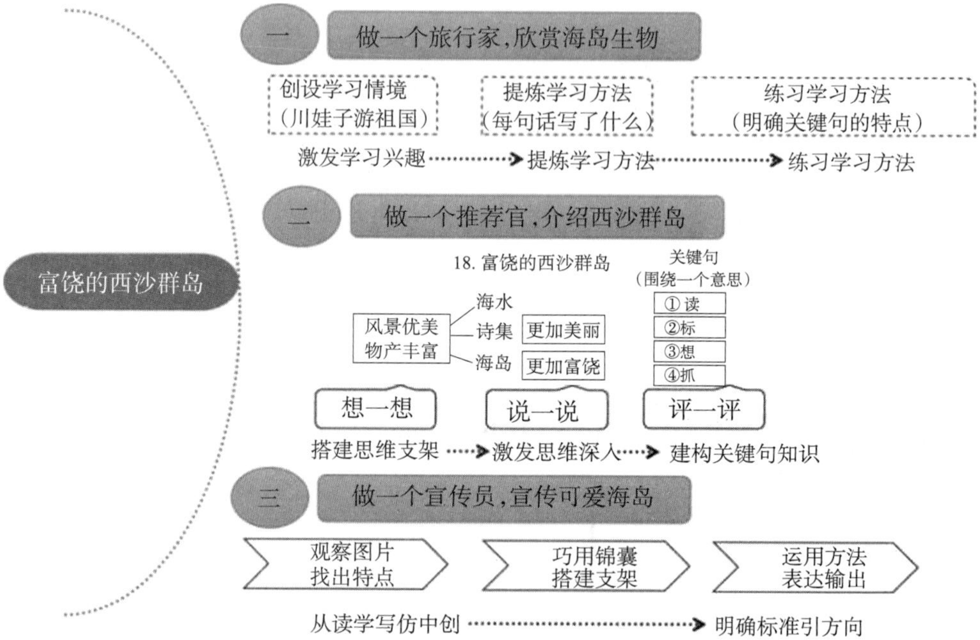

图3-6　《富饶的西沙群岛》教学流程图

教学目标：

①有感情地朗读课文，能概括每句话写的内容，发现第五自然段是围绕关键句”西沙群岛也是鸟的天下”来写的。（重点）

②选择自己最喜欢的部分，通过抓关键词的方法，说出景物的特点，向别人介绍西沙群岛。

③能用关键句，写几句话，描述图上的景观。（难点）

教学环节：

①创设情境，激趣导入。

A. 创设川娃子们游山河情境，美丽海疆——富饶的西沙群岛。

B. 回顾旧知，明确课文是围绕哪句话来写的？

a. 明确关键词：风景优美、物产丰富

b. 围绕哪三个方面来介绍西沙群岛呢？（指名回答）

【设计意图】梳理复习，唤起学生头脑中对上节课所学内容的记忆，进一步整体把握课文，为本节课的教学打好基础。

②品析语句，感受特点

活动一：做一个旅行家，欣赏海底生物

学习要求：
①读：自由读第4自然段。
②标：本段共有几句话？
③想：每一句写了什么？

A. 按照学习要求，学习第4自然段。

B. 抓关键词句品味鱼的多和美。

C. 梳理小结：通过读、标、想、抓关键词的方法，学生可以知道第4自然段是从“样子美”“数量多”这两方面来写鱼的。

【设计意图】组织学生仔细阅读第4自然段，体会鱼“样子美”“数量多”两方面特点。

D. 学习第5自然段。

学习要求：
①读：读第5自然段。
②标：本段共有几句话？
③想：每一句写了什么？
④抓：每句的关键词。

E. 读泡泡中的提示语，思考：这段话是围绕哪一句话来写的？

a. 学生交流后，教师相机梳理：“鸟多、鸟蛋多、鸟粪多”这几个方面的内容都是围绕第1句“西沙群岛也是鸟的天下”来写的。

b. 师生合作读，再次感受“西沙群岛也是鸟的天下”。

c. 学生齐读最后一段。

【设计意图】以第4自然段为例，梳理“四步法”，借助思维导图，运用“四步法”，发现第5自然段的关键句，初步认识关键语句。

③借助板书，语用练习

活动二：做一个推荐官，介绍西沙群岛

A. 小组合作演练。

B. 全班展示。

C. 对照评价表（见表3-2所列），评出最佳推荐官。

表3-2　评分表

“西沙美景我推荐”评分表	
评价标准	评价等级(最多三颗★)
声音洪亮	(　　)颗★
能介绍出景物特点	(　　)颗★
语言生动形象	(　　)颗★

【设计意图】借助板书，小组合作，推荐西沙群岛的景物特点。通过自主合作的学习方式建构知识，习得技能。

④围绕关键句，读写结合

活动三：做一名宣传员，宣传可爱海岛

A. 观察课后“小练笔”中的图片。

a. 选择一幅自己喜欢的图。提问：你看到了什么？

b. 教师引导，明确写什么。

B. 借鉴课文写法，读写迁移。

a. 回顾课文的表达方法。

b. 选择一幅图来描写，互相交流、评价。

C. 根据评价表（见表3-3所列），评选出金牌推荐官。

表3-2　评分表

“金牌推荐官”评分表		
具体内容	评价标准	评价等级
围绕一个意思	有关键句	★
语言生动	能运用排比、比喻或拟人等修辞方法	★
书写工整	书写工整	★

【设计意图】在教学中搭建关键句支架，学习运用关键句写其他海岛生物。最后通过师生共评，学生在提问与质疑、分析与评估、推理与判断、表达与交流中得到提升。

⑤小结。

同学们，这一课，我们从海水、海底、海岛三方面领略了西沙群岛的美丽和富饶。还学会了抓住关键句理解一段话的方法，希望同学们在以后的读书中也能善于发现这样的句子，把这种方法应用到我们的习作中。

教学反思：

①亮点：提炼了理解关键句的方法。

本课要找准第5自然段关键句在哪里的问题，课堂上，我改变了以往的分析点拨方式，主要以提炼关键句的方法进行探究，促使学生理清本段中每句话的意思，再探究本段关键句与其他句子的关系，理解何为“围绕”。

②不足：学生在围绕关键句写一段话时创作耗时较长。

学生通过学习能借助关键语句理解一段话的意思，在第4自然段讲解方法时，理解“鱼多”和“鱼美”这两个特点时耗时较长。同时在实施教学中对课后习题中写关键句的几幅图片讲解草草了事，让学生畅所欲言，思辨之后写出关键句后，再进行创作。

板书设计（如图3-7所示）：

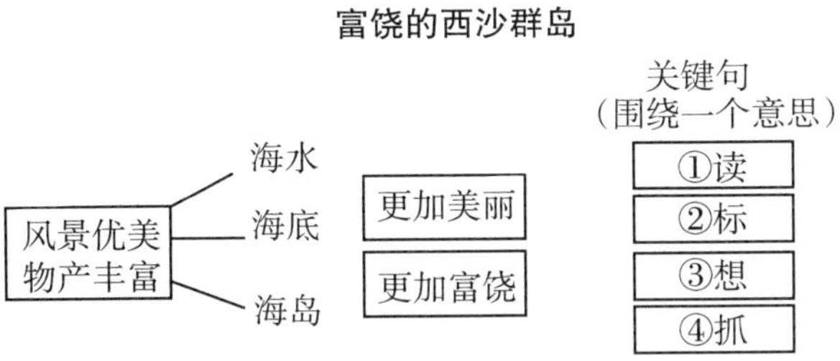

图3-7　《富饶的西沙群岛》板书设计

（5）《美丽的小兴安岭》（第二课时）教学设计

本课文教学流程图如图3-8所示。

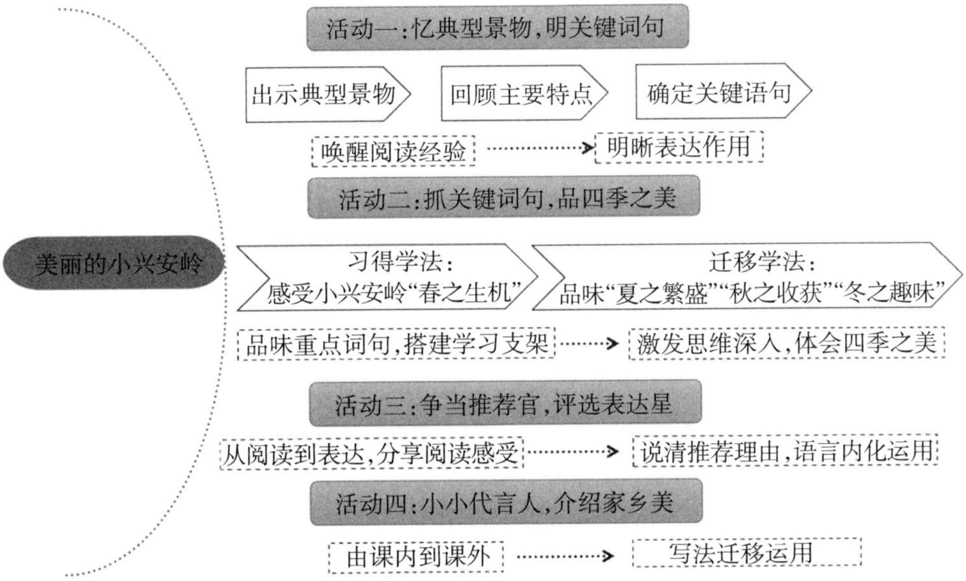

图3-8　《美丽的小兴安岭》教学流程图

教学目标：

①运用借助图片、联系生活等方法理解“淙淙”“浸”等词语的意思，初步体会词语的表达效果，积累语言。

②通过“品味关键词句、联系生活经验、图文对照、想象画面”等方法感受小兴安岭四季的特点，结合课文说说想哪个季节去旅游。(重点)

③运用“围绕关键句，抓典型景物”的方法，说一说自己最喜欢家乡哪个季节。(难点)

教学环节：

①情境导入，走进课文。

A. 展示单元情境，引出课题

B. 齐读课题。

②多样朗读，品味语言。

活动一：忆典型景物，明关键语句

A. 回忆典型景物——树。

B. 明确第1自然段是写“地广树多”的关键句。

【设计意图】唤醒阅读经验，在理解关键句的基础上，明晰关键句的表达作用。

活动二：抓关键词句，品四季之美

A. 习得学法：感受小兴安岭“春之生机”。

a. 小声读第2段，说说对春天小兴安岭的印象。

b. 发布任务，品味关键词句。

> 学习要求：
> ①圈：圈出第2自然段的景物。
> ②标：用（　　）标出有新鲜感的词句。
> ③想：想象画面，用“我仿佛看见/听见/闻见……”说一说。

c. 学生分享交流。

d. 让学生跟着视频，美美地朗读。

小结：通过品味关键词句、想象画面、联系生活经验等方法体会小兴安岭的春之生机。

B. 迁移学法：小组合作，品味“夏之繁盛”“秋之收获”“冬之趣味”。

a. 出示合作任务，大组分工合作学习夏、秋、冬。

学习要求：
①说：说一说夏、秋、冬天的小兴安岭给你留下怎样的印象。
②圈：圈出第3、4、5自然段的景物。
③标：用（　　）标出景物的特点。
⑤想：想象画面，用“我仿佛看见/听见/闻见……”说一说。

b. 汇报交流。

i. 品味“夏之繁盛”：联系生活经验、借助图片理解“浸”字，体会其效果；抓“草地”一句，理解“美丽的大花坛”；师生合作读，感受夏之繁盛。

ii. 感受“秋之收获”：读好短语，感受果实累累的小兴安岭；补充关于小兴安岭动物、树木资源的资料，感受物产丰富的小兴安岭，练习找关键句；结合语文园地复习找关键句的技巧。

iii. 体会“冬之趣味”：四人小组合作说说动物冬天在干什么；着重体会写松鼠的拟人句，感受动物们对春天的期盼。

C. 通览全文，找概括全文的关键句。

【设计意图】学生在感受“春”后，品读重点词句，搭建学习支架。习得学法后再品味“夏秋冬”，学生在有层次有梯度的学习任务中不断挑战，进行深度探究，进而激发思维深入，体会四季之美。

③推荐美景，练习表达。

活动三：争当推荐官，评选表达星

发布任务，明确标准。

a. 请一名学生当小兴安岭的推荐官，让他说说他会推荐朋友哪个季节去旅行。结合课文内容说出理由。

b. 同桌上台分享，推荐官为喜欢的季节点赞。

【设计意图】创设为游客推荐到小兴安岭旅游的季节情境，让学生介绍小兴安岭，分享阅读感受。从学生喜欢的季节入手，体会景物的特点，引导学生经历读、说、议，再说的过程，实现语言内化运用。

活动四：小小代言人，介绍家乡美

发布任务，介绍家乡之美。

a. 借助词语库和句式支架完成思维导图。

b. 试着借助思维导图进行介绍。

c. 全班分享。

④课堂总结，升华情感。

A. 根据板书做总结，梳理课堂收获。

这堂课，通过品味关键词句、联系生活经验、图文对照、想象画面等方式，体会了小兴安岭的四季之美。我们不仅跟着书本去旅行，还在表达中领略了祖国的秀美风光，这一趟“川娃子游祖国”之旅真是收获满满。

B. 回顾单元导语，升华心中情感。

咱们的祖国幅员辽阔、地大物博。它有雄奇壮美的山川，有物产丰富的海域，有风光旖旎的南国，有广袤神秘的北疆。此时，千言万语都汇成了一句话——祖国，我爱你。

未来，我们将继续跟着书本去旅行，继续寻访祖国的壮美山河。

【设计意图】课堂结束时总结了本课提炼的品味语言的几种方法，同时回应单元大情境“跟着龙娃游祖国”，用一句话串起了整个单元的课文，最后引出单元主题“祖国山河”，师生齐诵将情感推至顶峰。

教学反思：

①亮点：情境具有整体性。

本堂课设置的情境“川娃子游祖国”符合地域特色，颇具亲切感，且可贯穿小学三个学段，情境具有整体性与延续性。

②不足：未做到让学生适当放开手脚落地执行。

品味四季之美时，老师带着讲春天和夏天，将秋天、冬天的介绍交给四人小组合作。活动三可以设计成“写一个招募旅游搭子的小广告”，将情景任务变成活动，落实下来。

⑤板书设计（如图3-9所示）

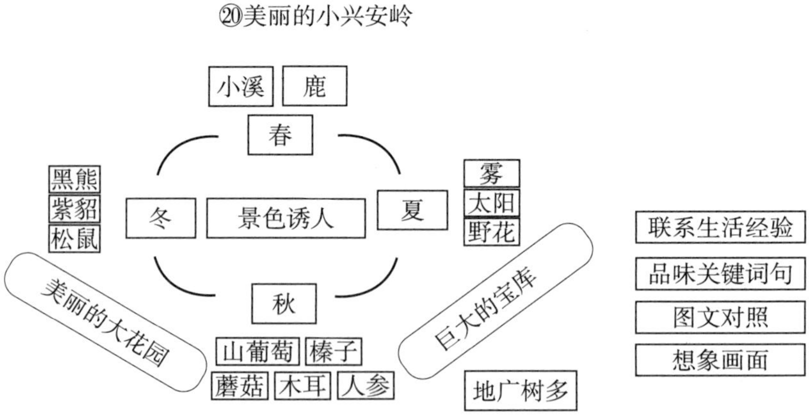

图3-9　《美丽的小兴安岭》板书设计图

4. 文学阅读与创意表达

处处留心皆学问，跟着名家学观察
——“文学阅读与创意表达”学习任务群教学实践与反思

设计教师：张　平　董晓蓉　郭学梅　王建梅　黄黎黎　李耀怡　李思槿

（1）适用学期：四年级上期

（2）内容介绍

①单元人文主题解读。

统编小学语文教科书四年级上册第三单元以“连续观察”为主题，编排了《古诗三首》《爬山虎的脚》《蟋蟀的住宅》三篇课文。《古诗三首》包括白居易的《暮江吟》、苏轼的《题西林壁》、卢钺的《雪梅》。三位诗人认真细致地从不同角度观察描写了傍晚江边的奇丽景色，庐山的雄伟奇秀、千姿百态，以及冬天雪花飞舞、梅花怒放的画面，同时还抒发了对大自然、人生哲理的深刻思考。《爬山虎的脚》和《蟋蟀的住宅》分别以日常生活中的植物和动物为观察对象，描写了事物的特点和变化，展现了连续细致的观察。两篇课文不同的表达方法，为本单元的习作提供了很好的范例。文后还编排了与主题相关的“资料袋”和“阅读链接”，引导学生了解观察日记的内容、写法和不同的记录形式。“语文园地”交流平台以本单元课文为依托，梳理、总结了观察的方法，鼓励学生迁移运用。口语交际以“爱护眼睛，保护视力”为主题，引导学生养成正确的用眼习惯，保护好视力。

②单元语文要素解读。

本单元的两个语文要素是：体会文章准确生动的表达，感受作者连续细致的观察；进行连续观察，学写观察日记。这两个语文要素都指向“观察”，由“学”向“写”进阶。统编教材在语文要素的编排是有梯度设计的。纵观整套教材，三年级上册第五单元的语文要素是“体会作者是怎样留心观察周围事物的”，习作要求是“仔细观察，把观察所得写下来”；三年级下册第四单元习作要求是“试着把观察到的事物写清楚”。而本单元就是在三年级的基础上，继续学习“观察”，学习用准确生动的语言记录观察发现，而且要进行连续观察，学写观察日记。

除此之外，这一单元还要求学生学习不同的观察方法，如用眼睛看、用耳朵听，还可以用心去想，记录观察发现时，可以用图文结合、做表格、绘制思维导图等方法。

（3）学情分析

四年级的学生对留心观察已经有了初步感知，有一些观察和习作经验。本单元的阅读训练和表达训练紧密关联，是一个比较典型的“读写结合”的单元。在

“仔细观察，把观察所得写下来”和“把观察到的事物写清楚”的基础上，要求学生把连续仔细观察到的内容写准确生动，四年级的学生还有一定的困难。教师要善于引导学生将课文阅读中感受到的作者连续的细致观察，迁移到自己在生活中对某件事物的连续观察中，将观察后准确生动的表达，迁移运用到自己的习作中。

（4）教学设计

教学活动设计图如图3-10所示。

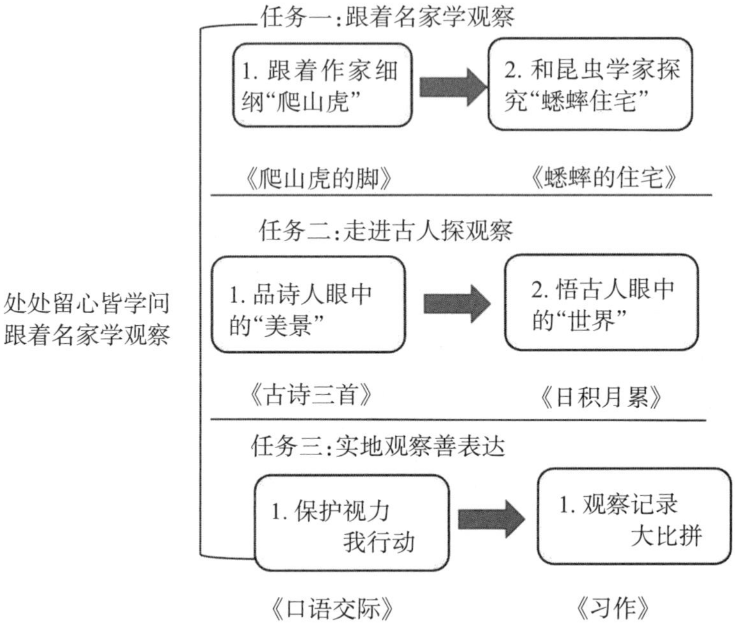

图3-10　四年级上册三单元教学任务结构图

爬山虎的脚（第二课时）

教学目标：

①能找出课文中写得准确形象的句子，感受作者连续细致的观察。

②根据文章描述，认识爬山虎的脚的样子。

③能说出爬山虎是怎样往上爬的，感受作者连续的观察。

④学写观察记录。

教学环节：

①课题引入。

读题目，说质疑

【设计意图】通过质疑，激发学生的学习兴趣，抓住学生学习的兴趣点。

②探秘爬山虎脚的样子。

A. 明晰自然段大意

请同学们自由朗读3—5自然段，想想三个自然段围绕爬山虎的脚分别写了什么？

B. 探秘脚的样子

接下来，我们看看叶圣陶爷爷是怎样把三个方面写清楚的。

先看第3自然段——“脚”的样子。（请学生读第3自然段）

从位置、形状、数量、颜色这四个方面想象爬山虎脚的样子

【设计意图】通过学习爬山虎脚的样子，感受作者细致的观察，体会准确生动的表达。

③探秘爬的过程。

教师：它是怎么爬墙的呢？又有什么变化呢？我们按照刚才的学习方法，小组合作探究。（1～5小组探究“如何爬”，6～9小组探究“脚的变化”）

请一个同学来读学习要求。

①读：读第4、5自然段。
②勾：勾出描写爬山虎爬的过程和爬山虎脚的变化的语句。
③圈：圈出关键字词。
④思：思考叶圣陶爷爷是怎么观察的。

学生理清爬山虎触着墙——巴住墙——紧贴墙的过程。抓住触、变、巴、拉、贴5个动作，谈谈自己对“巴住墙”的理解，结合字典分析“巴”字的妙处，感受作者细致的观察。

【设计意图】通过探究爬山虎生长过程的活动，让学生感知作者连续细致的观察方法，从而理解生动细致的表达源于连续细致的观察。

④探秘脚的变化。

教师：爬山虎的脚是怎么变化的？请同学们读出来。

圈出体现脚的变化的关键词句。

学生分享。（没触着墙：萎了，连痕迹也没有了。理解“萎”：植物干枯凋谢。触着墙的：灰色；相当牢固）

从这段中，感受作者是怎么观察的？【细致（用手拉）、连续（不久、没几天、逐渐）】

对比：触着墙的，细丝和小圆片逐渐变成灰色；没触着墙的，细丝和小圆片变成灰色。

【设计意图】通过学习脚的变化，再次巩固作者生动细致的表达源于连续细致的观察。

⑤运用方法写观察。

在课前，学生对银杏的叶进行了观察，并记录了下来。试着用这节课学到的方法来评价一下同学们的观察记录。

老师选取其中一份习作，来看看这位同学是怎么观察和描写的。（展示）先让孩子自己说说是怎么观察的。

让孩子用今天学到的方法，对自己的习作做点评。

请根据标准做修改并展示。（修改后给评分）

【设计意图】读写结合，将学到的观察知识，进行应用和巩固。

教学反思：

①直观教学，激发兴趣：在教学中，借助大量的图片、视频展示爬山虎的生长过程及脚的形态，让学生直观感受，极大激发了学生的学习兴趣，提高了课堂参与度。比如在讲解爬山虎是如何一脚一脚往上爬时，动画演示让抽象知识变得形象，使学生轻松理解。

②读写结合，提升能力：引导学生学习作者细致的观察方法后，安排小练笔，让学生观察身边植物并描写。不少学生能运用所学，从多角度进行描写，写作能力得到锻炼。

蟋蟀的住宅（第二课时）

教学目标：

①知道蟋蟀的住宅的特点和修建过程，理解蟋蟀的住宅算是伟大工程的原因。

②品读语句，感受作者连续细致的观察，体会观察的乐趣。

③通过对比阅读，品味拟人写法，感受语言的生动形象。

教学环节：

①导入。

教师：这节课，让我们继续跟着名家学观察，走近蟋蟀，读课题：11《蟋蟀的住宅》。

【设计意图】开门见山出示课题，提高学习效率。

②辨住宅，抓特点。

A. 出示四幅“蟋蟀的住宅”平面工程图，哪一幅是正确的呢？

a. 请生学习课文第5自然段，说清楚选择理由。

b. 请生汇报是从哪些句子中判断的？用上句式：课文中作者这样写“__________________”但在第______幅______________________________。

c. 根据学生回答总结（板书“位置、形状、大小、环境）。

B. 教师：展示句子“隧道顺着地势弯弯曲曲，最多九寸深，一指宽，这便是蟋蟀的住宅”，追问“最多”，引出“表达准确”。

C. 小结：作者法布尔从位置、形状、大小、周围环境进行了细致的观察，准确写出了蟋蟀住宅的外部特点。

请学生读第5自然段，注意加红部分的字，读音准确。

教师范读，全班齐读。

D. 教师：学习第6自然段，找找蟋蟀住宅内部的特点，板书。

【设计意图】通过选择正确的图，正确辨析蟋蟀住宅的特点，初步感知作者的连续细致的观察。

③建住宅，学观察。

A. 播放视频。

教师：视频中，你看到了什么？学生回答。

B. 小组合作。

a. 默读第7～9自然段，用“～～～～～”画出表示时间的词语，用“_____”勾画出蟋蟀修建住宅时所用工具，用“　”标出表示动作的词语。

b. 完成表格，小组内交流，想一想法布尔是怎样观察的？

学生汇报，小组补充，教师引导学生体会作者细致、长期的观察。

教师小结：是啊！正是因为有作者连续、细致、长期的观察，才能将蟋蟀住宅的特点写得这样准确、生动。

C. 引导学生看表格“修建住宅所用工具”，体会工具“柔弱”“简单”，感受“伟大工程”。

【设计意图】通过学习蟋蟀建造住宅的过程，感受蟋蟀的住宅算是“伟大工程”的原因。

④品语言，话生动

A. 教师：今天，老师还给大家带来了英国麦加文所写的《昆虫》，请同学们自由读一读，想一想，它与《蟋蟀的住宅》在表达上有什么不同？

B. 学生自主思考回答问题。

C. 展示句子，对比感受拟人的生动形象。

【设计意图】通过对比，感受法布尔准确生动的语言表达。

教学反思：

①学科融合，引入主题：课堂伊始，通过图画引导学生学习课文，并通过不同的图画比较让学生对蟋蟀的生活环境产生探索欲望，为后续教学奠定良好基础。

②对比阅读，体会写法：在教学中，将文中对蟋蟀住宅的描写与课后的片段进行对比，让学生清晰感受到作者语言的生动、细致，领悟拟人化手法的妙处，深入理解课文内容。

5. 思辨性阅读与表达

理要点，学读书之法　悟道理，做明智之人
——“学习任务群”教学实践与反思

设计教师：高微微　王雪靓　魏　星

（1）适用学期：五年级上期

（2）内容简介

①单元人文主题解读。

统编小学语文五年级上册第八单元的人文主题是“读书明智”，单元导语引用了苏轼《送安惇秀才失解西归》中的诗句“旧书不厌百回读，熟读深思子自知”。大意是读过的经典书籍要一遍遍地反复诵读，读熟了，就会自然而然地深入思考，明白其中的道理。本单元的学习内容和任务都与“读书”有关，编排了两篇精读课文《古人谈读书》《忆读书》和一篇略读课文《我的“长生果”》。《古人谈读书》由两篇文言文组成，介绍了古人读书的态度和方法。《忆读书》和《我的“长生果”》两篇散文中，作者通过回忆自己的读书经历，总结读书经验、选书标准以及读书方法等，阐明从读书、作文中悟出的道理。语文园地中的“交流平台”“词句段运用”“日积月累”三个板块，从选书、对读书的理解、阅读与习作的关系等方面引导学生展开学习，相互交流分享。

②单元语文要素解读

本单元的阅读要素是“根据要求梳理信息，把握内容要点”。引导学生在阅读实践中，借助圈画关键词句、列提纲、画表格或结构图等形式，根据需要对提取的信息进行归纳、整理，把握主要内容。

本单元的表达要素是“根据表达的需要，分段表述，突出重点”，让学生根据习作要求，对材料有所选择，并有条理地表述，把重要的内容写具体。本册教材第四单元已经进行了“分段叙述”“把重点部分写具体”的训练，这次习作是在此基础上，进一步培养学生有条理、有重点地表达的能力。

（3）学情分析

五年级学生在之前的语文学习中，已接触过几篇文言文，如《司马光》《精卫填海》等，学生掌握了一定的把握文章内容的方法，如借助图片、联系生活、带着问题读、抓关键句、借助相关资料等，教师要引导学生将前面几册教材中的相关知识和技能概念化地迁移运用到本单元学习。

（4）活动设计（见表3-4所列）

表3-4　单元教学活动设计

主题情境	跟着“大家”学读书		
任务设定	一、“大家”智慧我来品	二、“大家”书籍我来读	三:读书蓝图我来“绘”
学习活动	活动一:“古人读书”我会诵 活动二:“读书智慧”我能懂 活动三:“读书名言”我会写	活动一:“读书故事”我梳理 活动二:“阅读书籍”我会选 活动三:“读书方法”我来学	活动一:“喜欢人物”我来讲 活动二:“经典好书”我推荐 活动三:“班级书单”我来定
学习内容	1.《古人谈读书》 2.《语文园地》书写提示 3. 日积月累《观书有感》	1.《忆读书》 2.《我的长生果》 3.《语文园地》交流平台+词、句、段运用	1. 口语交际:我最喜欢的人物形象 2. 习作:推荐一本书
学习评价	过程性评价量表		
单元任务	根据要求梳理信息,把握内容要点　根据表达需要,分段表述,突出重点		

古人谈读书（第一课时）

教学目标：

①认识“耻、寝”等5个生字，读准多音字“识”，会写“耻、诲”等5个字。

②正确、流利地朗读课文，背诵课文。

③能借助注释，理解课文大意。

教学过程：

①导入课文。

A. 整体感知

a. 教师：孩子们，大文豪苏轼说过：“旧书不厌百回读，熟读深思子自知。”这句话表明了他怎样的读书观点呢?

b. 教师写板书，学生齐读《古人谈读书》。

B. 了解资料。

组织学生结合课前搜集的资料交流与课文相关的信息。教师相机点拨，归纳总结。

【设计意图】引导学生整体感知，了解相关资料，帮助学生走进文本，为深入学习做铺垫。

②读背课文，学习篇一。

A. 初读课文，正音识字。

让学生自读课文，注意读准字音，读通句子，把难读的词句多读几遍。可采用以下方式来让学生读。

a. 自由读。

b. 指名读。

c. 同桌互读。

d. 展示读。

e. 全班读。

B. 理解大意，读出韵味。

a. 小组讨论，师明确要求。

> ①默读课文第一部分，运用借助注释、联系生活等方法，试着用自己的话说说每句话的大意。
>
> ②完成课时单第一题。

b. 全班交流，教师相机点拨。

◎归类理解“敏而好学，不耻下问”“我非生而知之者，好古，敏以求之者也”。

i. 核对课时单前两小题。

ii. 理解句意。

资料补充：让我们一起来看一些资料，看看孔子是怎样的“好古”？

◎引导学生理解“学如不及，犹恐失之”。

i. 结合学习单，理解“不及”的大意，即“赶不上”。

ii. 启发学生思考：“犹恐失之”是害怕失掉什么？

iii. 学生试着说这句话的大意。

iv. 结合生活实际理解：想想在你的身边有哪些积极学习的朋友。

学生分享。

◎引导学生理解“知之为知之，不知为不知，是知也”。

i. 教师：这句话的意思是什么呢？

ii. 齐读，读出节奏、读出韵味。

◎引导学生理解“默而识之，学而不厌，诲人不倦”。

i. 教师：“学而不厌”的意思是？

ii. 师追问：整句话的意思，谁来说一说？

◎引导学生理解“吾尝终日不食，终夜不寝，以思，无益，不如学也”。

i. 展示学习单，引导学生正确理解“尝”的意思。

ii. 让学生思考并讨论“以思，无益”的意思。

iii. 教师追问：为什么孔子说“不如学也”？

iv. 让学生试着说说句子的大意。

v. 补充资料：学而不思则罔，思而不学则殆。

C. 反复朗读，熟读成诵

a. 给出关键词，试着背诵。

b. 师说大意，读背对应的文言文。

c. 全文配乐背诵。

【设计意图】循序渐进培养学生文言文学习能力，引导学生逐步掌握理解文言文的技巧。

③迁移学法，学习篇二。

A. 学生自主练习读课文，教师明确要求。

> ①自读课文，借助注释读准字音。
> ②四人组成小组合作，梳理文义。
> ③小组内讨论：这篇文言文主要讲了什么内容？

B. 指名朗读课文，并回答问题。

C. 引导学生带着自己的理解，自由朗读课文第二部分并背诵。

【设计意图】引导学生自主运用学法，提升能力。培养学生自主合作学习及背诵能力。

教学反思：

①情境引导有效。学生们积极参与课堂讨论，对古人读书的态度和方法表现出浓厚好奇，快速融入学习氛围，为理解课文内容奠定良好基础，有效提升了课堂的起始活力。

②小组合作深度不足。小组合作学习时，部分小组讨论流于表面，对文言文文意的探讨不够深入。有的小组只是简单翻译字词，未深挖古人读书观点的内涵。后续要加强小组合作指导，明确小组分工，如设组长、记录员、汇报员等。教师在小组讨论时加强巡视，适时抛出引导性问题，推动讨论向纵深发展。

忆读书（第1课时）

教学目标：

①认识“舅”“宴”等15个生字，读准多音字“传”“卷”，会写“舅”“津”等13个字，会写“舅父”“津津有味”等15个词语。

②用较快的速度默读课文，能梳理出作者的读书经历，说出作者对“好书”的看法。

教学过程：

①导入：名言激趣

A. 本课是关于读书的，那么关于读书的名言你知道哪些?

B. 课件展示作者简介。

C. 接下来就让我们走进“世纪老人”的《忆读书》。

【设计意图】从“读书”主题的名言入手，浸润“读书明智”的单元主题。再以作者姓名入手，开启本课。

②字词过关

A. 请同学们快速默读课文，把生字词圈画出来，并试着给课文分段落。

B. 指名学生认读以下词语。

舅父	英雄	无限	述说	厌烦	荒唐	辛酸	访问
书刊	烦琐	质朴	刊物	津津有味	一知半解	真情实感	

【设计意图】检查学生预习情况，读好课文中难读的词语。

③整体感知课文

A. 梳理叙述顺序与时间词。

B. 寻找读书体会关键句。

C. 概括读书事例要点。

D. 展示书名整理成果（见表3-5所列）。

表3-5　阅读成果表

书名	作者	著书年代	主要人物
《三国演义》	罗贯中	元末明初	曹　操　刘　备　孙　权　诸葛亮　鲁　肃　周　瑜　黄　盖
《水浒传》	施耐庵	元末明初	宋　江　吴　用　武　松　鲁智深　李　逵　林　冲
《荡寇志》	余万春	清代	张叔夜　云天彪　张伯奋　辛从忠
《红楼梦》	曹雪芹	清代	贾宝玉　林黛玉　薛宝钗　史湘云　王熙凤

【设计意图】培养学生快速阅读的能力，在较快时间内感知课文的大概内容，并检查预习对课文内容的把握，在实践中强化梳理能力。

④理清基本方法。

A. 请同学们默读课文，圈画关键词，依照文中所说的时间点，分一下段。

B. 指名学生回答。

【设计意图】让学生在总结中强化梳理主要内容的方法。

⑤对比不同方法。

A. 课件展示“学习任务”。

默读第2～11自然段，独立完成表3-6。

表3-6　学习任务表

读书时间	读的书	感受
七岁时		
十二三岁时		
1980年以后		

B. 学生间交流表格内容。

C. 梳理文章主要内容。

D. 拓展延伸其他方法。

E. 让学生交流不同梳理信息的方法的优劣。

【设计意图】运用前两项学习任务中梳理的学习方法，再次通过自主学习，选择更合适的梳理方法，对比优劣，培养学生思辨思维，完成本单元语文要素的落实。

教学反思：

①问题引导，层次分明。设置由浅入深的问题链，学生紧跟思路，逐步深入文本，高效梳理出文章脉络，在思考中理解课文内容，对作者读书感悟有较深领会。

②拓展不足，深度有限。教学局限于文本内容，对冰心读书时代的背景、文学作品风格等拓展较少。在讨论作者读书感悟时，未引导学生联系当下多元阅读环境深入思考。后续教学要注重拓展延伸，深入挖掘时代背景与作品风格，引导学生在古今阅读对比中深化理解，培养其深度思考能力。

读古典名著，品百味人生
——“整本书阅读”学习任务群教学实践与反思

设计团队：达雁羚　向星颖　李林泽

（1）适用学期：五年级下期

（2）内容简介

《西游记》阅读统筹设计如图3-11所示。

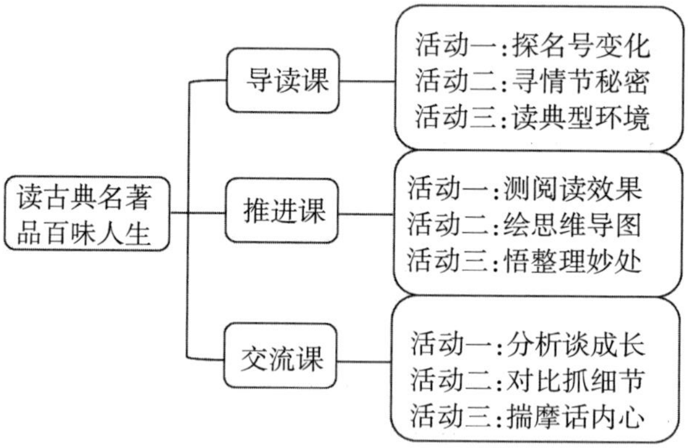

图3-11　《西游记》阅读统整设计示意图

（3）学情分析

由于小学五年级的学生存在阅读兴趣和能力的差异，在教学中，需要注重培养阅读兴趣，引导掌握有效的阅读方法，同时关注个体差异，提供差异化教学支持，确保学生能在《西游记》的阅读中获得成长和提升。

基于前期学生已达成阅读时关注小说三要素的阅读方法，在阅读整本书时，不仅要关注学生的阅读进度，引入思维导图梳理文本信息帮助其深入阅读，还要帮助其树立阅读的信心，激发其持续阅读的兴趣并承接课内第四单元阅读要素“通过文中动作、语言、神态描写，体会人物内心”，引导学生从书中读出新滋味、悟得新体会。

（4）教学目标

①导读课教学目标

A. 通过学习，引导学生明晰人物、情节、环境的内在关系，明确阅读方向。

B. 结合附录资料，学习有质量的阅读方法，制定合理的阅读计划。

②推进课教学目标。

A. 绘制思维导图，结构化梳理《西游记》前七回主要内容。

B. 通过信息整理，发现情节趣味。

③交流课教学目标。

A. 关注人称变化，品析悟空成长，探讨个人与团队成长的关系。

B. 聚焦人物内心，训练学生课内阅读方法向课外迁移运用的意识。

（5）教学环节

导读课

①歌曲导入，畅所欲言。

学生分享对《西游记》的了解。

【设计意图】播放主题曲，营造课堂氛围，学生分享了解，促进课堂互动。

②初试身手，探寻秘密。

活动一：探名号变化

A. 探孙悟空名号变化。

B. 比较其他人物的名号变化，引导学生发现师徒四人最终修成正果。

小结：人物名号的变化就是他们成长的过程。

【设计意图】探究主要人物的名号变化，引导学生深入理解《西游记》中人物的成长历程和身份转变，培养细致观察和逻辑推理的能力，从名号变化中领悟人物性格和故事发展的线索。

活动二：寻情节秘密

A. 学生为《西游记》里熟悉的故事情节排序。

B. 播放视频，引导学生知晓师徒遇到的妖怪越来越多、越来越厉害。

小结：取经之路困难重重，情节不断有序推进，师徒在这个过程中得到了成长。

【设计意图】通过让学生为《西游记》中的故事情节排序，梳理和理解故事发展的脉络，认识到取经之路的艰难与挑战，培养学生概括能力和逻辑思维能力，加深对师徒四人成长历程的理解。

活动三：读典型环境

A. 默读片段，初步了解句子所写内容。

B. 指名生分享学习成果，对比发现异同点（见表3-7所列）。

表3-7　《西游记》片段比较异同点

	相同点	不同点
片段一	1. 都是环境描写； 2. 预测情节的发展,为人物 的出现埋下伏笔。	美好寓意的环境引出正面人物
片段二		妖气纵横的环境引出反面人物

小结：不同的环境描写能引出不同的人物，推动故事的发展。

【设计意图】引导学生默读并深入分析《西游记》中的典型环境描写片段，对比不同片段的异同点，帮助学生理解环境描写在塑造人物形象、预示情节发展以及推动故事进程中的重要作用，提升学生的文学鉴赏能力。

C. 阅读导向，明晰读法。

学生结合板书，引出读《西游记》的方法：人物、情节和环境。

小结：特定环境下的人，随着环境变化、情节变化，人物在不断地成长。

【设计意图】通过总结读法，聚焦人物、情节、环境，培养学生综合阅读能力，深入理解《西游记》内涵。

D. 阅读规划，合理读书。

a. 同桌讨论：以50天为期限，如何有质量地进行阅读？

b. 明确基本的阅读方法：有计划地阅读、有选择地阅读、有目的地阅读。

c. 鼓励学生制订个性化的阅读计划。

d. 提供附录，帮助学生减少阅读障碍。

小结：每一部名著背后都有它的厚重的历史和人文，更有生活的真谛，欲知造化会元功，须看西游释厄传。

【设计意图】引导学生制订个性化阅读计划并掌握基本阅读方法，培养其自主、有质量地阅读《西游记》的能力。

推进课

①交流阅读收获，检测阅读效果。

A. 谈话导入。

展示板书，回顾读长篇小说围绕人物、情节、环境进行阅读的方法。

B. 交流收获

引导学生从人物、情节、环境三方面谈阅读《西游记》收获，并进行阅读检测。

C. 阅读检测

学生挑战闯关，将前期零散的阅读信息引入本堂课的学习。

【设计意图】交流阅读困惑与收获，通过闯关游戏检验阅读成果，回顾前期阅读方法，便于进一步对阅读进行指导。

②借助支架，绘制1～7回回目的思维导图。

A. 整体感知。

学生回忆《西游记》中的主要事件，借助回目将全书分为三个部分，聚焦1～7回，展开学习。

B. 拟小标题。

a. 学方法。

展示第一回回目，学生借助回目回忆主要内容，用简洁的语言概括。

小结：借回目想故事，用简洁的语言就能提炼第1回的小标题。

b. 练方法。

继续借助回目想故事，再用概括的方法给第2回拟小标题，请学生分享。

c. 用方法。

请学生基于回目提示，自主完成小标题拟定。

C. 发现地点。

请学生借助小标题（主要情节），梳理故事发生的地点。

D. 发现人物（见表3-8所列）。

指导学生小组合作，继续借助回目中的故事情节和地点，来发现主要人物，以小组形式汇报。

表3-8　《西游记》前七回主要地点、主要人物

主要地点	主要人物
花果山	猴子猴孙
斜月三星洞	菩提祖师
水脏洞	混世魔王
龙宫	东海龙王
地府	阎王
天庭	太白金星、玉皇大帝、赤脚大仙、七仙女、观音、木吒、二郎神
五行山	如来佛祖

【设计意图】聚焦1～7回，学生回忆各章节的主题和情节，通过拟小标题的方式理清故事情节，引导学生观察地点变化、人物关系等细节信息，并将其有条理地补充到思维导图中，激发学生持续阅读的兴趣。

③聚焦思维导图，体会整理的妙处。

A. 发现情节的曲折。

B. 对比联结信息。

a. 名号变化——经历丰富。

b. 地点变化——幸福指数生活质量在变化。

c. 人的变化——圈子在变化。

d. 情节变化——人生的阅历也在不断丰富。

C. 体会导图的好处。

总结：思维导图将零散的信息串联起来，让阅读走向更深处。

【设计意图】引导学生通过对比和分析信息，根据不断丰富的信息得出新的认识和理解，实现从提取信息到分析信息再到整合信息的思维提升。

交流课

①回顾阅读“真经”。

展示课前收集的思维导图，引出本节课的主题——继续探索《西游记》。

【设计意图】谈话导入，展示取经路线图，展示阅读收获，引入正题。

②探寻人物成长。

A. 关注人称变化。

a. 展示师徒四人各自的名号变化表格，引导学生纵向观察表格，谈论发现。

b. 引出名号变化的背后意指成长，探寻个人的成长与团队成长之间的关系。

c. 小结：因取经路上的困难、沿途经历的艰难、生活中的苦难，师徒四人有了最终的成就。

【设计意图】展示人物的名号变化表格，探寻名号变化背后隐藏的秘密，关联个人成长与团队成长之间的关系。

B. 品析悟空蜕变。

a. 展示“圣僧三逐美猴王”片段，分析悟空三次离开的不同原因，小组学习完成表格并汇报内容，引出“责任”和“使命”，认识孙悟空的成长蜕变，见表3-9所列。

表 3-9 探《西游记》悟空“三离”表

顺序	细节描写	不同之处	原因
一离	心中火发 使性子，将身一耸	径直离去	顽劣 任性
二离	噙泪叩头 腮边泪堕	不舍离去	师徒情深
三离	苦自忖量 马前侍立	离去折返又离去	责任 使命

b. 小结：通过对比阅读和抓住对人物的细节描写，学生认识到孙悟空真、善、美的人性在逐渐增加，他不仅思想发生了变化，自我认识也在不断地提高。

【设计意图】聚焦孙悟空三次离开取经队伍的不同原因——思想的变化、认识的提高。

③聚焦人物内心。

A. 引出经典故事——三打白骨精，学生继续用“对比阅读、抓住细节”的方法，小组讨论，填写表格。

B. 学生汇报表格中的内容，引出人物内心（见表 3-10 所列）。

表 3-10 《西游记》探“三打”学习单示意图

顺序	细节描写	不同之处
一打	向妖精劈头一下	果断出手
二打	举棒照头就打	
三打	自忖思道 又思量道 寻求土地公、本地山神帮助	思虑周全

C. 引导学生回顾五年级下期第四单元的学习，通过课文中的细节描写，体会人物丰富的内心。

D. 梳理提炼“已经经历”和“即将发生”表达维度，让学生在小组内说说孙悟空“二打”时的内心想法。

E. 引出前期学习经验：旁观者的身份不同，内心世界会有什么不一样？请学生从师徒中任选其一，再述此时人物的内心想法。

F. 小结：走进人物丰富的内心，体会阅读的妙趣横生。

【设计意图】聚焦孙悟空“三打”的不同——内心的丰富。

④延伸阅读，迁移方法。

总结：基于本课时的学习，继续阅读四大名著，在阅读的过程中学方法、练方法、用方法。

（6）教学反思

①导读课教学反思。

A. 深入了解小说三要素。学生对《西游记》中的人物、情节、环境有更深入的理解，学会了如何制订阅读计划，掌握了有效的阅读方法并能够积极参与讨论，分享自己的见解，展现出较强的思维能力和分析能力。

B. 环节设置分配不足。课堂节奏和时间分配上，部分环节过于紧凑，导致学生的思考时间不够充分，影响最终的学习效果。后续教学中针对学生理解上的困难，将增加更多实例分析，并通过课外阅读和对比鉴赏，提升学生的理解和鉴赏能力并优化小组合作模式，加强对小组合作过程的指导和监督。

②推进课教学反思。

A. 信息梳理与整合能力提升。学生能够通过思维导图梳理和整合阅读信息，在提高阅读效率的同时，培养了逻辑思维和批判性思维能力，并通过对比和分析信息，发现了隐藏规律和得出了新的认识、理解。

B. 个性化指导稍显不足。部分学生在绘制思维导图时缺乏主动性和创造性，在信息整合和分析理解方面仍存在困难。在今后教学过程中，加强对学生的引导和启发，鼓励学生发挥想象绘制思维导图。针对不同学生的学习特点和需求提供个性化的指导和帮助，以提高学生的信息整合和分析能力。

③交流课教学反思

A. 人物内心品析深刻。交流课展现了学生前期的阅读成果，回顾了学生学习阅读古典名著的策略，以人物形象和人物内心为课堂学习重难点，并且注重深挖人物形象，探求人物内心，学生思维得以提升。

B. 阅读策略与方法有待持续跟进。明确阅读任务、梳理信息、整合信息，并对学生阅读的方式方法和质量进行行之有效的辅助措施是一项长期的、循序渐进的阅读学习过程。对学生的方法习得和灵活运用，有待设计相应的阅读检测量表，以反馈学生的掌握情况。

（二）数学学科结构化

1. 数与代数的结构化

《快乐的动物》（倍的认识）

设计教师：钟明秀　苏鹏桥　余长秀　康承智

（1）适用学期：二年级上期

（2）内容简介（如图3-12所示）

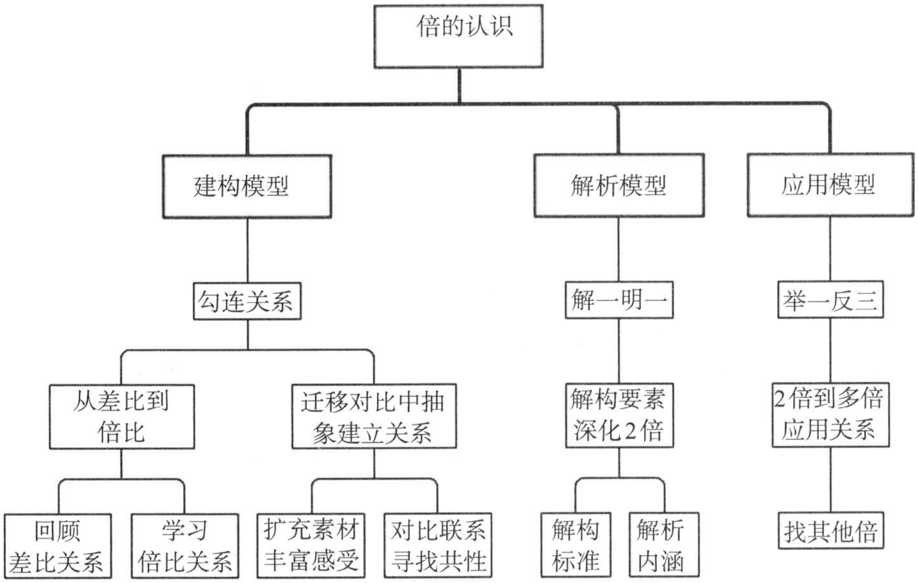

图3-12 “倍数的认识”课程内容

（3）学情分析

二年级学生具备按群数数、按组排列的经验和意识，但绝大多数学生只能对两个量从差比的角度进行比较，缺乏倍比基础和经验。对“倍”这一概念有生活化的理解，在学习乘法后能理解借助“几个几”表达倍比关系，所以从乘法模型“几个几”入手认识和理解“倍”的概念，丰富学生对概念的表征方式，符合学生的真实需求与认知规律。

（4）教学目标

①通过数、比、圈、画等活动，经历从差比到倍比的感悟，在对比中抽象建立关系，形成“倍”的概念。

②尝试用不同方式表示倍数关系，借助几何直观，建立模型、解析模型、应用模型，发展学生的模型意识。

③培养初步的观察、分析能力，发展数学应用意识和提升解决问题的能力，感受数学的应用价值。

（5）教学环节

①举一反三、建构模型。

环节一：从差比到倍比，感受关系

A. 回顾差比关系。

活动一：小猴的只数和小鸭有什么关系？

要求：画一画，比一比，想一想。

展示差比作品。

预设：画3个圆圈表示3只小猴，画6个三角形表示6只小鸭，一只一只对应着比，小鸭比小猴多3只。

师生借助板书梳理“一只一只比”，揭示并链接“一样多”。

B. 学习倍比关系。

教师：除了一只一只比，还有其他比一比的方法？

展示学生作品：一组一组比。把3只小猴圈一组，小鸭有6只，就圈2组。

小结：小鸭一共有两组和小猴一样多（画箭头）。可以用“倍”来描述小鸭与小猴的关系，小鸭的只数是小猴的2倍。

教师圈出“2倍”：2倍是什么意思？

预设：小猴有1个3只，小鸭有2个3只，小鸭的只数是小猴的2倍。

师生联系差比和倍比，都是基于“一样多”。

【设计意图】在游戏情境中抛出“剩下3只小鸭还能怎么比”，制造认知冲突，推动从差比转向倍比。引导以“一样多”为基准，一组一组比，感受二者结构关联，为借“组”打通“几个几”与“倍”的联系打基础。

环节二：在迁移对比中，建立关系

扩充素材，丰富关系感受。

活动二：小鸡的只数和松鼠有什么关系？

要求：一组一组比，画一画、圈一圈、比一比。

预设：画2个圆圈表示2只松鼠，画4个三角形表示4只小鸡。松鼠1个2只，圈1组，小鸡2个2只，圈2组，所以小鸡的只数是松鼠的2倍。

教师：一组一组比，分别比了小猴和小鸭、松鼠和小鸡。有什么相同的地方？

学生：独立思考，同桌讨论。

预设1：每组一样多。

预设2：都是2倍。小猴1组有1个3只，小鸭有2组是2个3只；松鼠1组有1个2只，小鸡有2组是2个3只，都有2个一组，所以都是2倍。

小结：不管一组有多少只，只要有2个这样的一组，就是2倍。用PPT抽象出模型。

【设计意图】通过对比，抽象出两组素材关系的共同属性是都有2组，每组一样多，揭示倍的概念；再从具体到抽象，抽象出2倍关系的模型。

②解一明一，解构模型。

环节三：解析要素，深化“2倍”

活动三：“2倍”游戏

A. 解构“标准”。

活动要求：男生站黄圈，女生站红圈。

第一轮：男生站2人。

解构：为什么女生每组站2人。

预设：女生站4人。男生一组是1个2人，女生有2组是2个2人，所以女生人数是男生的2倍。

小结：要先确定一组男生的人数。

第二轮：

教师：男生站5人。观察为什么女生要站10人？

解构：每组从2人到多人，2倍关系不变

小结：定好一组男生人数后，数女生应该站2组。

预设：女生是2个5人，就可以说女生人数是男生的2倍。

B. 解构“内涵”

第三轮（抽象成数字）：男生站10人、男生站15人

第四轮（抽象成条形）：

PPT演示：把圆圈变成长条，他们有怎样的关系？

第五轮（抽象成线段）：

小结方法：定一组，数2组，说2倍。

【设计意图】以游戏化、多样化的方式解构2倍的基本要素即标准，其实和2组一样多，将游戏中对标准量感的感悟外化为程序性的知识，概括出可供操作和使用的策略方法，加深对“2倍”的认识。

③举一反三，应用模型。

活动四：找几倍

小结：倍是跟原数相等的数，某数的几倍就是用几乘某数。

【设计意图】在开放的素材中应用倍的模型，丰富对倍的认识，深化对倍的理解。

（6）教学反思

①紧密贴合学情，衔接旧知。

充分考虑二年级学生从差比转向倍比的困难，从学生熟悉的差比引入，引导学生回顾“一只一只比”的差比方式，再抛出“剩下3只小鸭还能怎么比”制造认知冲突，自然过渡到倍比。巧妙借助学生已有的按群数数、按组排列经验，从乘法模型“几个几”入手理解“倍”，符合学生认知规律。

②情境与活动驱动，促进概念建构。

通过数、比、圈、画等丰富活动，让学生在操作中深度感知。像在比较小鸭和小猴数量时，学生自主圈画发现小鸭有2个3只，从而理解小鸭只数是小猴的2倍，从具体情境中抽象出倍的概念，接着在松鼠和小鸡数量对比中进一步强

化，构建起“倍”的初步模型。

③模型教学循序渐进，提升思维能力。

从具象到抽象，逐步构建、解构、应用倍的模型。先通过小动物数量对比抽象出2倍关系模型；再以“2倍”游戏，从具体人数到数字、条形、线段，层层递进解构2倍要素，让学生掌握“定一组、数2组、说2倍”方法；最后在“找几倍”活动中应用模型，培养学生观察、分析、解决问题的能力，发展模型意识与应用意识。

重视迁移，让知识结构化生长
——以北师大版二年级下《小小图书馆》为例

设计教师：周子琳

（1）引言

《义务教育数学课程标准（2022年版）》指出在教学中要帮助学生建立能体现数学学科本质、对未来学习有支撑意义的结构化数学知识体系。要了解数学知识的结构与关联、强化对数学本质的理解。

《小小图书馆》这一课的主要内容是三位数一次退位的减法，新课标中提出数的运算重点在理解算理，掌握算法。在教学中要引导学生将知识连点成线，探索数的运算一致性，建立起有意义的知识结构。

（2）课前思考

①问题一：学生对减法计算已有哪些经验？

本节课在学生已掌握两位数减法、三位数加法的基础上学习三位数不退位和一次退位的减法计算。此前学生已有借助数线、计数器、竖式等方式探索算式结果的经验，已初步具备研究、探索的学习能力，故本节课尝试让学生自己探索三位数笔算减法的计算方法。

②问题二：对学生来说，三位数减法的难点在哪？

减法计算中，学生常出现忘记标退位点、减退位1等问题，反映了学生对竖式计算算理的理解不深刻。故本课在呈现多种算法之后，引导学生理清算理和算法之间的联系，借此理解竖式计算中相同数位对齐和“借一当十”的道理。

通过课前小测发现，学生能正确列出三位数减法的竖式，并按照法则进行计算。但“连续退位减法”的正确率极低，所以在三位数减法这个板块，学生真正的难点在下一课时。故本节课强调算理的理解，“哪一位不够减，向前一位借一当十”就是为后续学习打下坚实的基础。

本单元的三位数减法是小学阶段整数加减法的截止课，以此为基础向后延伸到多位数减法，让学生感受计算方法的一致，理解减法的本质。

（3）教学目标

①借助数线和计数器，探索并掌握三位数减法的计算方法，形成初步的运算能力。

②经历用旧知解决新知的迁移过程，理解多位数减法的计算道理，对减法计算形成结构化认识。

③能结合具体情境，提出三位数减法的问题，发展提出问题和解决问题的意识和能力，进一步体会减法计算与现实生活的联系。

（4）教学过程

①回顾旧知，唤起已有经验。

A. 竖式计算

39−18=?　　　　　　62−38=?

B. 回顾

教师：列竖式计算减法要注意什么？

a. 相同数位对齐；b. 从个位算起；c. 个位不够减，向十位借一当10。

【设计意图】回顾两位数退位减法的竖式计算方法，理解借一当十的意义，利用旧知唤醒经验，为迁移作铺垫。

②迁移运用，探究新知。

A. 读取信息，提出问题。

B. 探究算法，明晰算理。

问题一：故事书比连环画多多少本？（239−118 =?）

a. 对比迁移，探索算法。

教师：两个算式有何不同？能否借助两位数减法的方法解决三位数的减法问题？列竖式算算看。

【设计意图】观察、对比新旧知，揭示本课主题。相比两位数减法，三位数减法只多了一个百位，找到新旧知的联系，引导学生独立探索三位数减法的竖式计算方法，培养学生形成类比迁移的数学思想。

教师：三位数减法与两位数竖式计算有相同的地方吗？

预设：都是相同数位对齐，从个位算起。

小结：相同数位对齐，个位9个一减8个一等于1个一，十位3个十减1个十等于2个十，百位2个百减1个百等于1个百，也就是相同计数单位的个数相减。

【设计意图】本题解决三位数不退位减法，学生猜测、尝试、验证后总结出三位数减法的竖式计算方法，找到知识方法的共通性。

问题二：科技书比连环画少多少本？

a. 独立探索。

b. 全班交流。

i. 数线图（拍照展示）。

ii. 计数器。

iii. 竖式。

教师追问：竖式计算和拨计数器的过程相同的地方是什么？

预设1：个位都是8个一减7个一。

预设2：十位都不够减，向百位借一当十。

教师追问：向百位借一当十，在计数器中怎么操作？

预设：百位拨走一颗，十位拨进十颗。

追问：为什么百位拨走一颗，可以在十位拨进十颗呢？

教师小结：100里面有十个十，所以十位不够减，可以向百位借一当十。

教师：借过来后，十位为什么是11？

教师小结：原有的1个十与借来的 十个十合起来等于11个十。再用11个十减5个十等于6个十。

【设计意图】学生借助三位数加法的计算经验，自主探索三位数一次退位减法的计算方法，体会方法的多样性，并借助计数器这一直观模型明晰算理和算法，突破计算中在退位时的难点。

③环节三：前后联系结构化

教师：借助两位数减法的经验可以解决三位数的减法，那四位数的减法呢？ 试着算一算。例如，计算2194-1658=?

教师：个位、百位都不够减，怎么办？

小结：哪一位不够减，向前一位借一当十。

教师：都在“借一当十”，借的“一”当的“十”表示的意思一样吗？

小结：我们借助两位数减法的经验，解决了三、四位数的减法，那五、六位数呢？这些经验可以解决多位数的减法，因为他们的计算方法都一样。

【设计意图】将两、三位数减法的计算方法，迁移到多位数减法的计算中，辨析“借一当十”的不同意义，体会运算的一致性，将数学知识连成线，实现知识结构化生长。

（5）总结反思

怎样利用迁移进行有效的结构化教学？在教学中要真正用好旧知与旧经验，将已有的知识和方法作为探索新知的基础。同时要思考，怎样将今天的经验留作明天的影子。本节课将两位数减法的经验迁移到今天的三位数减法，再拓展到未来的多位数减法，学生的眼中充满了惊喜与期待。

“参观花圃”
——三位数除以两位数四舍五入法试商

设计教师：　曾晓星

（1）适用学期：北师大版四年级上期

（2）内容简介（如图3-13所示）

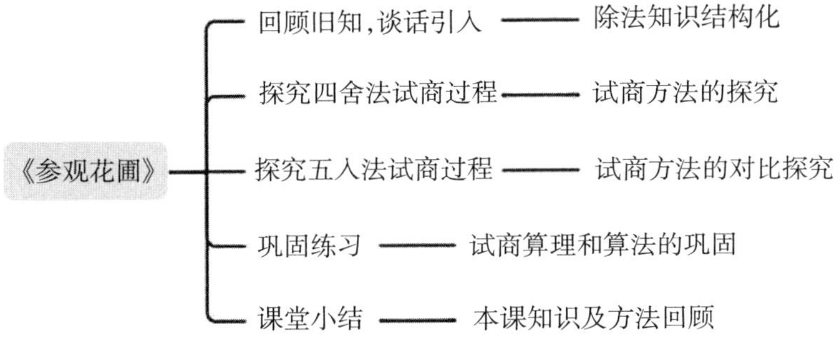

图3-13　《参观花圃》内容简介图

（3）学情分析

学生已经掌握了表内除法、除数是一位数的除法、除数是整十数的除法的口算及笔算。对于三位数除以两位数，学生大部分都会竖式计算，但却不清楚算理。

（4）教学目标

①运用已有知识经验，探索除数是任意两位数的除法计算的算理并掌握算法。

②在自主探索的过程中，培养学生观察与推理、抽象与概括的能力，发展学生的推理意识、数感。

③使学生在师生共同探索的过程中获得积极的数学情感。

（5）教学环节

①回顾旧知，谈话引入。

教师：除法是我们的老朋友了，你印象中最简单的除法算式是什么？

教师：把被除数变大一点，等于几？再大一点呢？这些算式的除数都是一位数，不管被除数变得多大，你们都会算。是因为我们掌握了除数是一位数的计算方法。

教师：看看这组算式，和刚才的比，有什么变化？

（板贴："80÷20""160÷30""928÷50"）

教师：这么大的数据，你也会算，是因为我们掌握了"除数是整十数"的计算方法。

教师：今天还要继续学除法，又会怎么变呢？

揭示课题：三位数除以两位数。

【设计意图】谈话引入，贯穿除法知识的结构化。

②探究四舍法试商过程。

板书：156÷22=？

A. 估商。

教师：观察这个算式，你看出商是几位数了吗？为什么？估一估，商可能是几？

学生独立完成，把理由写在导学单上。

B. 试商。

教师：商7怎么来的呢？

预设：把22看成20，回想口诀二七十四，商可能是7。

教师：除数是22，把它当20算，能行吗？

教师：为什么要借20来想，不借30呢？借20来想商有什么好处呢？

小结：因为我们已经掌握了除数是整十数的计算方法，将新知转化成旧知。

C. 调商。

教师：看成20是好算，但借20来想商，对我们的商会不会有影响呢？

预设：把22想成20试着找商，就是把除数看小了，被除数没有变，商会偏大，试得的商可能会偏大。

教师：为什么被除数不变，除数变小，商会变大呢？能举个例子说一说吗？

【设计意图】举例说明，帮助学生理解抽象的概念。

教师：通过分析，我们借20来试着找的商，对156÷22来说会偏大。还有其他可能吗？

教师：如果我们借20来想的商7真的偏大了，怎么办？

预设：想想比7小的数——6。

教师：为什么不想8呢？

教师：商7是合适还是偏大呢？请你算一算，说说计算过程。

预设：计算156÷22，把22想成20试着找商，想二七十四，在个位，商7，

7×22=154，156−154=2。

教师：（指着竖式154）这里是几乘几呢？怎么不是乘20呢？

预设：20是借来想商的，22才是真正的除数。

【设计意图】梳理计算过程，处理计算重点：商×正确的除数。

教师：我们借20想到商7，对这个算式刚好合适！那我们刚刚分析那么多，是白费力气吗？

教师：把除数看小，商可能偏大（预设）。试的商不合适，我们就要往小找。我们刚刚经历的过程就叫试商。

【设计意图】本课的重点是理清算理，掌握算法。通过问题串的形式，使学生理解：我们是借整十数找商，不是真的当成整十数计算，为计算时商要乘正确除数埋下伏笔；由于在借助整十数找商的过程中，把除数变小了，被除数又没变，商会变大。通过层层分析，发展推理意识，培养数感。

③探究四五入法试商过程。

教师：再把数据变一变，你还能轻松应对吗？

（板书120÷18=?）

学生独立完成：

任务一：理一理你的解题思路。

任务二：算一算——在导学单上独立计算。

小组合作：

任务三：想一想试商过程对商有什么影响。

任务四：找一找156÷22与120÷18在计算过程中的相同和不同点。

预设1：把18想成20试商，想乘法口诀二六十二，商可能是6。

预设2：个位可能商6，6×18=108，120−108=12，商6余12，通过计算想的商和实际的商一样。

预设3：把18看作20试商，被除数不变，除数看大，商变小，所以试的这个商可能偏小，也有可能刚好合适。

预设4：相同是都估计成20来试商，不同的是一个估大，一个估小。

教师：黑板上的两道算式，不改变除数只改变被除数，你能想到多少不同的算式？我们可以用符号来表示你们想到的算式。

（板书：△÷22=?，△÷18=?）

小结：像这两类算式，不管被除数怎么改变，我们都能怎样计算？教师：通过今天的学习，明白试商方法了吗？

【设计意图】探究五入法试商过程，采用四人组合作的形式完成，小组内进行试商的全过程，达到明晰算理、掌握算法的目的。

④巩固练习。

A. 纠错。

```
(20)    6              (50)    7
23) 1 3 8              47) 3 5 1
    1 2 8                  3 5 0
    -----                  -----
      1 0                      1
```

B. 在除法计算中，把除数73看作70来试商，商不可能（　　　）。

A. 偏大　　B. 偏小　　C. 刚好合适

教师：在数据不停的变化中我们学会了试商，我把这道算式变一个数字，你还能计算吗？

计算：156÷23=?

教师：这道题刚才的有什么不一样？试一次没成功我们就要再试。

【设计意图】巩固试商算法、算理。

（6）课堂小结

教师：你能说说什么是试商吗？

【设计意图】回顾本课的知识和方法。

（7）教学反思

在本节课中，学生经历了以下三个阶段：对比分析，概括算法；自主探索，发展数感；类比迁移，拓展未知。学生运用已有知识经验，自主探索除数是任意两位数的除法计算算理及算法，培养学生观察与推理、抽象与概括的能力，发展学生推理意识、数感。

“分数除以整数”教学设计

设计教师：黄倩霞　代长珍　祝　龙

（1）适用学期：五年级下期

（2）内容简介（如图3-14所示）

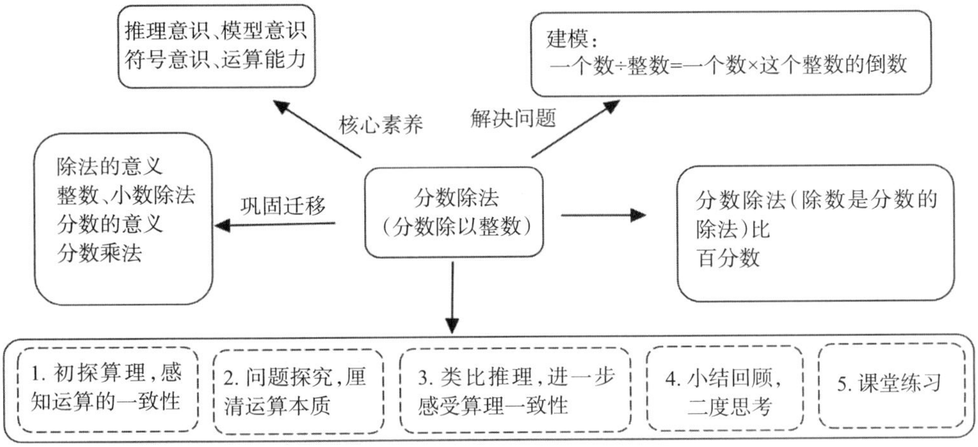

图3-14　“分数除以整数”教学内容

（3）学情分析

在本课学习前，大部分学生已经知道除以一个数等于乘它的倒数，但是却说不出理由，这种只掌握算法不明白算理的学习难以实现知识的结构化，不利于数学核心素养的发展。因此，本节课从分数乘除法的意义和运算一致性的角度入手帮助学生厘清分数除以整数的算理、掌握算法。

（4）教学目标

①理解分数除以整数的意义，明晰除以一个整数等于乘它的倒数的道理，能正确计算分数除以整数。

②再类比推理，探究操作中沟通整数、小数、分数除法之间的关联，体会数形结合思想，进行算理一致性思考。

③能运用分数除以整数的知识解决简单的实际问题，发展动手操作、独立思考和归纳总结的能力。

（5）教学环节

①初探算理，感知运算的一致性。

A. 基于计数单位总结算理。

a. 今天这节课我们先从几个数说起。（PPT展示4、400、0.04）

b. 它们表示几个几？

c. 如果让这些数都除以2，它们的意义有没有共同的地方？

（都表示把一个数平均分成2份，求每份是多少。）

d. 观察这几个算式，它们实际在分什么？（在PPT上圈出对应信息，如图3-15所示）（它们都在平均分计数单位的个数。）

e. 如果换成其他数字，还是在分计数单位的个数吗？（在PPT上呈现出其他数字）（整数除法、小数除法都是在平均分计数单位个数）

【设计意图】 在特殊到一般的演绎推理中总结：不论是整数还是小数除法，解决的都是平均分的问题；计数单位个数是除数的整数倍的除法，都是在平均分计数单位的个数。

B. 引出分数除法。

a. 这里有整数、小数除法，还差谁，你能继续举类似的例子并说说意义吗？引出 $\frac{4}{7}\div 2=$?，如图3-15所示。

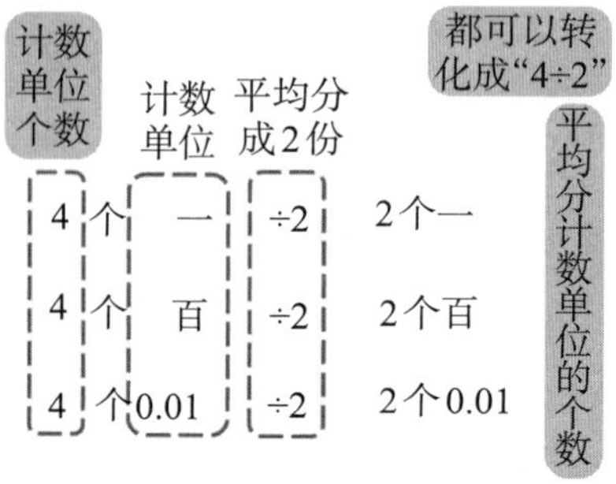

图3-15 除法意义及算法回顾

b. 分数除法可否按照整数、小数的计算方法算，请画图验证？

学生活动：探究计算 $\frac{4}{7}\div 2=$? 预设学生思路如图3-16所示。

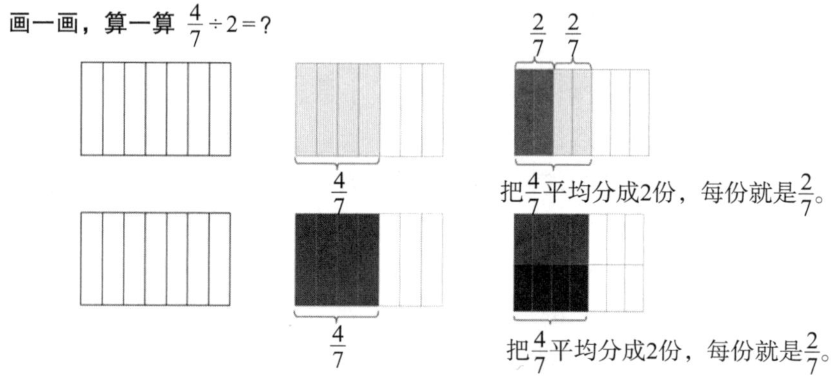

图3-16 探究计算 $\frac{4}{7}\div 2$ 的预设学生思路

学生汇报：结合面积模型解释：求把 $\frac{4}{7}$ 平均分成2份，每份是多少，可以先画 $\frac{4}{7}$，再把 $\frac{4}{7}$ 平均分成2份，每份是 $\frac{2}{7}$。

【设计意图】 学生通过分一分、涂一涂的活动，在对比思考中感知整数、小数与分数除法本质上是一致的，都是关于计数单位的运算。

②问题探究，厘清运算本质。

a. 分得的结果 $\frac{2}{7}$ 和 $\frac{4}{7}$ 有什么关系？（$\frac{2}{7}$ 是 $\frac{4}{7}$ 的一半，$\frac{2}{7}$ 是 $\frac{4}{7}$ 的 $\frac{1}{2}$）。

b. $\frac{4}{7}\div 2$和$\frac{4}{7}\times\frac{1}{2}$两个算式分别表示什么意义？

$\frac{4}{7}\div 2$ 表示：把 $\frac{4}{7}$ 平均分成2份，求每份是多少，相当于求 $\frac{4}{7}$ 的（一半）$\frac{1}{2}$ 是多少。

$\frac{4}{7}\times\frac{1}{2}$ 表示：把 $\frac{4}{7}$ 平均分成2份，求每份是多少，相当于求 $\frac{4}{7}$ 的 $\frac{1}{2}$ 是多少。

所以 $\frac{4}{7}\div 2$和$\frac{4}{7}\times\frac{1}{2}$ 的意义完全相同，二者相等。

c. 这里的2和 $\frac{1}{2}$ 有什么关系。（2和 $\frac{1}{2}$ 互为倒数）

d. 你能用一句话总结刚才的发现吗？（除以一个不为零的整数，相当于乘这个整数的倒数）

【设计意图】学生在对比中体会除以一个整数可以转化成乘这个整数的倒数，感悟运算的一致性。

③类比推理，进一步感受算理一致性。

a. 你能用刚才的方法计算 $\frac{4}{7}\div 3$ 吗，它和之前的算式有什么不同？（计数单位个数不能被3整除）

b. 学生活动：探究计算 $\frac{4}{7}\div 3=$？预设学生思路如图3-17所示。

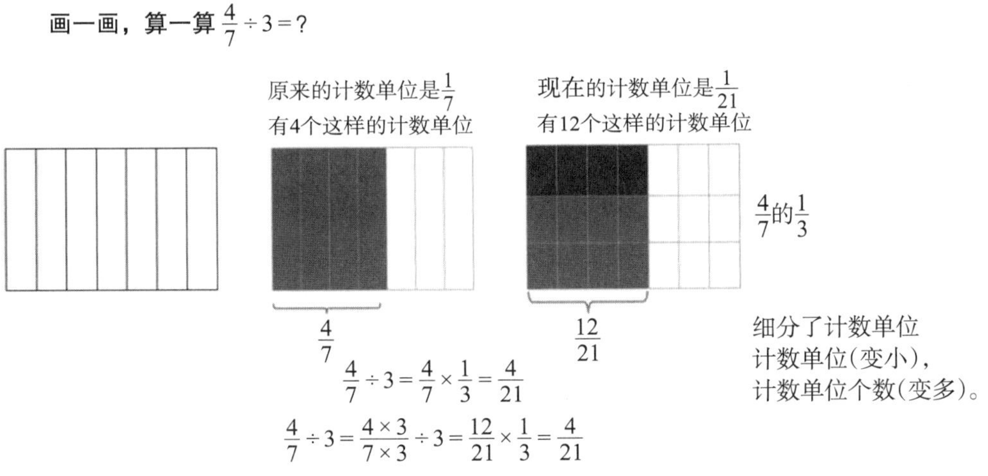

图3-17　探究计算 $\frac{4}{7}\div 3$ 预设学生思路

c. 学生结合图汇报：要求 $\frac{4}{7} \div 3$，可以运用分数的基本性质，分子分母同时×3，把 $\frac{4}{7}$ 转化成 $\frac{12}{21}$，让计数单位变小，个数变多，在不改变分数大小的情况下，分子就能被3整数了。

d. 结合图想一想，现在分的还是计数单位的个数吗？

（细分计数单位会引起计数单位个数的变化，所以这个过程是先细分计数单位，再分新的计数单位个数的过程，可以得到 $\frac{4}{7} \div 3 = \frac{4 \times 3}{7 \times 3} \div 3 = \frac{12}{21} \times \frac{1}{3} = \frac{4}{21}$）

e. 整数除法、小数除法中有没有类似的道理？

【设计意图】沟通整数、小数与分数除法，揭示除法就是把计数单位不断细分的过程。

④小结回顾。

相信现在你一定能解释为什么除以一个不为零的整数等于乘这个整数的倒数。其实对于这个问题还有很多解释，条条大路通罗马，解释为什么的过程就是既知其然，又知其所以然的过程，数学如此，在生活中其他事物亦是如此，希望每一位同学都能成为生活的有心人。

⑤课堂练习。

如图3-18所示，1题为简单运算练习；2题感受分数除以整数的意义及算理；3题从均分量率两个维度解决简单分数实际问题；4题为下节课的学习做铺垫。

1. 说一说，算一算。

$\frac{4}{5} \div 12$　　$\frac{9}{8} \div 6$　　$0.2 \div 3$　　$8\frac{8}{9} \div 4$

2. 先画一画，涂一涂，再用除法算式表示运算结果。

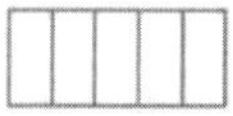

$\frac{4}{5}$的一半是多少？

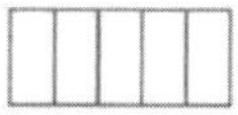

把$\frac{4}{5}$平均分成5份，每份是多少？

3. 解决问题。

（1）把1张纸的$\frac{4}{5}$平均分成2份，每份是这张纸的几分之几？

（2）量杯里有 $\frac{4}{5}$ 升果汁，平均分给2个小朋友喝，每人喝多少升？

4. 用今天学习的计算原理能够解释$\frac{4}{7} \div \frac{2}{3}$怎样计算吗？

图3-18　课后练习

（6）教学反思

分数除法是数与运算结构化教学的重要一环，蕴含多种核心素养，是分数乘法的延伸和整数除法的扩展，也是比、百分数等知识的基础。本单元以整数、小数除法的运算梳理为起点，组织学生逐步建构整数、小数、分数除法之间，乘法运算和除法运算之间的关联，感悟运算的一致性。通过本节课的学习，学生对分数除以整数的算理和算法的理解应得到升华。

“乘法一家人”
——“小学数学结构化教学”总复习教学案例

设计教师：蹇雯媛

（1）适用学期：六年级总复习期

（2）内容简介（如图3-19所示）

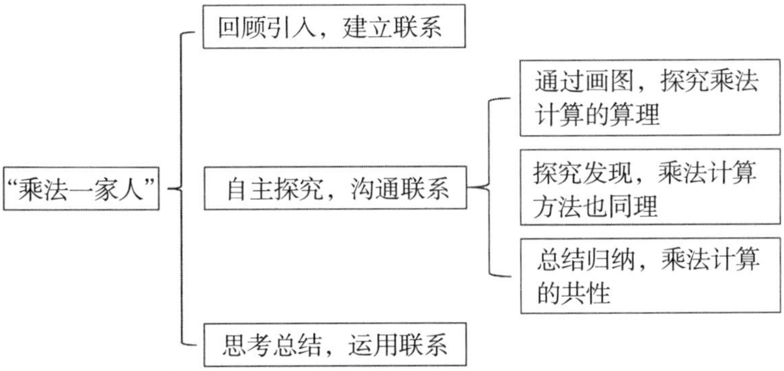

图3-19　“小学数学结构化教学”总复习课程内容

（3）学情分析

对于加、减、乘、除四则混合运算，学生已经在小学阶段完成了系统的学习。由于涉及的知识多、内容杂，首先要对复习内容有整体的认识，知道这些知识的来龙去脉，把握知识的逻辑结构，对复杂的知识有一个清晰、简洁的归纳，理清数的运算这一类知识的结构特征。

“计算型”复习课要让学生进一步理解算理、掌握算法和寻求合理简洁的运算途径来解决问题。本节复习课主要关注以下几个方面：抓住知识点的“忆”，突出知识点的“理”，关注知识网的“建”，设计多功能的“练”。

（4）教学目标

①通过具体实例，理解整数乘法、小数乘法、分数乘法的本质是相同的，能联系具体算式，解释运算过程的一致性，发展学生的推理能力。

②体会一个阶段的学习后，需要将同类的知识加以整理、比较，在不同中找相同是重要的学习方法。

③在解决上述问题的过程中，积累解决相关问题的经验。

（5）教学环节

①回顾引入，建立联系。

教师：今天我们进行乘法运算的总复习，回顾一下乘法的计算方法。乘法的计算方法要分为整数乘法、小数乘法、分数乘法，是这样吗？

【设计意图】 谈话引入，学生通过回顾记忆中的乘法，初步发现相同点与不同点，为后面教学环节作出铺垫。

②自主探究，沟通联系。

（课件展示）口算：

$\frac{3}{10}\times\frac{2}{10}=?$　　　　0.3×0.2=?　　　　300×2=?

教师：这三道算式分别是分数乘法、小数乘法、整数乘法，请同学来找一找它们的相同地方。

教师：既然它们都有3和2，那请大家回顾一下这三道题的计算过程，想想3和2在干什么呢？

A. 通过画图，探究乘法计算的算理。

教师：整数3×2的计算过程可以这样画图表示（如图3-20所示），表示2个3相加或者3个2相加。是不是这三道题的图都可以这样画呢？

3×2

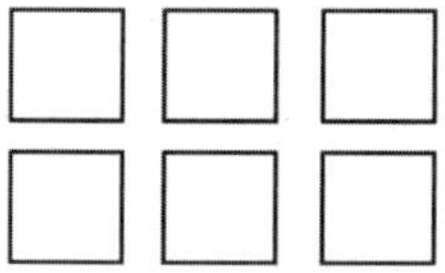

图3-20　3×2的示意图

教师：4人小组合作完成这三道题的画图示意。

然后组内交流：3×2在干什么？

学生汇报（如图3-21所示）。

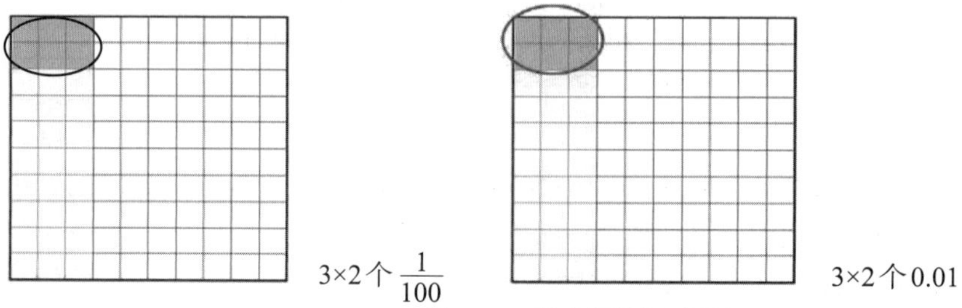

图3-21　学生汇报示意图

教师：一起来梳理一下你们的发现：

$\frac{3}{10}\times\frac{2}{10}$ ，分子3×2是计算计数单位的个数，分母 $\frac{1}{10}\times\frac{1}{10}=\frac{1}{100}$ 是算计数单位。

0.3×0.2=(3×2)×(0.1×0.1)= 0.06，其中的3×2也是在算计数单位的个数，0.1×0.1产生了新的计数单位。

3×200=(3×2)×(1×100)=600，计数单位是百，3×2=6，有6个百。

教师：解这三道计算题时我们都做了两件事：确定积的计数单位和计算计数单位的个数（如图3-22所示）。

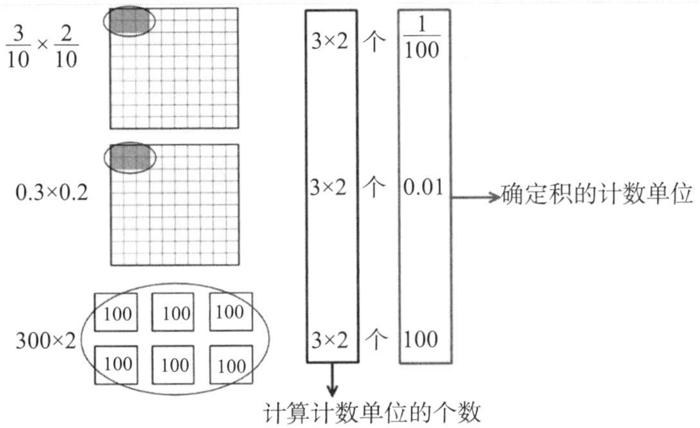

图3-22　总结计算道理

B. 探究发现，乘法计算方法也同理。

教师：看来分数乘法、小数乘法、整数乘法计算方法的第一步都是在计算有几个这样的计算单位，第二步都是在确定积的计数单位。

C. 总结归纳，乘法计算的共性。

教师：通过今天的探究，我们发现乘法计算都是在做两件事：确定积的计数单位和计算计数单位的个数，所以我们说整数、分数、小数乘法就是“一家人”。

【设计意图】整个环节通过画图来明晰算理，发现算理的一致性由“计数单位”这一核心概念贯穿始终。再由算理统整算法，让学生明白了整数、分数、小数乘法计算的方法就是在表达算理，紧紧围绕计数单位和计数单位的个数来进行计算。

③思考总结，运用联系。

教师：但是有孩子提出了这样的疑问：我们今天的整数乘法都比较简单，那需要做笔算的乘法也是做了这两件事吗？

例题：如图3-23所示，根据左边竖式的信息，推算右边竖式的积。

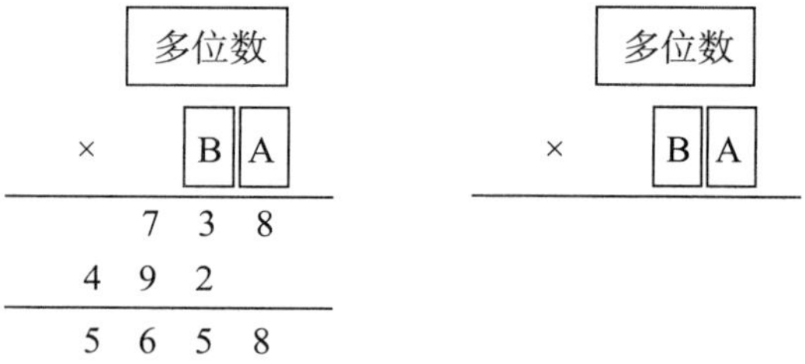

图3-23　例题内容

教师：虽然不知道多位数是多少，但根据今天的学习，乘法计算的过程就是在确定计数单位和计数单位的个数。交换两个数的位置，也就是在交换计数单位和计数单位的个数（如图3-24所示）。

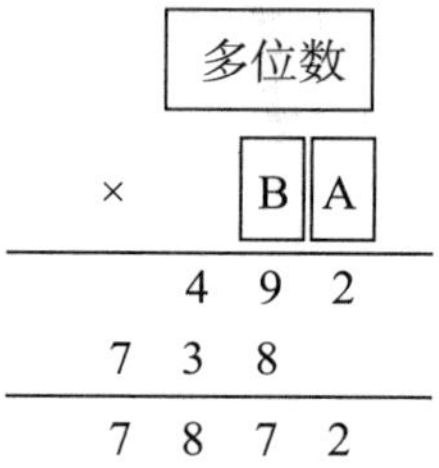

图3-24　例题的正确答案

教师：数的运算一致性就是指计数单位之间的运算和计数单位上数字之间的运算道理是一致的。

【设计意图】由口算推及笔算，看似计算方法繁杂了许多，但也是仅仅围绕"计数单位"这一核心概念展开计算。例题更是典型的运用了这样的思想来进行举一反三、拓展思维。

（6）教学反思

新课标将数的认识与数的运算进行了整合，对数与运算的教学提出了新的要求。加深对数概念的一致性、运算意义的关联性、数与运算的整体性、算理和算法的一致性、运算规律的共通性的教学理解，有助于学生把握新课标精神，进一步探索运算的一致性，加强知识间的相互联系，从而使学生形成更为整体而结构化的数学知识。

通过教学实践不难发现，"计数单位"在打通运算一致性的过程中确实起到了至关重要的作用。

"计数单位"是计算的核心概念，对"计数单位"的理解与"数概念一致性"的教学是密切相关的。从计数单位和计数单位的个数这个角度来认识整数、小数和分数就是通过这种一致性来实现的。因此，夯实"数概念一致性"的教学，可以帮助学生深刻理解"计数单位"这一概念，进而为感悟运算的一致性提供保证。

用“计数单位”打通运算一致性的本质是转化，在“数的运算一致性”的教学实践中，应以“计数单位”为内核，消除整数、小数和分数四则运算之间的隔阂，强调“转化”的数学思想。

2. 图形与几何的结构化

长方形周长

设计教师：何海燕

（1）适用学期：三年级上期

（2）内容简介（如图3-25所示）

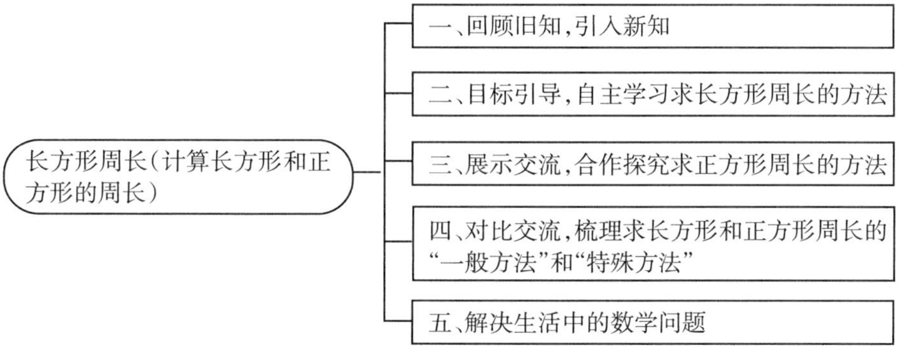

图3-25　“长方形周长”内容简介

（3）学情分析

三年级学生已经认识了平面图形，掌握了长方形和正方形的特点，并且已认识了二者的周长。在此基础上，通过复习导入新课，激发学习热情。学生易于探究和发现“用四条边相加”以及“长×2+宽×2”求周长两种方法，而对于“（长+宽）×2”的方法不一定能探究出来，即使找到了，也不一定能完全理解。

（4）教学目标

①结合具体情境进一步理解周长的意义，理解周长是长度单位的累加，感知线段长度的可加性，掌握长方形和正方形周长的计算方法，会用自己喜欢的方法计算长方形和正方形的周长。

②经历长方形和正方形周长计算方法的探索过程，发展空间概念。在应用周长计算方法解决实际问题的过程中，进行初步、有条理的思考。

③能提出并解决简单的问题，体验同一问题可能有不同的解答方法，感受数学与生活的联系，培养学生学习数学的兴趣。

重、难点：长方形和正方形周长的计算方法的探究及归纳总结。

（5）教学环节

①回顾旧知，引入新知。

教师：之前已认识了周长，知道了怎样求一个封闭图形的周长，现在请同学来说一说？（所有边的长度相加）板书。今天老师给大家带来了一个长方形，你能求出这个长方形的周长吗？试一试。

这个长方形就在你的导学单上。请你量一量，算一算，长方形的周长是多少厘米？

②目标引导，自主学习求长方形周长的方法。

活动一：学习求长方形周长的方法（一般方法和特殊方法）

A. 学生独立完成任务一（如图3-26所示），教师利用这个时间贴出活动所需的三个长方形，并查看同学们是否掌握了三种不同的计算方法。

任务一：量一量，算一算，长方形的周长是多少厘米？

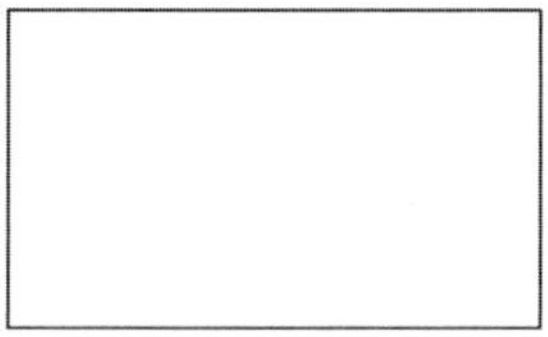

图3-26　任务一

B. 学生可能会找出以下三种方法。

方法一：$5+3+5+3=16$（厘米）

方法二：$5\times2+3\times2=16$（厘米）

方法三：$(5+3)\times2=16$（厘米）

下面是对三种方法的解析。

方法一：你能在这个算式中找到长方形的四条边吗？每个数分别表示长方形的什么？

像这样四边相加，就得到长方形的周长，也就是计算它的四条边之和。谁能用文字来描述一下这种方法？（长方形周长=长+长+宽+宽）

方法二：你能在这个方法中找出四条边吗？用这个方法计算依据了长方形的什么特征？（运用长方形对边相等的特征，可以让计算变得更简便。）

两个“2”分别表示什么？谁能用文字来描述一下这种方法？（长方形周长=长×2+宽×2）

方法三：这个方法中，5+3算的是什么？ 2表示什么呢？

请一个学生上讲台摆一摆，理解2个（长+宽）的含义。

教师：5+3是将一条长和一条宽相加，也就是长方形周长的一半。2表示这个长方形里面有2个（长+宽），你能用文字来描述一下这种方法？这里不加括号行不行？（预设：不行）看来小括号太重要了，用这种方法时千万不要忘了。

C. 比较异同，沟通方法之间的联系。

教师：同学们，我们一起找出了长方形周长的多种计算方法，这些方法中有的是直接把四条边长度加起来，有的借助长方形的特征将计算变得更简单。这些不同的方法有什么相同之处？

看来，无论是哪种方法，其实都是在计算长方形四条边的长度之和。

你喜欢哪种方法？你的理由是什么？

小练习一：（如图3-27所示）

算出下面图形的周长。（单位：厘米）

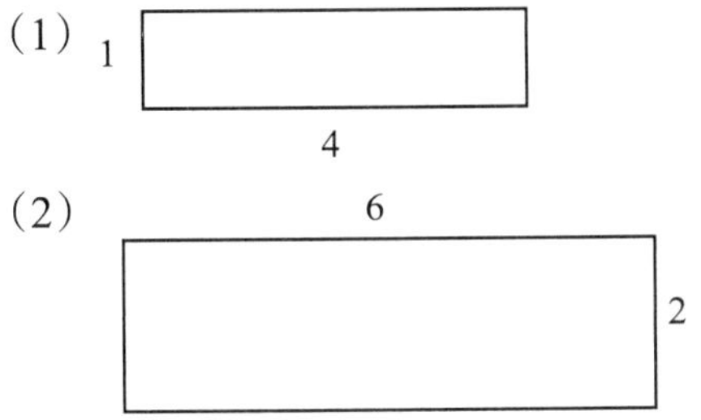

图3-27　小练习一

【设计意图】 让学生自己找到求长方形周长的三种方法，体会都是求四边之和，但又有不同，在这里不做择优。适合自己的方法就是最好的方法。

③展示交流，合作探究求正方形周长的方法。

假如把这个长方形的长缩短，请问缩短到什么时候会变成正方形？

你能求出这个正方形的周长吗？

任务二：算一算，正方形的周长是多少厘米？（如图3-28所示）

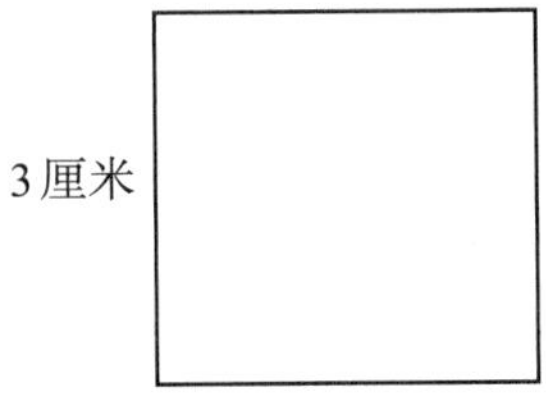

图3-28　任务二

学生可能会写出下面两种计算方法。

方法一：正方形周长=边长+边长+边长+边长

方法二：正方形周长=边长×4

方法二的是依据的什么？

正方形四条边相等。这个4就表示有4条边，因为这4条边的长度相等，所以用乘法计算比较简便。

小练习二：

算出正方形的周长。（如图3-29所示，单位：厘米）

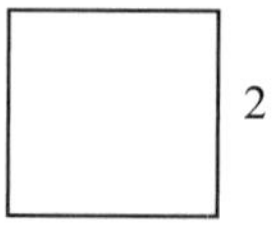

图3-29　小练习二

④对比交流，梳理求长方形和正方形周长的“一般方法”和“特殊方法”。

活动三：对比总结（如图3-30所示）

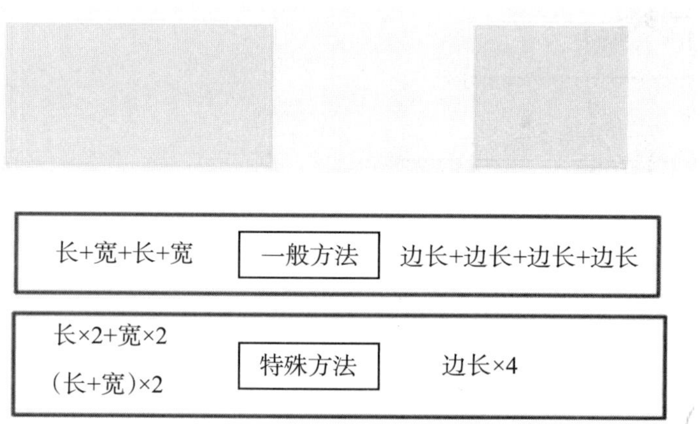

图3-30　计算长、正方形周长的一般方法和特殊方法

教师：今天我们学习了这么多求长方形和正方形周长的方法，你能把这些方法分分类吗？

第一类：根据图形周长的含义，把长方形和正方形的四条边相加。

第二类；根据长方形对边相等和正方形四条边相等的特点，用到了乘法和加法。举一反三，当图形中出现两条边相等，就用边长×2；四条边相等，就用边长×4；那么当图形出现5条边相等，就用边长×5；六条边相等，就用边长×6。根据图形的特征用不同的方法求周长，能缩短求周长的时间。

小练习三：（如图3-31所示）

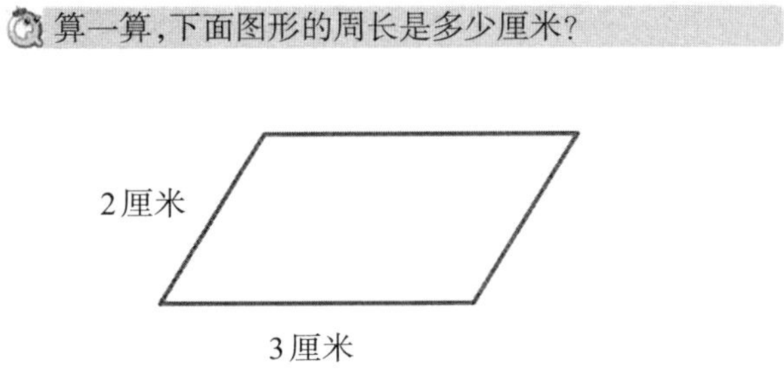

图3-31　小练习三

【设计意图】这个环节就是让学生体会一般方法和特殊方法有着本质的不同，一个是根据周长的含义，一个是根据图形的特征。当然，它们也有共同之处，即都是求四边之和。学生应明白可以根据图形的特征来求周长，并且能举一反三，找到其他图形求周长的特殊方法。

⑤解决生活中的数学问题。（如图3-32所示）

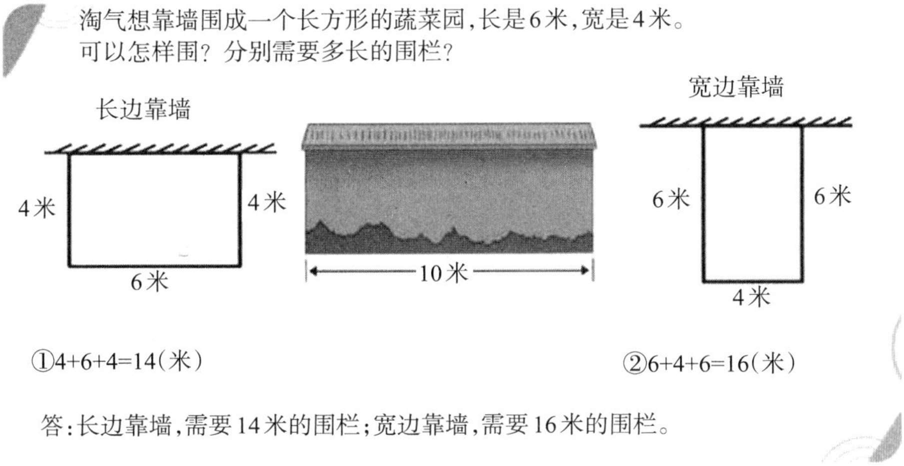

图3-32　解决生活中的数学问题

（6）教学反思

知识的形成不是被动接受，而是探索获取。以前教学这个内容时强调较多的是公式的应用，现在提倡学生自主探讨。倡导算法多样化，更符合学生在生活中的实际需求，从而在多种方法中选择最适合自己的方法。这是区别于以前教学最大的一点。

从一般方法到特殊方法的学习，让学生深刻地体会到了要根据图形的特征来求周长，观察图形的特征，找到最简便的求周长的方法，并且可以举一反三，具有同样特征的图形也能用简便方法求周长，拓展了学生的思维。

确定位置

设计教师：贾代琴　张　丽

（1）适用学期：四年级上期

（2）内容简介（如图3-33所示）

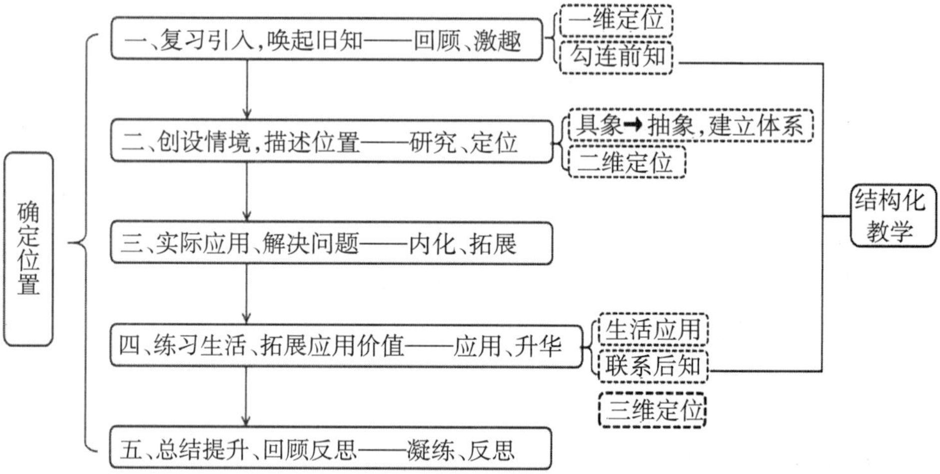

图3-33　“确定位置”内容结构图

（3）学情分析

学生对“方向与位置”已有了一定的认知基础，比如上下、前后、左右，在具体情景中能按行、列确定物体的位置；能够看懂简单的路线图等。但是用数对表示位置，并在方格图上用数对确定位置，学生是第一次接触。因此，教学时需充分结合座位图，经历将座位图抽象为方格图，用数对表示位置的探索过程，体会数对与方格图上的点的对应关系，进一步发展空间观念。

（4）教学目标

①结合现实情境，理解用数对表示位置的必要性，体会数学与现实生活的密切关系，进一步增强用数学的眼光观察生活的意识。

②经历数对的抽象过程，探索用数对确定位置的方法，体会数对与方格纸上的点的对应关系，能在方格纸上用数对确定位置，发展空间观念与推理能力。

（5）教学环节

①复习引入，唤起旧知。

A. 你能在图上找到同学甲在哪个位置吗？（横排图示）

B. 谁再来说一说同学甲在哪个位置？（竖排图示）

小结：在刚才的两幅图中，表示同学甲的位置时，我们用到了1个数。

C. 同学们都回到教室里，坐到自己的座位上，你还能找到同学甲的位置吗？你有什么好方法？

引出具体位置，如4-2。

【设计意图】用熟悉的生活场景，唤起学生已有的经验：在一条线上（一维）用一个数就可以确定位置。再结合真实场景，明确在一个面（二维）上，用两个数即可确定位置。

②创设问题，描述位置。

A. 描述位置。

a. 4-2是怎么表示位置的？为什么要用两个数字来表示位置？

b. 以讲台为观察点，竖着看，从左往右为第一组、第二组……横着看，从前往后是第一排、第二排……

c. 规范列、行。（展示教室位置方块图）

教师：通常情况下，我们把这样的一组叫作列。在确定第几列时，我们一般从左往右数；我们把这样的一横排叫作行。在确定第几行时，我们一般从下往上数。在确定位置时，我们通常先说是第几列，后说第几行。

d. 你能在图上找到同学甲的位置吗？用彩笔在图上标出找的过程。

e. 用几-几的方式和同桌说一说自己的位置，并说清自己是第几列、第几行。

【设计意图】利用学生身边的事例，加深对组、排的认识，并描述自己的位置，为后面引入数对做铺垫，同时体现了数学来源于生活而服务于生活的理念。

B. 认识数对。

a. 介绍数对。

数学家是这样表示的：用逗号把表示列、行的数隔开，外边再添上小括号，说明这是一个整体。像（4，2）这样的一对数，叫作数对，读作数对“四二”。

追问：数对由哪些部分组成？数对（4，2）表示什么意思？

b. 沟通点线，逐步抽象（展示方格图）。

将方块图抽象成点图，再抽象成方格图，初步认识直角坐标系。介绍图上数、点的含义。

c. 在方格图上找同学甲的位置（4，2）还能表示其他的位置吗？

C. 用数对表示任意点的位置。

让学生用数对表示出3个好朋友的位置。

D. 根据数对，在方格图上找位置。

教师：A和B的位置分别用数对（5，3）和（3，5）表示，你能在图中找到他们的位置吗？思考：都是5和3，怎么是两个不同的位置呢？

【设计意图】练习用数对表示位置以及如何在方格纸上根据数对找位置。

E. 对比座位图、方块图、方格图。

【设计意图】培养学生抽象的思维，渗透数学文化。

③实际应用，解决问题。

活动一：用数对表示自己的位置：在卡片的背面写上自己的数对

活动二：我说你站

请符合要求的同学起立：(7,2)(3,6)(5,5)(3,a)(6,△)(b,3)(x,y)

小练习四：（如图3-34所示）

a. 学校在图上的位置是第____列第____行，用数对________表示。

b. 邮局在图上的位置是______，图书馆在图上的位置是______，______在图上的位置是（4，1）。

c. 你能试着表示公园的位置吗？

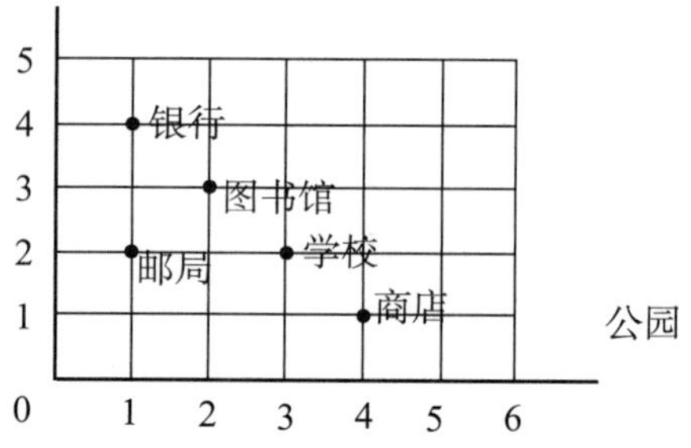

图3-34　小练习四

④联系生活，拓展应用价值。

A. 了解生活中的数对。

B. 追源溯古、展望未来。

追问：如果我们现在正处于三楼，又该怎么准确地表示同学甲的位置呢……

【设计意图】学生经历了认识数对的过程后，回归现实生活，体验用数确定位置的广泛应用，感受数学的实用性。为以后学习做铺垫，引导学生思考：在三维的立体空间中，该如何表示位置？

⑤总结提升，回顾反思。

请同学们谈一谈自己的收获。

（6）教学反思：

①课前慎思。

A. 学习目标的准确把握。

在新课标中，用数对确定位置的内容从第二学段调整到了第三学段，这一调整可以较好地和初中直角坐标系的学习进行衔接。根据初中教材中“位置与坐标”这一章的“回顾与思考”，如图3-35所示，应结合孩子们的学情，确定本课的学习目标和课时安排。第一课时主要是理解和应用数对，第二课时主要是结合生活中的情境进行数对的练习和巩固。

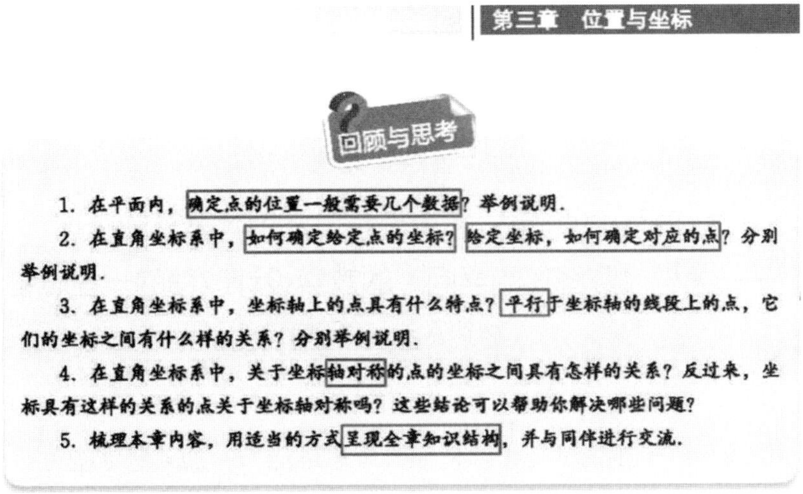
第三章 位置与坐标

回顾与思考

1. 在平面内，确定点的位置一般需要几个数据？举例说明.

2. 在直角坐标系中，如何确定给定点的坐标？给定坐标，如何确定对应的点？分别举例说明.

3. 在直角坐标系中，坐标轴上的点具有什么特点？平行于坐标轴的线段上的点，它们的坐标之间有什么样的关系？分别举例说明.

4. 在直角坐标系中，关于坐标轴对称的点的坐标之间具有怎样的关系？反过来，坐标具有这样的关系的点关于坐标轴对称吗？这些结论可以帮助你解决哪些问题？

5. 梳理本章内容，用适当的方式呈现全章知识结构，并与同伴进行交流.

图3-35 “位置与坐标”章节回顾与思考

B. 知识本质的提炼。

本课时的核心问题有两个，一是什么是数对？二是如何确定位置？这里数对的作用在于位置的确定，学生首先要理解的是确定位置的三要素，即参考点、方向、距离。基于此，要在方格图中找到这三要素。这里的参考点即可视为原点，用数对（0，0）表示，方向的确定为先列后行，列从左往右数，行从下往上数，而距离的体现为方格图的格数。

②结构化思考。

从用一个数（如第几）表示位置，到用两个数（数对）确定位置，再到用三个数确定位置，体现了从线到面再到体的思路，并抽象出数轴、二维和三维坐标系。一方面，用数对确定位置实际是在平面上确定点的位置，体现了数形结合的思想；另一方面，从数的角度看，数对里的数的作用在于确定位置，从一年级认识数到运算，再到本学期的编码，如图3-36所示，孩子们都已经有所认识，在回顾与总结的过程中让他们感受数的神奇和体会生活中处处有数、处处有数学。

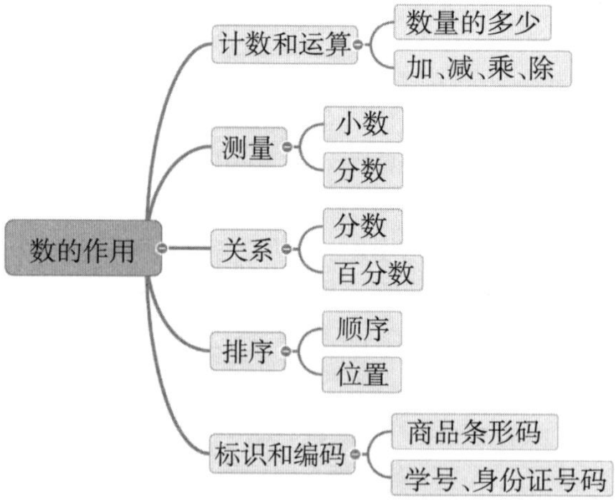

图 3-36　数的作用结构图

结构化教学：承接有序思维，助力几何直观培养
——关于《数图形的学问》的教学设计改动的一些思考

设计教师：何尧东

（1）引言

在小学阶段，学生的学习主要依靠具象思维能力，抽象思维能力不足，因此较难理解抽象的数学内容。基于新课标的教学理念，以数形结合为载体，将抽象的数字关系转化为更直观、好理解的几何图形，帮助学生更加直观地理解数字与几何图形之间的关系。同时，在探究规律的过程中，也能进一步培养学生的推理意识和应用意识。

通过对教材及学情的细致分析，教师利用数形结合，让学生把生活中的问题抽象成数、图、形的数学问题，利用多样化的方法解决问题，体会顺序的一致性，承接有序思维，发展几何直观思维。教学设计具体如下。

（2）教学过程

①复习旧知，情境引入。

A. 复习旧知，唤起学生对于有序思考的回忆。

鼹鼠先生准备出门去参加晚会，它需要搭配一件衣服和一条裤子，请你帮它想一想：有多少种搭配方式？（如图 3-37 所示）

图3-37　鼹鼠的服装搭配

B. 情境引入，激发欲望。

鼹鼠先生把搭配好的晚礼服装在包里出门了，看一看，它接下来要做什么?

a. 从图中你能发现哪些信息?

有4个洞口，任选一个洞口进，向前走，从另一个洞口出。(如图3-38所示)

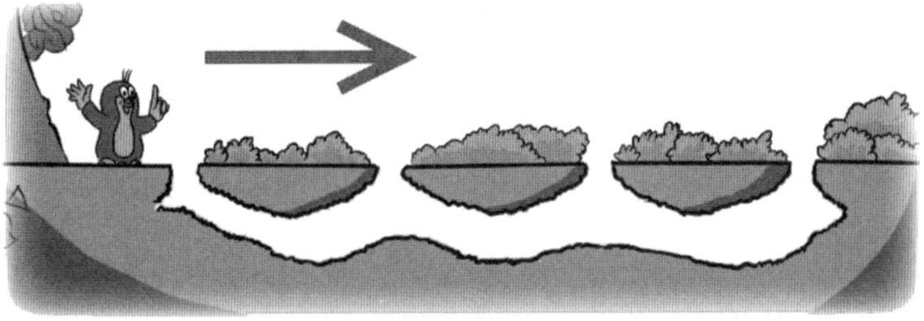

图3-38　鼹鼠的行进路线

b. 你能提出什么数学问题? 有多少条不同的路线?

c. 为了方便研究这个问题，想一想，怎么用比较简洁的方法表示4个洞口及洞口与洞口之间的距离呢?

预设：用点表示洞口，用线段表示路线，就可以把上面的图转化成线段图了，在每个点上用不同的字母标记，表示不同的洞口，有多少条路线其实就是在求有多少条线段。

②活动探究，数形结合。

A. 尝试借助不同的方法数线段的条数。

想一想：怎样才能画出所有路线。

画一画：在纸上画一画，画一条路线就记录一条。

写一写：写出总共有几条路线。

说一说：和同桌说一说你的想法。(如图3-39所示)

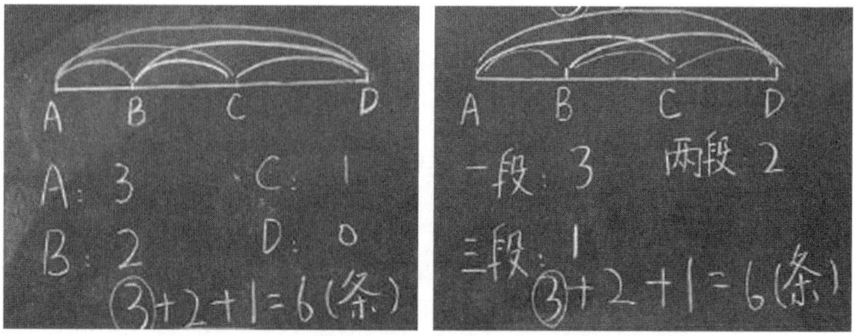

图3-39　用不同方法解决有多少条路线的问题

引导学生有序思考，探索数线段的方法多样性，体会顺序的一致性。

B. 数形结合。

明确“鼹鼠钻洞”与线段特征的联系，突出几何直观思维。

a. 我们用两种不同的方法解决了鼹鼠钻洞的问题，列出了相同的算式“3+2+1＝6（条）”，它们表示的意义一样吗？

讨论：在两个相同的算式中，每个算式中的数字的意义分别是什么？

交流：第一种方法通过确定起点洞口和终点洞口来确定路线，即“两点”；第二种方法通过洞口与洞口之间的距离长短来确定路线，即“一线”。

明确：可以通过线段的特征（“两点”“一线”）帮助我们数图形。

思考：观察算式，它们的方法和意义不同，有没有相同的地方呢？

明确：虽然方法、意义不同，但他们都是通过有序思考来解决问题的。

思考：有序思考的好处有哪些？

明确：不重复、不遗漏、简洁明了。

b. 增加洞口，寻找规律。

如果是5个洞口，有多少条路线？6个呢？7个呢？20个呢？100个呢？该怎么列算式？你发现了什么？

5个洞口：4+3+2+1＝10（条）；

6个洞口：5+4+3+2+1＝15（条）；……

明确：找到起始数很重要，起始数可以通过（点数−1）确定，也可以通过段数确定，不管用什么方法，都是利用线段的特征进行判断。

c. 融会贯通，举一反三。

尝试用相同的思考方式来数角、数三角形。

小结：学生在数图形的过程中，通过寻找与找“两点”“一线”特征相同的方式来发现其他规律，感受数图形方法的多样性、顺序的一致性，数形结合，并能迁移类推到其他数图形的题目中，突出几何直观思维，提升推理意识。

③联系生活，解决问题。

学习数学除了解决课本上的问题，也要能将数学知识应用到生活中。

A. 生活中有哪些问题可以利用本课学习的知识来解决呢？你能看明白它们与数、图、形的联系吗？（如图3-40所示）

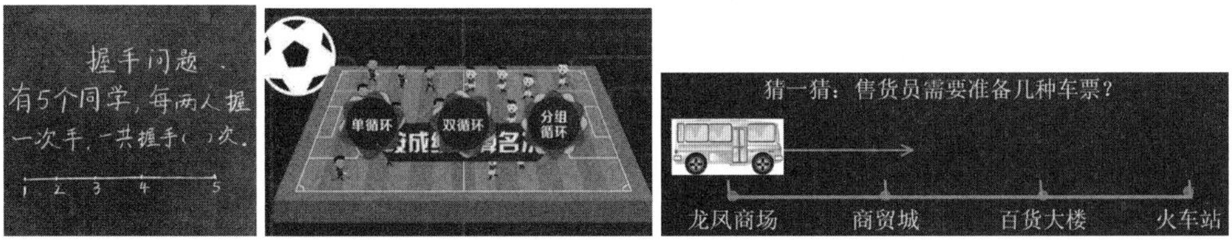

图3-40　数、图、形与生活的联系

a. 学生任选其一讨论交流。

i. 同桌之间任选其中一种场景相互讨论，思考与数图形之间的联系。

ii. 出示问题：一小组有5人，每2人握手一次，一共要握手多少次？

iii. 四年级7个班踢足球比赛，每2个班踢一次，一共要踢多少次？

b. 画图思考，明确线段的特征与情境的联系。

i. 握手：两人可以看作“两点”，握一次手可以看作“一线”。

ii. 比赛：两个班可以看作“两点”，比赛一次可以看作“一线”。

iii. 单程买票：起点站和终点站可以看作“两点”，行驶距离可以看作“一线”。

c. 独立解决，全班订正。

④实际应用，扩展延伸。

A. 地铁从龙凤商场站出发，到火车站，中间经过了2个站，单程需要准备多少种不同的车票呢？算一算。

B. 龙凤商场站到火车站，来回双程需要准备多少种不同的车票？

（6）教学反思：

几何直观思维、推理意识、应用意识等是《义务教育数学课程标准（2022年版）》提出的数学核心素养。对于本课的教学过程，教师应秉承这一理念，对教学内容进行了部分修改，采用贴近学生真实生活的问题情境，数形结合，承接有序思维，突出对学生的这些核心素养的培养。

从教学评估结果可知，不仅完成了学习目标，对小学生数学思考的能力的培养，如使其建立结构框架、学会有序思考都十分重要。同时，要科学地结合学习内容和学生认知水平来确定准教学目标，使目标直接指向学生的学习结果，以更好地发挥教、学、评的同步作用，并在课堂教学中高效地达成目标。

“圆的认识”教学设计
——单元起始课结构化教学探索

设计教师： 代长珍

（1）适用学期：六年级上期

（2）内容简介（如图3-41所示）

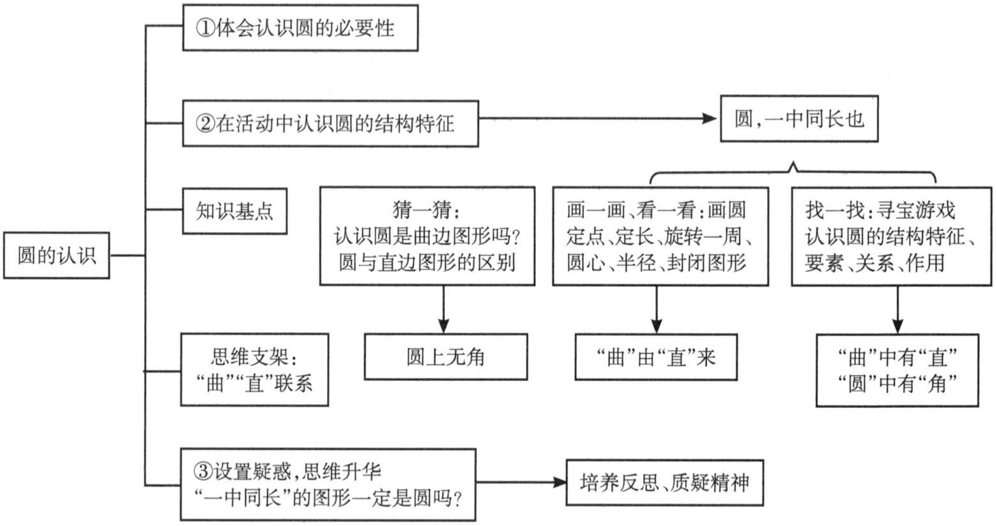

图3-41 教学内容结构图

（3）学情分析

学生在第一学段直观认识了圆，但对圆的结构特征、构成要素及作用、画圆方法的本质都不清晰。

（4）教学目标

①学生经历观察、操作、交流等活动过程，认识圆的结构特征。

②学生通过折、画、量等操作过程，理解同圆中半径、直径以及直径和半径之间的关系，理解“曲”由“直”来、“曲”中有“直”、“圆”中有“角”的曲直关系。

③学生会用圆规画指定大小的圆，体会圆心和半径的作用，发展学生初步的空间观念。

（5）教学环节

①体会认识圆的必要性。

A. 找生活中的圆形物品。

B. 揭示课题：认识“圆”。

②初步认识圆的结构特征。

A. 猜一猜：初步感知圆是曲边图形。

a. 根据图形特征猜平面图形。

第一次猜：教师手拿装有椭圆和圆图片的不透明袋子，抽取出椭圆的一小部分，请学生猜抽取的可能是什么平面图形。

i. 学生说猜测依据。

ii. 小结：有曲边的平面图形不一定是圆形。

第二次猜：露出圆的小部分。学生猜后取出验证。

小结：圆和椭圆都是由曲边围成的平面图形。

b. 认识圆和直边平面图形的区别。

为什么不猜长方形、正方形、三角形、平行四边形、梯形等平面图形？

【设计意图】通过对比，让学生明白：圆是曲边平面图形，和直边图形是不同类的，为后面探究圆周长和面积的“化曲为直”的转化埋下伏笔。

B. 寻宝游戏：直观体会圆的概念。

教师说明：“宝藏在离洞口20米的地方”。如果用一点表示洞口，用1厘米的线段表示10米距离，请在导学单上标出可能有宝藏的地方。

学生作画，教师巡视并拍照上传3幅学生作品图（点数由少到多）。

依次呈现学生作品图，当有作品中出现圆时，问：这是什么意思？追问“为什么”？

再问：到洞口等于20米的所有平面上的点组成了个什么图形？（圆）

小结：把洞口看成一个定点，20米看成一个定长，到定点等于20米的定长的平面上的所有点组成一个圆。

【设计意图】初步感知圆是到定点的距离等于定长的所有平面上的点的集合。

C. 画圆。

a. 用圆规画圆。

先认识圆规。(学生尝试用圆规画圆：画定长为20米的圆（用1厘米表示10米）

请画得好的同学汇报方法：“定点、定长、旋转一周”。

请学生分析圆没画好的原因。

教师问：用圆规画圆要注意什么？（定点、定长）然后教师修正圆，在黑板上画圆（用1厘米表示1米）。

b. 观看多学科老师画圆视频。

i. 体育老师用长勺画圆。

ii. 数学老师用手指画圆。

iii. 美术老师先画正多边形，逐渐修正成圆。

c. 学生思考并交流：这些画圆方法有什么共同点？（定点、定长、旋转一周）

d. 一问：用直尺、三角尺能画出圆吗？

e. 二问：用圆规画圆的优势在哪儿？

f. 三问：所有画圆方法有什么相同之处？

【设计意图】多种方式画圆让学生初步感知圆的“一中同长”特征和圆“曲”由“直”来的画圆方法。

③学习圆的结构要素及其作用。

A. 学习概念：圆心、半径、直径。

a. 什么是圆心、半径、直径？

i. 请学生到黑板上指出圆心，并画出半径、直径。

ii. 教师结合画圆过程，板书：圆心　　定点、半径　　定长。

iii. 明确半径的端点分别在什么位置?直径必须经过哪三个特别的点？

iv. 寻找直径和半径有什么共同点？（都是线段，都有个端点在圆上）。

【设计意图】认识“圆”中有“直”。

b. 辨识：半径、直径。

i. 图3-42中哪些线段是半径？哪些是直径？

ii. 同一个圆中两条不同半径组成了一个什么？

iii. 线段EF是不是半径？线段HG是不是直径？

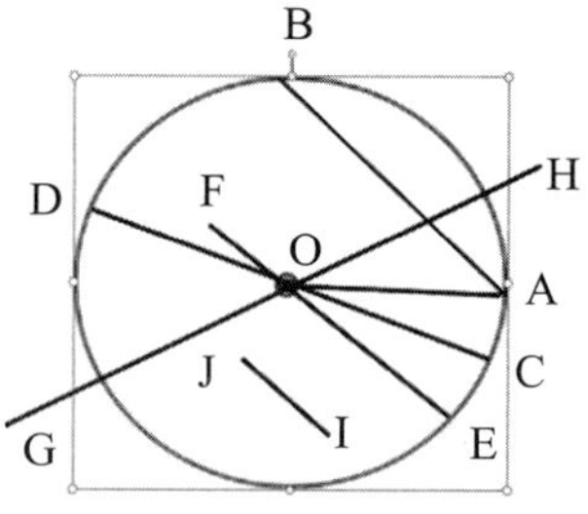

图3-42　半径、直径辨识图

【设计意图】通过学习“圆心角”感知“圆中有角”，为学习圆的面积埋下伏笔。

c. 研究同一个圆中半径之间、直径之间、半径和直径之间的关系。

i. 先想一想，然后同桌合作：用折一折、画一画、量一量、比一比等方法验证。

ii. 小组汇报研究结果。

iii. 墨子的论断“圆，一中同长也”中，“一中”“同长”分别指什么?

c. 辨析：正多边形、椭圆是否满足“一中同长”的结构特征。

d. 体会半径、圆心的作用。

i. 体会半径的作用。

学生思考，交流：能不能把寻宝游戏中宝藏的位置只描述为“在以洞口为圆心的圆上”? 理由是什么?

ii. 体会圆心的作用。

学生思考，交流：能不能把宝藏的位置描述为“宝藏在以20米为半径的圆上”?

iii. 准确描述宝藏可能存在的位置。

④设置疑惑，思维升华：满足“一中同长”的图形一定是圆吗?

【设计意图】帮助将二维平面和三维立体联系的同时，培养学生的反思质疑能力。

（6）教学反思

①单元起始课教学要为整个单元及相关教学提供知识基点和思维支架。

单元起始课的教学起着承前启后的纽带作用，这节课既是对直边平面图形学习的一次转折，“曲”中有“直”、“圆”中有“角”又为对后续学习圆的周长、面积的“化曲为直”的转化思想提供了思维支架；同时本课是后面学习圆的周长、面积、圆柱及圆锥的表面积、体积的知识基点课。

②单元起始课教学要平衡知识基点和思维支架之间的关系。

单元起始课的知识基点应稳当、牢固，不能偏重思维支架而忽略了知识基础，如果基点不牢，则支架容易坍塌。思维支架是支撑学生后续学习的框架，知识基点犹如一块块散落的砖块，需要有结构化的思维支架去支撑，学生的思维才能经受住题目综合化、深刻化的考验。

圆的面积（一）

设计教师：覃　玲

（1）适用学期：六年级上期

（2）内容简介（如图3-43所示）

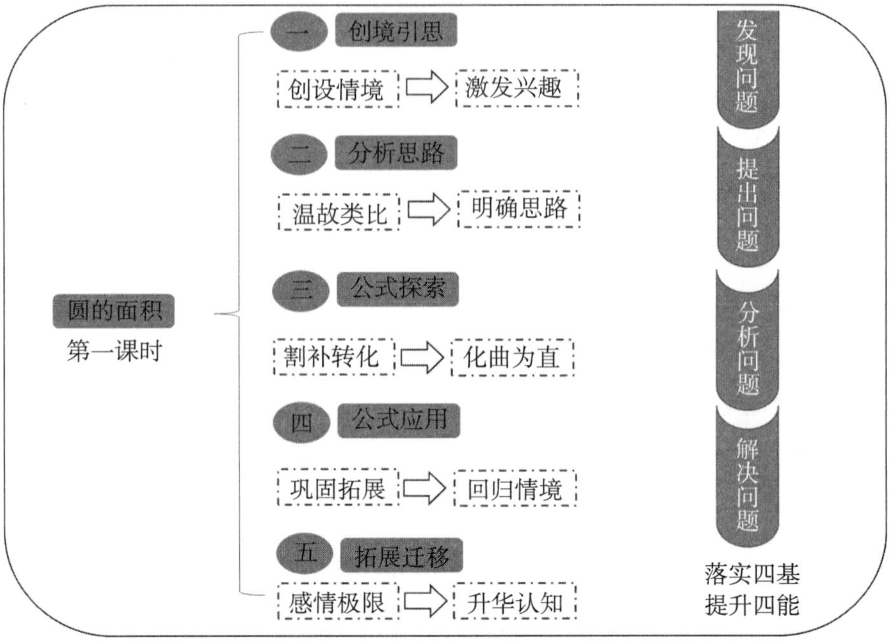

图3-43　圆的面积课程内容

（3）学情分析

学生已直观地认识了圆，学习了长方形、正方形等图形的面积计算公式，接触过“转化”的数学思想，这些都为本单元研究圆的面积计算公式奠定了基础。

（4）教学目标（含教学重难点）

①使学生经历圆面积计算公式推导的过程，掌握圆面积计算公式。

②在探究圆面积公式的活动中，体会“转化”的数学思想方法，贯彻平面图形面积计算公式推导过程中思想方法的一致性，从而使学生的知识、方法结构化。

③在圆面积公式的推导过程中，体会“极限思想”。

④在小组合作式的探究过程中，体验发现新知的快乐，增强学生合作的交流意识和能力。

（5）教学环节

①创境引思。

问题情境：小明在网上订了一个12英寸的披萨，老板打来电话说：“12英寸的披萨卖完了，现在只有厚度相同的6英寸披萨，能换成两个6英寸的吗?”

教师：展示课件，比较直径。

学生：发现比较直径不对，需比较面积。

教师追问：那可以用三个6英寸的换吗？

学生：思考后发现画图不便比较面积，需计算面积。

教师：引出本节课课题——《圆的面积》，并板书。

【设计意图】通过情境，学生意识到解决生活中的问题，需用数学知识。引出圆的面积计算，揭示主题，并激发学习兴趣。

②分析思路。

A. 学生整理已学图形面积公式的推导过程，绘制小报，并在课堂上展示。

a. 回顾长方形面积公式推导过程（数面积单位）。

b. 回顾平行四边形、三角形、梯形面积公式推导过程。（转化：化未知为已知）

B. 思考求圆面积方法。

a. 数格子（如图3-44所示）：用度量方法（数单位面积）。

学生活动：体会数面积单位的方法是可行，但存在着一定的局限性，而且不易操作。

教师引导学生思考：圆可以"数"吗？（展示PPT）

有的不是整格的，怎么办？发现把格子分得越小时，测量结果就会越？（越精确）

把格子分得再小也有不完整的格子，所以最终的结果是一个怎样的值？（大概的、近似的）

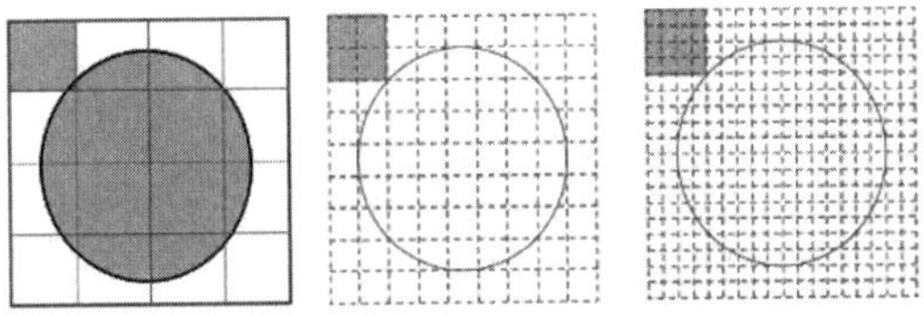

图3-44　数格子图

b. 用转化的方法探索圆的面积公式。

教师问：以前探索平面图形的面积时，还可以怎么做？（转化为已知的图形）

你觉得在转化过程中最大的困难是什么？

学生思考后，教师引导：以前学过的平面图形的边都是直的，看来我们急需解决的问题是把曲的转化成直的。

【设计意图】通过回顾旧知，唤起数学活动经验，并形成更清晰的系统，为新知的探索做好准备。

③探索新知（探索圆的面积公式）。

A. 问题引领。

a. 如何将圆转化为直线型图形？（利用割、补的方法）

追问：怎么想到要把圆等分成扇形？

b. 转化过程有何要求？（等积变形：面积相等是推理的前提）

B. 动手操作——积累活动经验。

小组活动：初步体会利用“转化”，将圆转化成已学过的图形。

活动要求：

a. 小组合作，每组一个圆片。（剪、拼、观察）

b. 让学生说说观察到了什么？

预设：4等份、8等份、16等份（拍照展示）。

C. 推导出圆的面积公式。

a. 思考怎样使拼成的图形更接近平行四边形？

b. （出示32等份）

引导学生思考：32等份所拼成的图形更接近什么图形？ 64等份、128等份呢？

c. 近似的平行四边形的面积与圆的面积有什么关系？

d. 2人小组合作推导出圆的面积公式，并全班汇报交流。

D. 再次借助几何画板动态演示变化过程（平行四边形→长方形），感悟“极限”。

a. 引导学生思考：无限分割下去，最终会是什么图形？（如图3-45、图3-46、图3-47、图3-47所示）

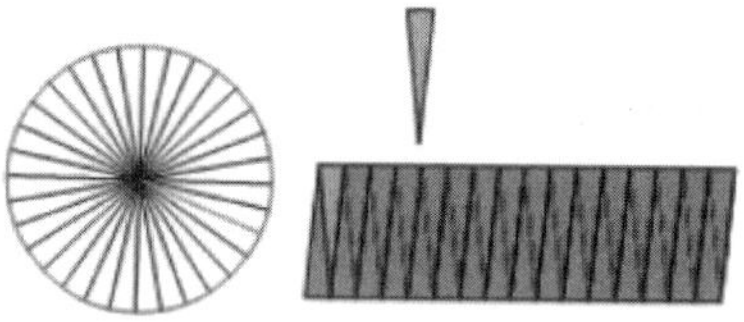

图3-45　32等份图

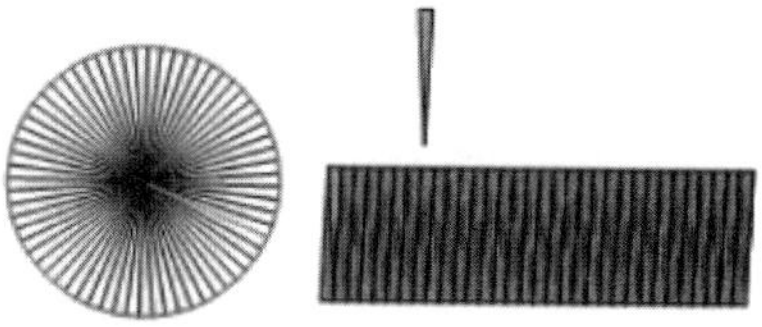

图3-46　64等份图

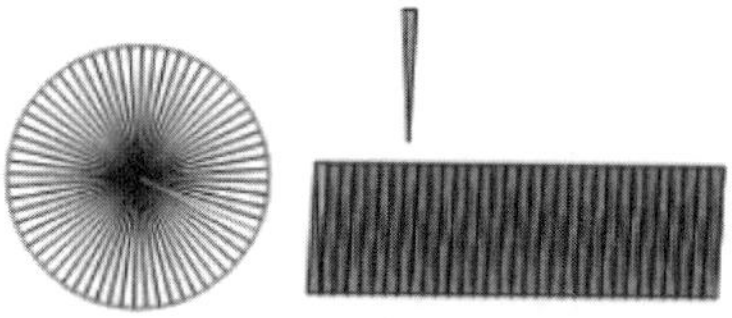

图3-47　128等份图

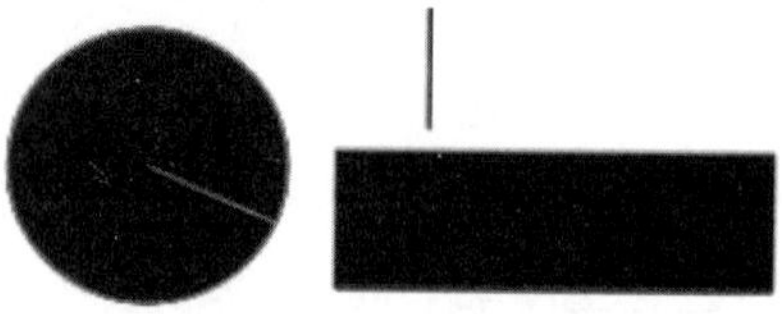

图3-48　1 000等份图

……

终极图形：长方形。

b. 利用长方形的面积公式，再次推导圆的面积公式。（长方形的面积与圆的面积相等）

【设计意图】利用动态过程，学生感悟到分的份数越多边就越直的事实，再想象无限分下去，从而获得“以直代曲”，得到极限图形长方形。

④分层练习。

A. 巩固练习。

一个圆平均分成若干等份，然后把它剪拼成一个近似的长方形，已知长方形的长是6.28分米，求这个圆的半径是多少分米？

B. 拓展提升。

若将圆若干等分后，拼成的近似长方形的长为π厘米，那么这个圆的面积是多少平方厘米？

【设计意图】两个问题都是指向圆与转化后近似长方形的关系。通过解决这两个问题，进一步帮助学生理解公式的推导过程。

C. 生活应用。

教师问：能用三个6英寸的披萨能换一个12英寸的披萨吗？（借助几何画板演示）

【设计意图】感知数学来源于生活，应用于生活，激发学习数学的趣味性。

⑤课堂总结。

学生思考后回答：学完本节课，同学们在知识上有何收获？在数学思想方法上有何收获？

【设计意图】引导学生从多角度谈收获。

⑥体会“极限”。

A. 正多边形的边数不断增加，最终得到什么图形？（如图3-49所示）

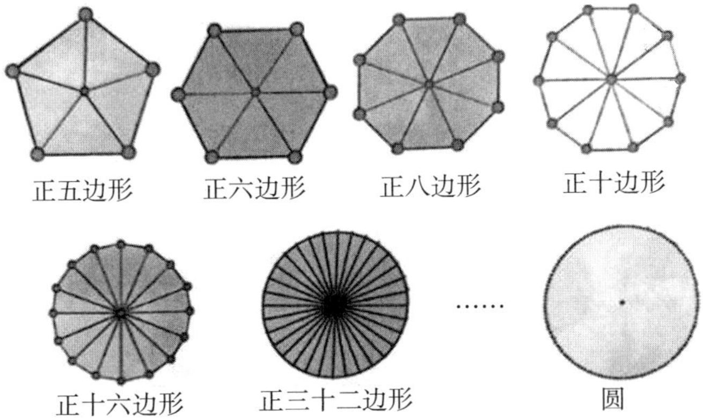

图3-49　正多边形图

B. 你知道下面这个算式的结果是什么吗？

$\frac{1}{2}+\frac{1}{4}+\frac{1}{8}+\frac{1}{16}+\frac{1}{32}+\cdots=?$

可以借助分形图（如图3-50所示）来理解，将算式转化成终极图形。

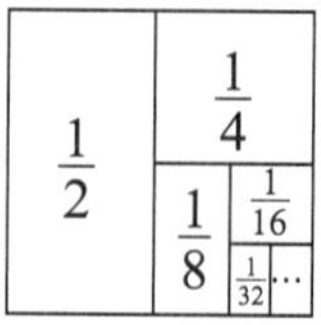

图3-50　分形图

【设计意图】再感悟“极限”，为学生后续的学习种下一颗会发芽的种子。

（6）教学反思

①设置合适的情境和问题引领学生思考。

本节课由一个生活实际问题引入新内容，直接指向本节课的学习目标。学生回忆以前学过的图形面积公式的推导过程，渗透转化思想，学生自然想到把圆也转化成以前学过的图形。

②化解难点。

将难点分解，让学生逐步深入理解，大部分学生对圆的面积公式的理解较透彻。少数学生空间想象力较差，后面可借助练习再加强理解。

“图形的测量结构化”教学设计

设计教师：周　凡

（1）适用学期：六年级下学期

（2）内容简介（如图3-51所示）

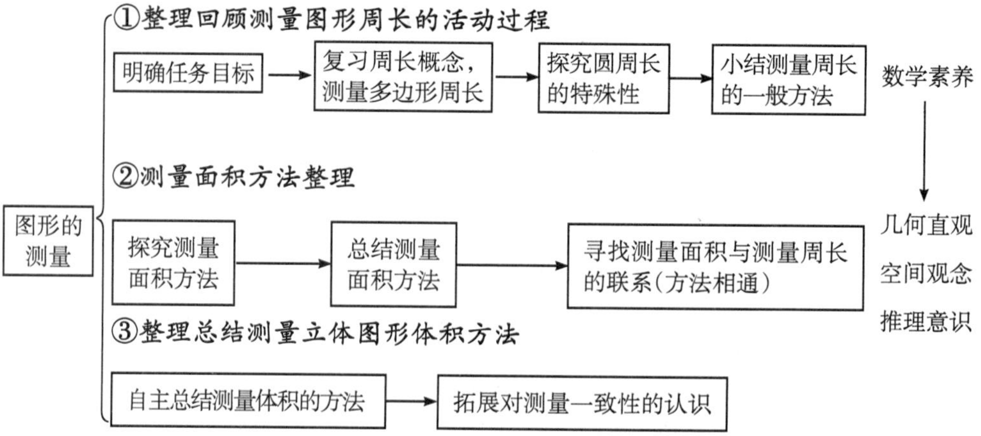

图3-51　“圆形的测量”结构图

（3）学情分析

六年级学生已初步具备将相关知识整合形成体系的能力。课前，教师布置学生回顾整理测量相关内容。

（4）教学目标

①引导学生回顾测量知识的过程，理解测量方法的一致性。

②引导学生用“联系”“转化”的数学思想找出测量活动之间的联系，理解测量长度、面积、体积的一致性，构建知识网络。

（5）教学环节

①明确本课任务。

教师谈话：上一节课我们明白了“测量一维长度、二维平面图形的面积、三维立体图形的体积有不同的方法。”这节课，我们一起复习“图形的测量”。现在请大家把整理好的作品摆放在课桌上。

教师巡视并展示2幅有代表性的作品。

作品1：罗列的知识点。

作品2：从周长、面积、体积三个维度进行整理。

请学生说说更喜欢哪种整理方式，并说明想法。

②认识测量方法的一致性。

A. 复习测量周长的方法。

教师问：大家整理了图形周长的哪些内容？

a. 学生围绕“周长概念、长度单位的选择”进行交流。

小结：明晰周长概念是测量周长的前提，根据边线的长短选择相应的测量单位。

b. 分析测量图形周长方法的相同点。

i. 测量多边形的周长。

教师板贴正方形、长方形、普通三角形和四边形、正五边形。提问：要测量这些图形的周长，你准备怎么办？（先按是否有相等的边分类后再测量）。

学生操作后交流，教师补充：正方形、正五边形量一条边、长方形量相邻的两条边，而普通三角形和四边形量每条边后再相加。

小结：测量图形的周长需要“先量再算”。

ii. 测量圆的周长。

教师板贴圆，提问：怎样测量圆的周长？

学生交流，预设：滚动法、绕线法。

学生思考交流：为什么不用直尺量圆的边线长度？这两种方法用了什么数学思想？（化曲为直）

请学生补充：还有其他方法吗？（用公式计算）

iii. 学生思考后交流：测量图形的周长有什么相同之处？

学生答后，教师补充：方法相同（先选用合适的长度单位进行测量，再计算图形的边线一共有多少个相同的长度单位）。

【设计意图】让学生明白测量图形的周长就是看图形的边线包含有多少个长度单位。

B. 整理面积测量的方法。

a. 回顾长方形面积测量方法。

i. 学生回顾梳理“测量长方形面积的方法”：先选用合适的面积单位，再分别沿着长、宽摆面积单位，最后数/算图形中包含的面积单位的个数。

ii. 学生思考交流：“长所包含的小正方形个数”×“宽包含的小正方形个数”怎么就算出了长方形的面积？（“长×宽”是求长方形里面包含了这么多个面积单位）

b. 回顾正方形面积推导过程。

学生思考交流：正方形的面积公式是怎么得到的？（正方形是长和宽相等的长方形，推导出“正方形面积=边长×边长”。）

c. 回顾三角形、平行四边形、梯形等图形的面积公式。

i. 学生选其中一个图形实际操作，推导相应面积计算公式。

ii. 学生分类汇报，重点讲清转化过程。

iii. 学生小组合作：梳理这些图形面积转化的顺序。学生边叙述，教师边播放课件（如图3-52所示）。

图3-52　平面图形面积转化的联系

小结：无论哪种平面图形都可以转化为长方形，长方形面积计算公式是其他图形的基础。

d. 总结面积测量方法。

i. 学生思考：哪一种图形的面积公式是推导其他图形面积的工具？为什么？

ii. 学生交流：长方形的面积公式是基础，可以把其他图形的面积转化为长方形的面积。

ii. 学生思考交流测量图形面积其实是在做什么事儿？（数面积单位的个数）

C. 测量树叶的面积。

i. 课件展示树叶面积图示。

ii. 学生思考交流：怎样得到这片树叶的面积？（数小正方形）

iii. 教师提问：为什么不用公式计算？为什么不转化成长方形？（不规则）

小结：在测量非规则图形的面积时，数小方格是最好的选择。

iv. 学生思考交流：测量图形面积和周长有什么相通之处？（先定度量单位，再算或数度量单位的个数）。

【设计意图】感知测量图形是数单位面积的个数，感知测量周长和面积的相同点。

③整理立体图形的测量方法。

A. 自主总结体积测量方法

a. 教师说明：测量周长和面积都是在求图形里有多少个度量单位。我们又该怎么测量物体的体积呢?

b. 学生交流，得出结论：测量物体的体积是看立体图形里有多少个单位体积。

c. 教师提问：测量周长、面积、体积有没有共通的地方呢？与同桌讨论1分钟。

d. 学生交流：所有测量都是要先定度量单位，再数度量单位的个数。

B. 拓展对测量一致性的理解

a. 学生思考：要测量没见过的图形，该怎么办?

b. 学生交流：先定测量标准，再数测量标准的个数。

小结：通过本节课的学习，大家已经建立了测量活动之间的联系，明白了测量活动的一致性。

C. 请学生谈收获：通过这节课的学习，有什么收获?

【设计意图】感知三个维度测量活动的一致性。

（6）教学反思

①复习课的作用。

复习课引导学生对零散的知识点提纲挈领，帮助学生建立知识体系，形成知识网络，再重构知识体系。

②关于图形测量本质的思考。

测量的本质是度量单位的累加与细分，即测量对象包含多少个度量单位。

③结构化教学要思考知识之间的内在联系。

本课沟通测量图形周长、面积、体积测量的一致性，形成对测量本质结构化的认知。

二、各学科“跨学科主题学习”优秀案例

（一）以语文为主要学科的跨学科主题学习

传承民间故事，舞动皮影魅力
——“小学语文跨学科主题学习”教学实践与反思

设计教师：杨　琳

（1）使用学期：五年级上期

（2）内容简介

《义务教育课程方案和课程标准（2022版）》规定：“原则上各门课程用不少于10%的课时设计跨学科主题学习”；同时将“跨学科”学习任务群纳入拓展型学习任务群，指向学生核心素养的发展。

①“语文+1”形式，指向实践认知。

小学语文跨学科主题学习首先应找准问题，基于教材内容，寻找学生不太关注、不易理解、不能深入的地方，由此产生实际的问题。基于问题，进行“语文+1”形式的跨学科主题学习设计（如图3-53所示），“1”这个学科则是解决语文学科产生问题所承担的必需的价值，即用“1”这个学科的知识解决语文学科的问题。例如，《民间故事》这一经典文学作品作为教学材料，更多的是让学生

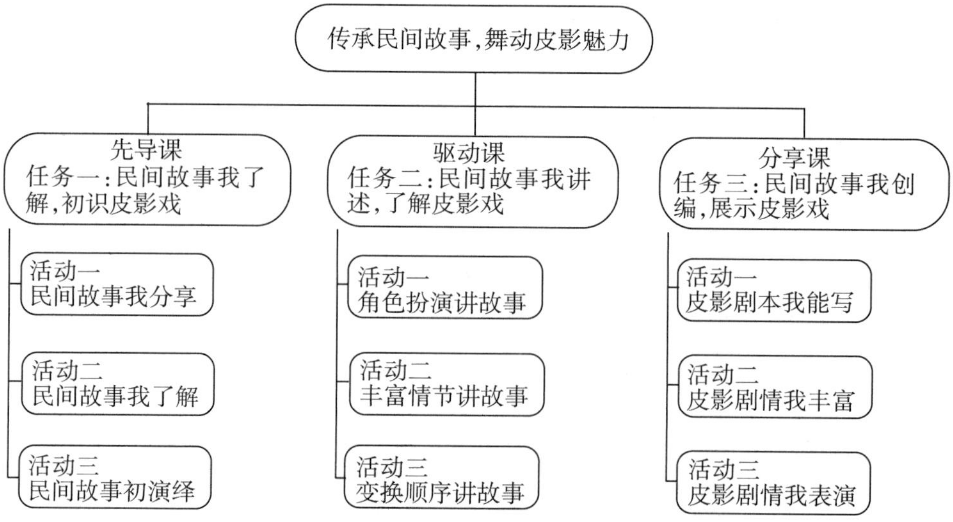

图3-53　“传承民间故事，舞动皮影魅力”课程内容设计示意图

读读教材的故事，思考传统文化应如何更好地传承下去，这就是产生的真实问题。创建“传承民间故事，舞动皮影魅力”的跨学科学习主题。通过跨学科主题学习，让语文与美术相遇，通过制作皮影，并用皮影演绎民间故事，打破学科壁垒，指向舒展课堂的实践认知，传承民间艺术。

②设置情境主题，构建学习任务体系。

基于现行教科书内容，立足教学实际，以“传承民间故事，舞动皮影魅力”为主题引领，紧扣“如何用‘皮影戏’演绎经久不衰民间故事?”这一驱动问题，通过“联结”策略，构建“了解民间故事，初识皮影戏”“讲述民间故事，了解皮影戏”“创编民间故事，展示皮影戏”系列学习任务，进行环环相扣的语文学习实践活动，逐步提升学生的学习能力。

③强调素养导向，体现“教、学、评”的一致性。

将评价贯穿于教学的全过程，采用形成性评价与终结性评价相结合的方式。在教学活动中，及时观察学生的表现，给予针对性的反馈和指导。评价指标应与教学目标紧密相连，体现素养导向。

（3）学情分析

①以真实问题为驱动，找准“跨点”。

五年级上册的“民间故事”单元，学习内容包括课文《猎人海力布》《牛郎织女（一）》《牛郎织女（二）》，口语交际“讲民间故事”，习作《缩写故事》，语文园地和快乐读书吧“从前有座山”；基于语文学科的人文主题和语文要素，可知本单元的功能定位即“了解民间故事，感受民间故事的创作特点”。此次跨学科主题学习的终极目的指向语言文字运用，基于此，以“如何用‘皮影戏’演绎经久不衰民间故事?”为驱动，找准跨点。

②以学科教材为载体，把握“落点”。

小学语文跨学科主题学习，需要围绕语文学科，围绕“如何用‘皮影戏’演绎经久不衰民间故事?”这一问题，用美术的知识来分析问题，解决问题。《义务教育艺术课程标准（2022版）》关于第三学段学习任务一明确指出，应通过欣赏剪纸、皮影、面具等不同国家的民间美术作品，了解其所使用的材料、用途和特点。综合分析各学科内容的编排体系和逻辑结构，深度把握教材的“落点”，解决学生在语文学习中遇到的真实问题。运用艺术学科关于“皮影的制作”这一知识点，让学生根据民间故事制作皮影，在校园、社区、成都相关的景点，如文殊院、锦里等地方演绎皮影戏，既将民间故事的创编进行了巧妙的整合，让民间艺术延续下去。

（4）教学目标（含教学重、难点）

①学科核心素养目标。

A. 通过情节图把握课文主要内容，在课内外阅读中进一步了解民间故事的文体特点，感受民间故事形象生动、情节丰富的特点；

B. 借助图示、表格、思维导图等工具讲述民间故事，学习并掌握把民间故事讲得生动的方法，进行创造性复述，培养创意表达的能力；

C. 以“皮影演绎民间故事”为情境，运用美术、音乐、科学、信息科技等学科知识，在充分理解民间故事的基础上，合作开展剧本撰写、道具筹备、表演展示等活动，培养解决问题的能力，形成热爱并传承优秀传统文化的意识。

②跨学科素养目标。

综合运用语文学科中“了解民间故事，感受民间故事的创作特点，美术学科了解皮影的艺术特点，掌握皮影的制作方法，道德与法治学科民间艺术的深入了解，以及综合实践学科制作皮影，用皮影演绎民间故事，以此提升学生的综合素养。

③通用素养目标。

学生经历自主设计、自主复盘、自主优化的全过程，发展提出问题、主动参与、解决问题的综合能力，感受语文与生活的密切联系，感受小组合作的价值、与人分享的快乐，提高合作意识与合作能力。

（5）教学环节

先导课

任务一：民间故事我了解，初识皮影戏

【创设情境，提出驱动问题】

五年级将举办一场以“传承民间故事，舞动皮影魅力”为主题的汇报演出，学生们将在阅读、讲述、制作、表演、观看等活动中，用充满创意的方式来生动展示民间故事的魅力，为民间故事增添新的活力，做个新时代的“民间故事传承人”！

活动一：民间故事我分享

【课前素材搜集】

i. 搜集民间故事的素材。

ii. 线上线下了解皮影戏。

①分享民间故事。

教师提问：同学们，民间故事口耳相传，凝聚着人们的智慧，你知道哪些熟悉的民间故事。

A. 听歌曲猜歌名。

播放歌曲《从前有座山》，让学生猜歌名，教师相机展示歌名，引出语文园地的“快乐读书吧”。

B. 分享民间故事。

教师抽问：你都知道哪些熟悉的民间故事呢?和全班同学分享。

C. 皮影戏表演。

i. 汇报课前了解的皮影知识。

ii. 通过皮影戏演绎民间故事《孙悟空和猪八戒》。

小结：皮影是光影间跳动的精灵。民间故事有趣好玩、人物简单、道理易懂，大人小孩都喜爱。下面走进第三单元，尝试用皮影来演绎民间故事。

②了解单元学习任务。

A. 初步感知民间故事特点。

聚焦单元导语页，指导学生观察插图，初步感知民间故事的特点。

B. 明确具体单元学习任务。

人文主题：民间故事，口耳相传，凝聚着人们的智慧。

语文要素：了解课文内容，创造性地复述故事

小结：本单元将用美术、音乐、道德与法治等学科的知识，在阅读、讲述、制作、表演、观看等活动中，用皮影的方式来生动展示民间故事的魅力，为民间故事增添新的活力，帮助学生做个新时代的“民间故事传承人”!

【设计意图】用皮影戏现场演绎民间故事，直观形象，让学生感受皮影戏的神奇魅力，启发学生用皮影如何演绎民间故事的好奇心和探究欲望，从而激发学生的学习兴趣。

活动二：民间故事我了解

①品读《猎人海力布》——教方法。

A. 阅读故事，整体感知。

B. 聚焦情节，深切领悟。

a. 抓线索，理关系。

“救白蛇得宝石”“救乡亲变石头”之间有着怎样的关系呢?

b. 借高潮，感冲突。

i .海力布为什么不听小白蛇的话？

ii. 分角自居，感受面临洪水即将侵袭，海力布与乡亲们之间的矛盾冲突。

c. 有理据，话感受。

教师提问：结合具体的情节，谈谈海力布在面临艰难抉择时，他如何选择？体会到他什么样的高贵品质？

i. “救白蛇得宝石”部分，哪一处情节让你最受感动？为什么？

ii. “救乡亲变石头”部分，哪一处情节又最打动你呢？

d. 创情境，讲故事。

i. 搭建交流平台，梳理方法。

怎样讲好民间故事，使其听起来有感染力。搭建交流平台，梳理方法。

ii. 运用习得的方法，讲述故事。

选择自己喜欢的片段，用学到的方法讲述故事。

要求：自主选择，独立讲述故事；

小组合作，尝试讲述故事；

班级展示，小组互评互改评。

总结：通过阅读故事，从整体感知到聚焦情节，深切领悟，用“改变人物口吻、增加合理情节、变换故事情节”等方法，创造性复述了《猎人海力布》，感受到了民间故事的魅力。接下来，继续用这样的方法来复述《牛郎织女（一）》《牛郎织女（二）》。

②自读《牛郎织女（一）》《牛郎织女（二）》——用方法。

A.根据学习提示，复述故事。

B.小组合作学习，组内互讲。

C.交流汇报展示，复述故事。

a. 运用方法，创造性复述。

b. 结合标准，小组间互评。

小结：除了课内学到的民间故事，大家可能还想阅读更多的民间故事，推荐整本书阅读《民间故事》。

③阅读整本《民间故事》——练方法。

借助情节图，读《民间故事》中的故事，把握主要内容；利用课内阅读学到的方法，感受民间故事形象生动、情节丰富的特点。

【设计意图】以一篇课文为载体，学方法，然后让学生去学习其他课文，由一篇到一组，再由一组到一类，让学生从习得方法到运用方法，使迁移运用的能力得到提升。

活动三：民间故事初演绎

①播放皮影的微课（由美术老师提供）。

观看介绍皮影知识的视频，从造型、颜色、纹样等方面去了解皮影的艺术特点，感受独特的形式美。

②了解皮影的制作。

a. 带领学生在生活中欣赏皮影艺术作品，了解皮影制作工艺的流程，准备皮影相关材料。

b. 学习皮影戏剧的组成部分：皮影人物、影窗、灯光、音乐和唱腔、操纵杆、剧本。

c. 学会写皮影剧本：包含人物角色、故事背景、故事情节、角色对话、表演提示等。

③演绎民间故事。

播放用皮影戏演绎《猎人海力布》的视频资料，让学生感受舞动的皮影的魅力。

【设计意图】大部分五年级的孩子已经有了初步收集、整理资料的意识，本次跨学科学习作业不仅需要学生了解教材所编排的民间故事，还要求其借助美术、音乐、道法学科的知识，尝试了解皮影、制作皮影，用皮影演绎民间故事。

驱动课

任务二：民间故事我讲述，了解皮影戏

【课题引入】

如何用皮影的方式将民间故事生动有趣地演绎呢？这节课，我们走进文本继续深入探究。

活动一：角色扮演讲故事

①梳理民间故事的角色。

要求：出示学习提示；

小组合作学习；

小组交流汇报。

②角色扮演讲故事。

A. 每组学生选取自己最喜欢的民间故事，分好角色，在组内讲一讲。

B. 选取最优代表性的一组，全班分角色讲故事。

小结：把自己设想成故事中的人物，以人物的口吻讲述会更加亲切，让人有身临其境的感觉。

【设计意图】皮影剧本包含人物角色、故事背景、故事情节、角色对话、表演提示等相关信息。通过表格梳理人物角色，为学生用皮影演绎民间故事搭建可视化的思维支架。

活动二：丰富情节讲故事

过渡：除了角色扮演之外，把情节丰富起来，也是讲好故事的小秘诀。

①故事情节我梳理。

A. 教师展示学习提示和梳理表格（见表3-11所列）。

①再次读一读选取的民间故事，梳理故事情节。
②根据表格，完成故事情节的填写。
③小组推荐一名代表发言汇报。

表3-11　故事情节梳理表

故事名称	人物角色	故事情节
《田螺姑娘》		
《梁山伯与祝英台》		
《八仙过海》		
……		

B. 小组合作学习。

C. 小组交流汇报。

②故事情节我丰富。

A. 大胆想象，增加合理的情节。

将自己置身于情境之中，大胆想象，为故事增加合理的情节。

B. 丰富情节，讲述有趣的故事。

小结：把自己置身于故事中，然后进行合理的想象，增加合理的情节，民间故事就会讲得特别有意思。

活动三：顺序变换讲故事

过渡：角色扮演、丰富情节有利于讲好民间故事。要想更好地吸引观众，还有什么妙招呢？

①故事顺序我变换。

A. 教师展示学习提示。

①再次读一读选取的民间故事，你认为哪一个故事情节最不可思议？做上标记。

② 小组推荐一名代表发言汇报。

B. 小组互讲。

C. 小组交流。

②设置悬念讲故事。

变换情节的顺序，先讲不可思议的地方，设置一些悬念吸引观众。

小结：把自己置身于故事中，然后进行合理的想象，增加合理的情节，设置一些悬念，讲出不可思议的地方，民间故事就不但生动，还更吸引人呢。

【设计意图】讲述民间故事，旨在提高语言表达能力和再创造水平，反映学生提取主要信息、抓住关键情节的能力。“用皮影戏演绎民间故事”这一实际问题，主要由学生在课内和课外以自主探究、分工合作的方式去解决，各学科教师在问题的关键节点给予帮助和指点。

交流课

任务三：民间故事我创编，展示皮影戏

【课题引入】

教师：如何用皮影的方式将创编的民间故事生动有趣地演绎呢？这节课，我们一起来展示展示。

活动一：皮影剧本我能写

①民间故事我来选。

A. 小组学习提示。

a. 以组为单位，选一个民间故事，在关注故事的角色、主要情节的基础上撰写剧本。

b. 小组成员根据剧本的组成部分，由组长分工，分别撰写相应的内容。

c. 组长汇总，修改剧本。

B. 成员独立撰写。

②皮影剧本我修改。

组长汇总组内成员的内容，修改、讨论、完善剧本。

皮影剧本我试演：

a. 明确分工，确定人物组、场景组、配乐组、灯光组等。

b. 组长带领小组各成员根据准备的道具、故事角色、主要情节进行整幕皮影剧的试演。

活动二：皮影剧情我丰富

①根据试演的效果，丰富剧情。

A. 给人物加细节。

B. 给环境加细节。

C. 给事件加细节。

D. 给故事加道具。

②根据丰富的剧情，再次试演。

A. 各小组自行排练。

B. 组间相互观摩，并给出建议。

③皮影戏剧我展示。

各小组以皮影的方式展示民间故事，小组之间根据评价标准相互评价。

小组展示汇报：

a.《猎人海力布》皮影展示；

b.《牛郎织女（一）》皮影展示；

c.《牛郎织女（二）》皮影展示；

……

④皮影戏剧我评价（见表3-12所列）。

表3-12　“皮影戏”演绎民间故事终结性评价表

评价维度	评价星级(很棒☆☆☆ 较好☆☆ 一般☆)		
	自我评价	小组评价	教师评价
1. 把自己想象并当成故事中的人物			
2. 为故事适当增加合理的情节			
3. 变换情节顺序，设置悬念			
4. 剧本语言清晰流畅，台词符合角色形象，舞台说明完整、简练			
5. 能完成表演任务或助演任务，作品质量高			

⑤皮影戏剧我评选。

根据评价，评选最优皮影戏剧展示组。

总结：民间故事是口耳相传的经典，是老百姓智慧的结晶。通过“了解民间故事，初识皮影”“讲述民间故事，了解皮影”“创编民间故事，展示皮影”等学习历程，用“皮影戏”演绎经久不衰民间故事。传承民间故事，舞动皮影魅力。

【设计意图】 用皮影戏演绎民间故事，学生需要在小组内具体分工，并各司其职，进行创造性的演出。通过分散与集中、课内与课外多形式跨学科学习，强化学生对知识内在关联的理解，帮助学生建构以学科知识为锚点的多学科知识结构。同时可培养学生对优秀传统文化的认同感，增强文化自信。

附件一：

1.“传承民间故事，舞动皮影魅力”专项评价表（见表3-13至表3-15所列）

表3-13　《猎人海力布》创造性复述评价表

评价维度	评价星级（很棒☆☆☆ 较好☆☆ 一般☆）		
	自我评价	小组评价	教师评价
1.有人物对话，故事情节丰富			
2.有相应的表情和动作			
3.复述时，表达流畅且生动			

表3-14　《牛郎织女》创造性复述评价表

评价维度	评价星级（很棒☆☆☆ 较好☆☆ 一般☆）		
	自我评价	小组评价	教师评价
1.把自己想象并当成成故事中的人物			
2.为故事适当增加合理的情节			
3.变换情节顺序，设置悬念			

表3-15　“皮影戏”演绎民间故事终结性评价表

评价维度	评价星级（很棒☆☆☆ 较好☆☆ 一般☆）		
	自我评价	小组评价	教师评价
1. 把自己想象并当成成故事中的人物			
2. 为故事适当增加合理的情节			
3. 变换情节顺序，设置悬念			
4. 剧本语言清晰流畅，台词符合角色形象，舞台说明完整、简练			
5. 能完成表演任务或助演任务，作品质量高			

2. “传承民间故事，舞动皮影魅力”跨学科主题学习评价表（见表3-16所列）

表3-16　学习评价表

<table>
<tr><td>评价类型</td><td colspan="2">评价指标</td><td colspan="3">评价星级
很棒☆☆☆ 较好☆☆ 一般☆</td></tr>
<tr><td rowspan="11">过程性评价</td><td>一级指标</td><td>二级指标</td><td>个人</td><td>小组</td><td>总计</td></tr>
<tr><td>主动参与</td><td>积极参加每一次讨论活动</td><td></td><td></td><td></td></tr>
<tr><td rowspan="4">协作交流</td><td>能完成在小组中应承担的任务</td><td></td><td></td><td></td></tr>
<tr><td>在活动中认真倾听，主动帮助他人</td><td></td><td></td><td></td></tr>
<tr><td>在讨论时，能提出有用的观点</td><td></td><td></td><td></td></tr>
<tr><td>能吸取他人观点，产生更好的想法</td><td></td><td></td><td></td></tr>
<tr><td rowspan="4">探究学习</td><td>能分析问题，设计出生动的皮影剧本</td><td></td><td></td><td></td></tr>
<tr><td>通过自主学习获得解决问题的方法</td><td></td><td></td><td></td></tr>
<tr><td>结合各学科知识对皮影剧进行优化</td><td></td><td></td><td></td></tr>
<tr><td>主动对本项目和个人进行反思和调整</td><td></td><td></td><td></td></tr>
<tr><td>创新意识</td><td>提出与众不同的想法和创意</td><td></td><td></td><td></td></tr>
<tr><td rowspan="4">终结性评价</td><td>一级指标</td><td>二级指标</td><td>教师</td><td>同伴</td><td></td></tr>
<tr><td>剧本编写</td><td>剧本语言清晰流畅，台词符合角色形象，舞台说明完整、简练</td><td></td><td></td><td></td></tr>
<tr><td>皮影制作</td><td>通过查阅资料，主动了解皮影知识，出则完成皮影制作</td><td></td><td></td><td></td></tr>
<tr><td>剧本表演</td><td>能完成表演任务或助演任务，作品质量高</td><td></td><td></td><td></td></tr>
<tr><td>综合评价</td><td colspan="2">教师、参观者的描述性评价</td><td colspan="3">个人综合评价雷达图</td></tr>
</table>

（6）教学反思

①目标达成度：文化传承与学科素养的双向奔赴。

A. 文化认同目标的立体达成。

通过“皮影戏微课鉴赏”—“皮影制作体验”—“跨学科剧本创编”的三阶活动，学生在光影艺术中直观感受民间故事的审美特质。皮影戏《孙悟空和猪八戒》的现场展演，成功唤醒学生对传统文化的亲近感，尤其在“血梅绢道具设计”“影窗布景绘制”等环节中，大多数学生能准确指认皮影纹样中的吉祥符号，实现从“知道皮影”到“理解文化密码”的认知跃迁。

B. 语文要素的跨界渗透。

创造性复述通过“角色代入”—“情节重构”—“悬念设置”实现。

基础层：85%学生能变换人称复述《猎人海力布》核心情节；

进阶层：72%小组在皮影剧本中自主添加“海力布心理独白”等创新细节；

高阶层：65%团队在展演时运用倒叙手法重构《牛郎织女》叙事时序。

但跨学科任务挤压了传统文本细读时间，导致少部分学生对《田螺姑娘》等拓展文本的理解浮于表面。

②内容设计逻辑：学科融合的破界与重构。

A. 学科知识链的有机融合。

以语文学科的知识深挖民间故事的创造性复述，与美术学科皮影剧本创作中的角色台词设计有机融合，进行突破性设计：将语文“交流平台”中的复述技巧，转化为皮影剧本创作的“舞台提示”写作策略，实现方法迁移。

B. 真实情境的任务驱动。

“皮影戏展演邀请函”创设真实任务情境，使学习始终指向产品输出。

前期：通过《皮影戏艺术档案卡》收集信息，培养非连续性文本阅读能力；

中期：借助“皮影元素提取”建立故事意象与视觉符号的关联；

后期：运用“评价量表”实现过程性评估，其中“台词符合角色形象”达标率很高，反映学科融合深度。

③素养生长点：从知识获得到文化创生的蜕变。

皮影制作工艺体验，理解传统智慧。探究皮影戏班“前首”—“签手”—“后槽”分工制度，感悟团队协作的文化基因；在《八仙过海》皮影戏展演中，体会“各显神通”背后的中华和合思想。追踪数据显示，项目后学生“传统文化自豪感”量表得分明显提升，实现文化传承力的进阶培育，走向深度跨学科融合。

本设计通过民间故事与皮影戏的跨界对话，初步实现“用艺术激活文本，让语文滋养文化”的愿景。未来需在学科深度融合、技术赋能创新、评价体系重构等方面持续突破，让跨学科学习真正成为培育文化传承者的沃土。

小玩具·乐童心
——小学语文六年级上期《竹节人》跨学科教学课例

设计教师：杨　琳　李林泽　雷　柳　李　翠　向星颖

（1）适用学期：六年级上期

（2）内容简介

①聚焦课程资源，找准跨学科的理论依据。

《义务教育语文课程标准（2022版）》在跨学科学习中提到："体验、感知、传承中华优秀传统文化，运用多种形式分享自己的经验与感受。""引导学生在广阔的学习和生活情境中学语文、用语文，提高交流沟通、团队协作和实践创新能力。……培养学生综合运用多学科知识解决实际问题的能力。"

《义务教育道德与法治课程标准（2022版）》在道德教育中提到："理解平等待人的意义，懂得谦让、友善和宽容，学会尊重、同情、关心和感恩，能够相互帮助，具有团结互助精神。"并且还提到"关心集体，在集体中承担相应的责任，具有集体意识和团队精神"及"了解和感受社会生活，主动参与力所能及的服务性劳动，做一个热爱生活、乐于奉献的人，积极服务社会，增强社会责任感"。该课标在生命安全与健康教育中还提及"形成良好的生活方式和健康的生活习惯"。

②基于学科教材，确定跨学科教学主题。

A. 语文。

六年级上期第三单元为"有目的地阅读"，该主题下的第一篇课文《竹节人》讲的是一种传统儿童玩具，主要流行于20世纪70年代。在那个物资相对匮乏的时期，孩子们的玩具选择较为有限，而竹节人以其简单易制作、趣味性强的特点，成为当时孩子们喜爱的玩具，给他们带来了无限的快乐，也留下了美好的童年回忆。文章揭示了传统玩具带给儿童的乐趣，表现了儿童的天真，反映了儿童在物资匮乏年代的自得其乐和友好的同伴关系、师生关系。

B. 生命生态与安全。

六年级上期第四单元为"呵护心灵"，该主题包括《挫折也精彩》《男孩女孩》《缓解压力有办法》《当生活出现变故》。内容涵盖了挫折教育、青春期同伴相处教育、正确疏导压力以及正确面对生活变化教育。

从教学内容看，两学科都在内容编排上以学生生活视角关注了儿童心理，强调了身心健康发展的育人目标。因此，以语文为主学科，综合运用道德与法治和生命生态安全学科的相关知识，确定跨学科学习主题为"小玩具·乐童心"。

③基于学习情境主题，设计跨学科教学活动。

以"小玩具·乐童心"为统领，在"穿越竹节人的过去与将来"的问题驱动下，设计"立足当下，了解过去""竹节人与儿童身心关联""玩具来源大调查与现象分析""玩具与儿童情感培育""家校社建议报告"等教学实践活动，让学生了解过去，立足当下，展望未来，让学生增强人文与社会责任感，达成精神世界的充盈。

（3）学情分析

①小学六年级学生发展特点。

A. 认知发展。

六年级学生的思维逐渐从形象化向抽象化过渡，但仍以直观形象思维为主，抽象逻辑能力尚在发展中。学生对于动手操作和实验过程具有浓厚兴趣，对涉及科学和游戏的内容易于接受。

B. 学习习惯。

学生普遍已有一定的自主学习能力，但仍需教师指导开展探究性学习。他们对于跨学科主题的学习内容有浓厚兴趣，但需要教师引导并建立学科间的联系。

C. 情感与兴趣。

对“玩具”类话题较感兴趣，能够从兴趣点入手激发学习积极性；喜欢通过动手实践和协作解决问题；注重参与游戏和竞争，喜欢分享个人见解。

D. 知识储备。

a. 六年级学生已具备一定的语言文字理解和分析能力，能够通过阅读体会作者情感，在阅读《竹节人》时，学生容易产生情感共鸣。

b. 学生对于自然材料（如竹子）和手工制作有一定的了解，但往往缺乏对自然资源可持续利用的思考。对生命教育的认知更多停留在表面层面，缺乏对“生命”与“玩具”的文化、生态关系的深入理解。

c. 对“规则”的理解多来自家庭和学校生活，尚未建立复杂的法律和道德思维框架。对“传统文化”及手工艺品蕴含的文化价值认识不足，但能通过具体事例感知“劳动”“创造”的重要性。

②小学六年级学生学情精准分析。

A. 学生的优势。

学习动机强：玩具与传统文化结合的主题容易吸引学生兴趣。

实践能力较好：大多数学生对手工活动有浓厚兴趣，乐于制作和操作竹节人。

协作意识较强：能够通过小组讨论与协作完成学习任务。

B. 学生的挑战。

a. 部分学生在文本细节的阅读和人物情感的体会上存在困难。对文本背后的传统文化意义和作者情感的理解较为浅显。

b. 学生对竹节人制作背后材料（竹子）与自然环境的关联性认识不足，缺乏对生态保护的主动意识。

c. 学生对“传统文化”的社会价值认识不深，仅停留在兴趣层面。对传统手工艺涉及的劳动与创造价值认识较模糊。

（4）教学目标

①学科核心素养目标。

【语文】

A. 基于“穿越竹节人的过去与将来”的问题情境，结合教材内容，以玩具为载体了解过去，学生通过体验竹节人，体验传统玩具的乐趣。

B. 通过传统玩具与儿童的身心发展过程的关系，立足当下玩具所产生的问题，实践调查现象、问题及分析。

C. 通过立足当下、展望未来，撰写家校社玩具与心理建议报告，增强社会责任感，助力儿童身心健康发展。

【生命生态与安全】

A. 结合儿童身心发育特征，融合玩具与同伴关系，了解过去与当下玩具来源、玩法等社会现状，推动集体意识和团队精神。

B. 基于玩具关注儿童心理健康，培育儿童热爱生活、促进同伴关系，形成良好的生活方式和健康的生活习惯，正确疏导生活中的问题。

②跨学科素养目标。

通过“穿越竹节人的过去与将来”，发挥“小玩具·乐童心”的教学实践活动作用，关注玩具与儿童身心健康发展的关系与积极意义，增强学生人文与社会责任感，以玩具为载体培育情感，达成精神世界的充盈。

③通用素养目标。

经历了解过去、展望未来，发展学生发现问题、实践参与、解决问题的综合能力，感受团队合作的价值、与人分享的快乐，培育学生身心健康成长。

（5）教学环节

先导课

活动一：调查反馈，引出心理健康教育主题

①介绍自己喜欢的玩具。

介绍自己喜欢的玩具，如电子枪、积木等。

小组讨论自己喜欢的玩具的特点并说一说玩具获得的方式和玩法，总结出共同点。

小组代表汇报，得出结论：玩具获得都不是自己亲手制作的，几乎都是购买获得。

全班归纳总结：玩具获得几乎都是购买获得，大多数玩具都是自己一个人就能玩儿。

②数据反馈，了解小学生的心理健康情况。

将父母小学时候的心理健康调查表和现在小学生心理健康表进行对比，得出结论：父母在小学时很少有学生患有心理健康疾病，而当代小学生的心理健康问题需引起重视。

教师：父母小时候为什么患心理健康疾病的孩子少呢？引出玩具竹节人。

活动二：了解过去的玩具和现在玩具的不同

①竹节人的做法。

学生找到相关段落大声朗读，边读思考竹节人的做法和现代玩具的做法不同的地方。

学生交流汇报：竹节人是和小伙伴一起亲手制作的，材料也不是购买的，而是和小伙伴一起准备的，这些材料是生活中随处可见的东西，比如纳鞋底的线和用毛笔杆锯的八截筒……然后用线穿起来。现在的玩具不需要制作，都是父母购买，并且买到就可以玩儿。

②竹节人的玩法。

学生找到相关段落大声朗读，边读边完成学习单。

现代玩具玩法	竹节人玩法	得出结论
		父母： 我们：

教师小结：父母小时候为什么患心理疾病的孩子较少，很可能就是因为他们精神世界充盈，懂得和小伙伴们合作，从合作去充实自己的内心。当代小学生心理健康问题较严重，最根本的原因是家里几乎都是独生子女以自我为中心，很少能体会到合作的快乐。

活动三：探讨充盈儿童内心世界的方法

①学生与家庭。

学生与同桌交流，分享在家里和父母相处的方法，觉得和父母怎样相处才能丰富内心世界，把方法写在心愿卡上。

学生交流分享自己的心愿卡，并把心愿卡带回家给父母看，表明希望和父母在一起时能多一些动手合作的机会。

②学生与学校。

小组讨论，结合竹节人的做法和玩法谈谈在学校和同学之间应该如何相处。

③学生与社会。

全班交流并呼吁：需要社会给予怎样的支持和帮助来充实儿童的内心世界。

驱动课

活动一：探究传统玩具与现代玩具的差异及影响

①对比分析玩具差异。

A. 学生分组，分别研究传统玩具（如竹节人）与现代玩具的特点、来源、玩法等。

B. 小组内讨论并总结传统玩具与现代玩具的主要差异，以及这些差异对儿童身心健康可能产生的影响。

②案例分享与讨论。

A. 邀请几位学生分享自己或家人关于传统玩具与现代玩具的故事和体验。

B. 全班讨论这些故事和体验中反映出的玩具对儿童成长的意义和价值。

活动二：设计心理健康玩具原型

①创意构思与草图绘制。

A. 学生根据对传统玩具与现代玩具的了解，以及对儿童心理健康需求的思考，构思心理健康玩具的创意。

B. 绘制玩具草图，明确玩具的外观、功能、玩法等要素。

②原型制作与展示。

A. 学生分组制作心理健康玩具的原型，可以利用废旧物品进行改造或创新设计。

B. 小组内展示原型，分享设计理念、功能实现及预期效果。

活动三：制订心理健康玩具实践计划

①调研需求与目标设定。

A. 学生通过问卷调查、访谈等方式，了解不同年龄段儿童对心理健康玩具的需求和期望。

B. 根据调研结果，设定心理健康玩具实践计划的具体目标。

②计划制定与分工。

A. 小组讨论并制定心理健康玩具实践计划的详细步骤，包括材料准备、制作过程、测试评估等。

B. 明确小组内成员的分工和责任，确保计划的顺利实施。

③计划展示与反馈。

A. 在全班面前展示心理健康玩具实践计划，邀请其他小组和教师提供反馈和建议。

B. 根据反馈调整计划，完善细节，为后续的实践活动做好准备。

交流课

活动一：心理健康玩具创意市集（玩具与心理健康关系探讨）

①模拟市集，介绍玩具。

小组展示自制的或改造的玩具原型，这些玩具需融入心理健康元素，如情绪调节、社交互动功能。

小组成员负责讲解、演示，并尝试“销售”玩具理念，强调其对心理健康的积极影响。

设置互动环节，邀请其他小组同学体验玩具，分享体验感受。

②市集反馈收集。

准备好反馈表，邀请“顾客”填写对玩具的喜好、改进建议等。

小组收集反馈，进行内部讨论，思考如何将反馈融入后续的项目改进中。(玩具背后的心理健康故事等)

活动二：家校社心理健康玩具推广计划

①制订推广计划。

小组讨论并制订家校社心理健康玩具推广计划，包括目标群体、推广渠道、预期效果等。

计划需包括如何与家长、学校、社区合作等内容，以共同推广心理健康玩具的理念。

②模拟推广演练。

小组进行模拟推广演练，模拟向家长、教师或社区成员介绍心理健康玩具的场景。

演练后，小组内部进行反思，调整推广策略，确保计划的有效性和可行性。

③推广计划展示与反馈。

在全班面前展示推广计划，邀请其他小组和教师提供反馈。根据反馈，进一步完善推广计划，为实际推广做准备。同时，鼓励小组将计划提交给学校或社区相关部门，争取获得支持与合作机会。

（二）以数学为主要学科的跨学科主题学习

跳绳中的数学
——“小学数学跨学科主题学习”教学实践与反思

设计教师：王 俊 吴海燕 刘 毅 龚 敏 吴 艳

（1）适用学期：四年级下期

（2）内容简介

本课跨学科主题聚焦为“跳绳中的数学”，学生既以“主人翁”也以“小研究者”的身份，经历了“主题启动”“能力构建”“评价展示”三个环节。在活动中，学生带着好奇心，像研究者一样经历发现、提出、分析和解决问题的全过程，迭代优化各自的研究方案，在真实的研究过程中，培养核心素养，提升解决问题的能力。

（3）学情分析

①学生已经掌握基本数据的收集与整理的相关知识。

②有小组合作的经验，知道在组内如何进行讨论交流、分工协作。

③已经了解平均数的概念，了解条形统计图与折线统计图的不同侧重点。

④解决一个较复杂的综合实际问题时缺乏整体意识、应用意识。

（4）教学目标

①培养学科核心能力：结合体育运动中跳绳这一真实情境，能够提出提升班级跳绳比赛获胜率的关键研究问题：a. 如何选参赛选手？b. 如何定跳绳？会用数学眼光、思维去制订解决问题的计划，会运用数学知识解决这些问题。

②增强跨学科能力：在研究中，提高对跳绳运动知识的兴趣，掌握跳绳相关知识，增强参与跳绳运动的积极性。

③明确主要素养指向：在用数学知识、数学思维、数学策略解决问题的过程中，感受数学与生活的密切联系，培养数学应用意识和问题解决能力。在小组内能积极交流讨论，合力开展活动，感受小组合作的价值、与人分享的快乐，提高合作意识与合作能力。

（5）教学环节

①主题启动。

A. 提出主驱动问题。

教师：同学们，你们期待已久的运动会要来临了，老师了解到我们有跳绳比赛，每个班选两名同学参加1分钟单人跳绳比赛（自带跳绳）。你们想在跳绳比赛中获得什么样的成绩？哪些因素会影响我们的跳绳成绩？

预设：

学生1：选最能跳的同学去参加比赛。

学生2：最近多练习。

学生3：选最容易跳的跳绳。

学生4：要穿舒服的鞋子。

……

B. 确定想要研究的主要问题。

教师：真棒，你们找到了很多能提升跳绳比赛胜率的方法，现在请大家用数学的眼光去观察，用数学的思维去思考，哪些因素最值得我们去研究研究。

学生1：如何选参赛选手?

学生2：如何选跳绳的长度?

教师：的确，这两个问题最值得我们去研究，接下来我们就按自己的兴趣成立研究小组。

C. 成立小组，明确组内分工。

D. 各小组长带领各组制定研究方案，见表3-17所列。

表3-17　研究方案表

跳绳中的数学——研究方案表　　　第______组

组长：	小组成员：
研究的问题	
需要解决哪些关键子问题	1.
	2.
	……
具体操作方法	1.
	2.
	……
我们可能遇到的困难和需要哪些支持	困难：
	支持：
你认为会用到哪些数学知识	1.
	2
	……
你认为可能还需要用到什么学科的知识	1.
	2.
	……

②能力构建。

A. 明确目标。

教师：同学们，我们想要在即将举行的运动会中赢得单人1分钟跳绳比赛。从数学的角度看，提升我们班跳绳比赛胜率的关键问题在于以下两点。

a. 如何选参赛选手?

b. 如何选跳绳的长度?

谋定而后动，这节课我们就一起来完善细化我们的方案。

课堂任务：

a. 认真听各小组的方案汇报，判定方案是否可行，提出优化建议，帮助小组完善细化方案，让后续的研究更加快捷有效。

b. 在制定方案的过程中遇到什么困难，全班一起帮忙想办法解决。

c. 利用评价量表（见表3-18所列），对每个组的方案进行评价打分，选出每个问题研究中最佳方案。

表3-18 研究方案评价量表

评价维度	5分	4分	3分	2分	得分
子问题的提出	关键子问题基于现实情境考虑，逻辑性强，有价值	关键子问题基本基于现实情境考虑，有一定价值	关键子问题有一定现实情境，有一些价值	关键子问题没有逻辑，无现实情境支撑	
具体操作方法	梳理的方法具有实际操作性，且方法有效	梳理的方法具有一定实际操作性，有一定效果	梳理的方法个别具有操作性，但效果不够明显	梳理的方法没有操作性，没有效果	
数学知识使用	有具体数据做支撑，能直观呈现，数学知识运用熟练	有一些数据做支撑，能呈现出来，数学知识较能熟练运用	有一定数据做支撑，但没有直观呈现，数学知识能基本运用	无数据做支撑，没有直观呈现，没有进行数学知识有效运用	
汇报人员表达	PPT制作优良，汇报人员大方自信，汇报语言简洁清晰	有PPT辅助，汇报人较能正确表达本组观点	无PPT辅助，但汇报人基本能正确表达本组观点	无PPT辅助，且发言人无法有效表达出组内观点	
总计					

B. 分组汇报。

问题一：如何选参赛选手？

（1组汇报）

预设：请体育老师帮忙测每个同学的1分钟跳绳成绩，选出成绩最好的同学，如果有两名或以上的同学成绩一样最好，再加赛，直到决出胜者。

教师：同组同学有补充吗?谁愿意来对他们的方案进行点评？（学生自由点评）

（2组汇报）

预设：收集近期全班每个同学5次1分钟的跳绳成绩，算平均数，选平均数高的参赛。

教师：真棒，你们知道要表示一个同学的跳绳的一般水平要用平均数。还知道了平均数的算法。是用一组数据的总和除以数据的个数。的确平均数不仅可以描述数据集中趋势，还可以用来比较不同组数据之间的差异。

（3组汇报）

预设：收集近期全班每个同学3次1分钟跳绳成绩，算平均数，选平均数高的参赛。如果平均数最大且相同的超过两个人，比如有4个人都是最多，利用折线统计图看最多的这4个同学的跳绳成绩的变化趋势，选成绩在增长的和成绩较稳定的参赛。

教师：你们听懂他的想法了吗？他把数学知识真用活了。想到可以利用折线统计图看出一组数据的趋势这一点，看最多的这4个同学的跳绳成绩的变化趋势，选择增长趋势快的两个同学去参赛，掌声送给他，他用数学帮我们解决了一个大难题。

问题二：如何选跳绳的长度？

（4组汇报）

预设：把全班同学身高按5厘米一段分段统计。分段统计的方法是画条形统计图。

然后每个段选1个志愿者，不断改变绳子的长度，记录志愿者1分钟跳绳的成绩，跳得最多的，对应的就是这个身高段最合适的长度。

但有个问题：每个段只选了1个志愿者，这个数据不具代表性，如果多选几个人，大家测出来不一样，我们又不知道该选哪个。

教师：大家听懂他们遇到的难题了吗？有没有什么办法帮他们解决这个问题？

预设：每个段可以多选几个人，然后选每个人最适合的绳长的众数，没有众数，也可以选中位数。

教师：能具体给大家介绍什么是众数，怎么找众数吗？中位数呢？

（5组汇报）

预设：

查找资料，知道两脚叉开与肩同宽，踩住绳子把它拉紧时的长度比较合适，因此猜测最合适的长度应该在那附近。我们计划每次增加或缩短5厘米。

教师：真是会想办法，通过查找资料，找到了每个人合适的跳绳长度的大概长度，相信在此基础上你们组能很快找到答案。

（6组汇报）

预设：身高与适合的跳绳长度之间会不会存在某种对应关系呢？

现在设想最佳绳长=身高+a厘米，用实验的方法去找到a的值。

教师：我听到你们方案中出现了一个等式：最佳绳长=身高+a厘米，其中你们用了一个字母a，它表示什么？你们是怎么想到用a来表示的？

教生：a表示一个我们现在还不知道的数，也就是未知数，我们通过预习，知道未知数可以用字母来表示，现在我们还不知道这个最适合的绳长会比身高长多少厘米，是个未知数，所以想到了用字母表示。

教师：真是一群会学习的孩子，已经知道字母可以表示未知数，其实啊，你们的这个含有字母的式子，还表示了绳长和身高的关系。所以含字母的式子不仅可以表示未知数，还可以表示两个量之间的关系。

C. 评选最优方案。

师：汇报结束，请各组商量评价打分，并算出总分，评选出最优方案。

D. 小结。

教师：通过今天的汇报会，大家有什么收获吗？（学生举手分享本课收获）

教师：同学们，很多问题的研究需要多个学科知识的融合，且需要时间、精力去思考与钻研，相信这次研究给你们带来了新的体验。我们从跳绳运动中发现了不少数学问题，并用数学和体育知识去解决了他们，让我们以最热烈的掌声为自己鼓掌。

数学应用并不是简单的“数学+生活”。生活化的数学问题，数学化的生活问题都是经过了抽象和简化的。希望在以后的生活和学习中，学生可以继续运用数学以及各学科的知识、思维和方法进行思考，分析解决更多的问题。

（6）教学反思

本课跨学科主题聚焦“跳绳中的数学”，学生对于跳绳这项体育运动非常熟悉，跳绳比赛也是年年参加，所以对于这个熟悉的情境，有研究欲望，也有初步的研究方向。对于问题的提出很顺畅，对于小组合作中计划的制订也有模有样，甚至在全班头脑风暴的过程中，学生们基本能做出一些具有深度的有价值的反馈。

学生基于熟悉的跳绳运动能主动提出问题，小组合作计划制定合理有序。在课堂研讨环节，学生思维活跃，能提出跳绳频次与时间的关系、最优跳绳方式等有价值的数学问题。

在实践环节遇到突出困难：学生既要完成数据收集又要进行数学分析，时间不足。可能影响测量数据的准确性、问题研究的深度以及跨学科融合的效果。而这一问题也是一个不得不面临且必须解决的问题，所以后期还需要教师帮助孩子协调时间。

总的来说，本课高效地达成了教学目标，同学们在研究的过程中，也感受到了现实生活中问题的研究需要多个学科知识的融合，且需要时间、精力去思考与钻研。相信这次研究给同学们带来了新的体验，增强了数学的应用意识。

体育中的数学
——“小学数学跨学科主题学习”教学实践与反思

设计团队：钟明秀　吴　艳　杨　琳　吴海燕　杨　杰　苟千惠

（1）适用学期：四年级下期

（2）内容简介

小学数学《义务教育数学课程标准（2022版）》，在“综合与实践”领域，从内容要求、学业要求、活动建议等方面，要求学生收集体育比赛规则，提出数学问题，运用数学或其他学科的知识解决问题，感悟数学在体育中的作用。

本案例以北师大版小学数学四年级下册“综合与实践”领域下“怎样合理安排”这一主题为载体，在“为学校运动会设计合理的拔河赛制”任务驱动下，通过“优化”策略，让学生经历“拔河赛制我了解”“拔河赛制我设计”“拔河赛制我优化”“拔河赛制我来评”等学习历程，从理论走向实践，习得数学学科与体育学科的共通素养——公平与效率，并感受在设计合理的拔河赛制上要兼顾公平与效率（教学流程图如图3-54、图3-55所示）。

本节课建立在刚结束的拔河比赛上，学生对使用淘汰赛产生质疑，认为不够公平。基于此，课堂中带领学生运用数学学科中的“可能性”判断赛制的公平性，同时学习体育学科的“赛制规则”和遵守道德与法治学科“规则意识”，结合实际比赛中“场次多”“时间长”“体力消耗大”等现实问题，设计和不断优化赛制，解决了学生课前的疑问，打通了数学、体育和道德与法治学科的壁垒，达到学科育人的目标。

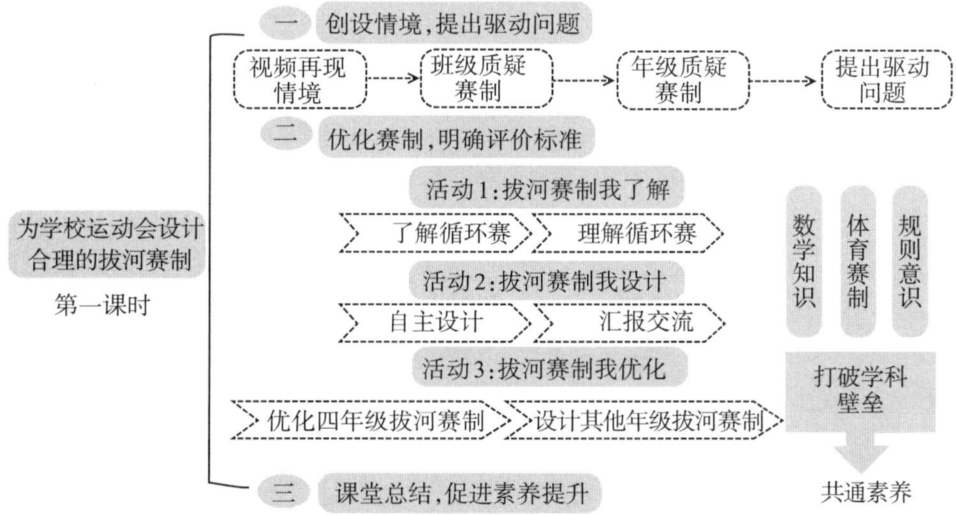

图3-54　“体育中的数学”第一课时教学流程图

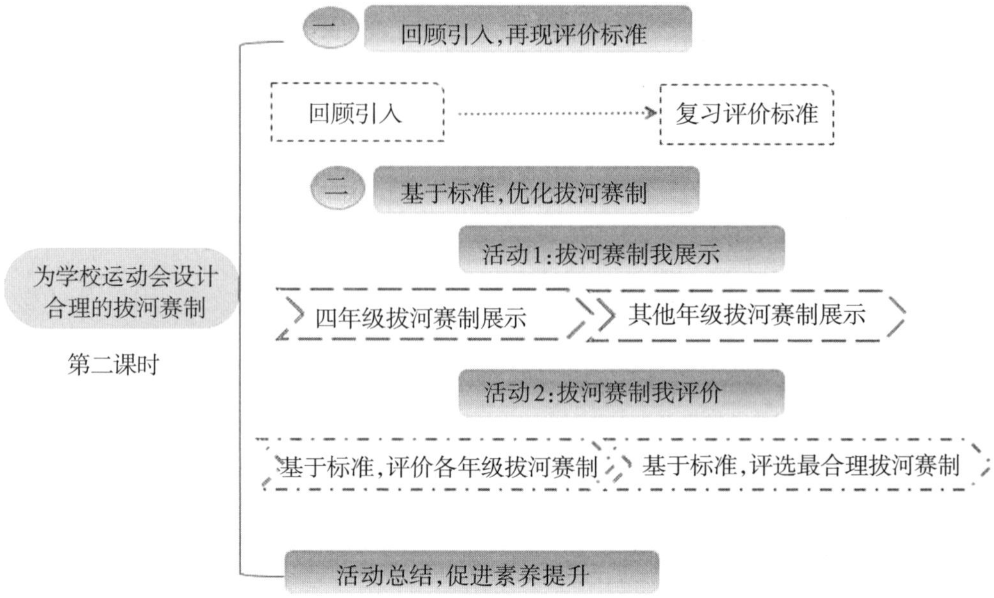

图3-55 “体育中的数学”第二课时教学流程图

（3）学情分析

①基于调研，找准学习起始点。

大部分学生对生活中的现象有质疑的能力，但无法用学科知识来解决。学生对刚结束的拔河比赛的公平性产生质疑，但不能将产生质疑的原因与数学学科的知识产生关联，即四年级上册“数图形的学问”中，把现实问题抽象成数图形的数学问题，并利用画图策略解决问题以及在“可能性”单元，对随机现象的发生做定性描述，这些数学知识都可以运用到本节课中，解释赛制的公平性和合理性。

课前，对四年级285名学生进行了关于怎么解决拔河轮空产生的不公平性进行了调研（如图3-56所示），15%的学生（42名）能够准确用到数学中的“可能性”这一知识点解决心中的质疑；40%的学生（114名）有意识想办法解决，但不能准确用到数学学科“可能性”这一知识点来判断赛制的公平性。45%的学生（128名）只是感觉赛制不公平，但是不会有依据地、针对性地想办法来解决问题。

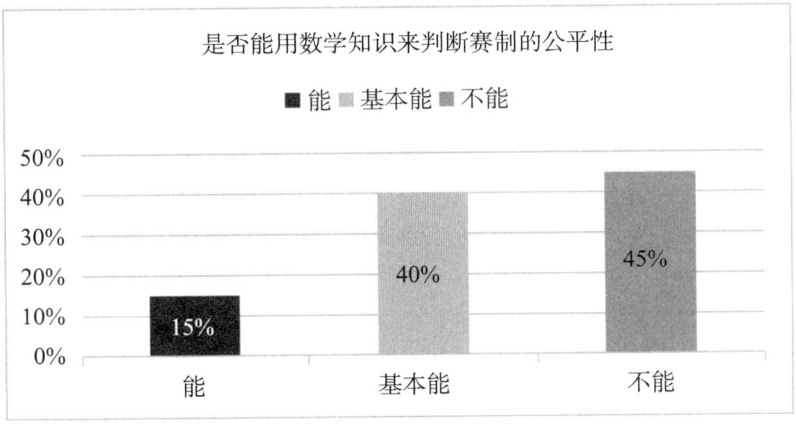

图3-56　学情调研统计图

②基于学情，找准课堂生长点。

大部分学生具备用单一学科解决问题的能力，但是无法融合多学科的知识点进行有效解决。本节课除了运用数学学科的知识点，还关联体育学科“运用规则参与裁判工作，观看体育比赛并能进行简要评价”以及道德与法治学科“根据规则参与校园生活的民主实践”，运用“优化”策略，解决单一学科无法解决的生活中的真实而复杂的问题，从而不断提升学生的综合素养。

（4）教学目标（含教学重难点）

①教学目标。

A. 学科核心素养目标。

数学：基于“学生对拔河比赛的公平性产生质疑”的真实问题，运用“优化”策略，为运动会设计合理的拔河赛制，提升学生数据意识、应用意识和创新意识。

体育：学习并运用多种赛制，为运动会设计合理的拔河赛制，培养学生正确的胜负观，提升学生运动能力。

B. 跨学科素养目标。

运用数学中的“可能性” 判断赛制的公平性，学习体育学科的“赛制规则”、遵守道德与法治学科“规则意识”。能解释体育中的数学现象，运用数学思维，结合实际比赛中“场次多”“时间长”　“体力消耗大”等现实问题，设计和不断优化赛制，以此提升学生的综合素养。

C. 通用素养目标。

经历自主设计、自主复盘、自主优化的全过程，发展学生提出问题、主动参与、解决问题的综合能力，感受数学与生活的密切联系，感受小组合作的价值、与人分享的快乐，提高合作意识与合作能力。

②教学重点。

A. 基于“学生对拔河比赛的公平性产生质疑”的真实问题，运用“优化”策略，为运动会设计合理的拔河赛制，提升学生数据意识、应用意识和创新意识。

B. 学习并运用多种赛制，为运动会设计合理的拔河赛制，培养学生正确的胜负观，提升学生运动能力。

③教学重点。

能运用“可能性” 判断赛制的公平性，学习“赛制规则”和遵守“规则意识”，结合现实问题，设计和不断优化赛制，提升学生的综合素养。

（5）教学环节

第一课时

①创设情境，提出驱动问题。

A. 视频再现场景。

B. 班级质疑赛制。

最终第一轮轮空的4.3班战胜了蝉联三届冠军的4.5班，获得冠军。赛后，屈居亚军的4.5班质疑赛制不够公平。

问：赛制哪里不够公平？

预设1：因为4.3班在第一轮轮空，他们有更多休息时间。

预设2：因为轮空在第一轮直接晋级，少打了一场比赛，节省了体力。

C. 年级质疑赛制。

a.日记质疑。

PPT展示四年级其他班同学数学日记：“轮空”导致赛制不够公平。

b.聚焦赛程。

i. 什么样的赛制会产生轮空？

PPT展示四年级拔河对阵图（如图3-57所示）

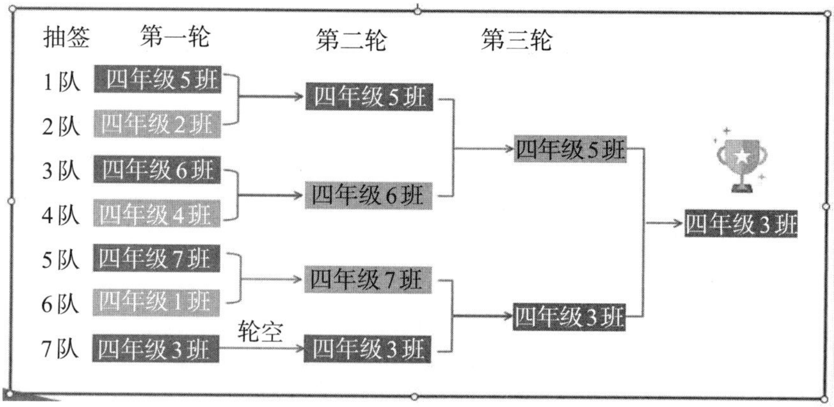

图3-57　四年级拔河对阵图

ii. 从对阵图中，能看出他们是怎么比的吗？

小结：参赛班级两两相比，胜者进入下一轮，输者淘汰，直至产生冠军。这样的赛制叫作淘汰赛。在体育赛事中经常使用。

iii. 展示四年级拔河比赛的规则

PPT展示比赛规则：

规则1：每班7男7女，共14人组成拔河队。

规则2：抽签决定比赛顺序。

规则3：抽到最后一个签号的班级轮空，直接进入下一轮。

规则4：抛硬币定场地，采用三局两胜制。

问：规则2和规则3，为什么会产生轮空班级？

预设：因为四年级是7个班，单数班级抽签时，就会产生轮空。

小结：轮空是抽签产生的，每个班抽到轮空的可能性相同。可能性相同，从数学上看，对每个班是公平的。但放到实际比赛中，轮空班级占据了优势，不够公平。

c. 提出驱动问题。

为四年级重新设计拔河赛制。

【设计意图】基于刚结束的校园运动会中拔河比赛这一真实情境，遵循“发现问题→分析问题→解决问题”的思路，引导学生运用数学中的“可能性”知识判断赛制的公平性，提出本案例的驱动问题“为四年级设计公平的拔河赛制”，初步学会用数学的眼光看待赛制。

②优化赛制，明确评价标准。

活动一：拔河赛制我了解

A. 分享初步的设计思路。

问：你们觉得怎么设计比赛才公平？

B. 梳理基本的设计思路。

小结：所有参赛班级相互之间都轮流进行比赛。在体育赛事中，这样的赛制叫作循环赛。循环赛是通过核算积分，积分高的班级获胜。

活动二：拔河赛制我设计

A. 设计循环赛。

学生尝试使用循环赛的赛制，画出四年级拔河对阵图。

要求：自主设计；

汇报交流；

B. 判断循环赛的正确性。

问：这幅拔河对阵图（如图3-58所示）体现的是循环赛吗？

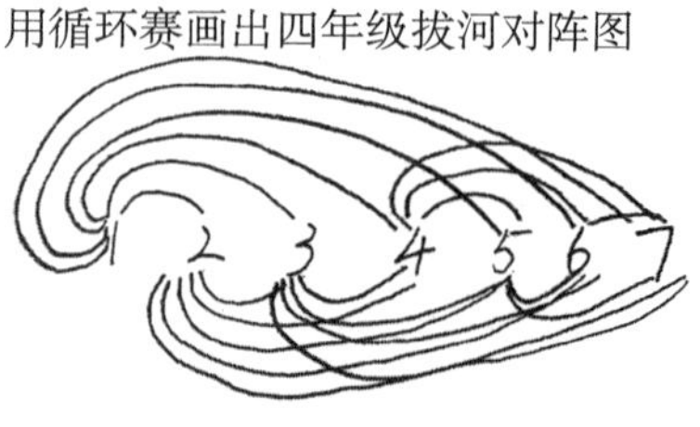

图3-58　学生绘制的四年级拔河对阵图

预设：有的学生认为是循环赛。因为1班与2、3、4、5、6、7班进行比赛，2班也与1、3、4、5、6、7班进行比赛。以此类推，每两个班级相互之间都轮流进行比赛。

小结：每个班都比了6场，确实公平。

C. 验证循环赛的合理性。

问：这么公平的赛制，组委会为什么不使用呢？（播放视频）

看：组委会的要求是什么？（总时长3小时；每场比赛20分钟）

算：按照组委会要求，一共要拔几场比赛？需要多长时间？

场次：6+5+4+3+2+1=21（场）

时间：21×20=420（分）=7（小时）

谈：请学生谈谈感受？

预设：比赛21场，运动员没有这样的体力，且已严重超时。

教师小结：使用循环赛让每个班机会均等，虽然公平，但是场次多，时间长，体力消耗大，会导致效率低下。看来既要考虑公平，又要兼顾效率，才能设计出合理的拔河比赛赛制。

【设计意图】聚焦公平性，引导学生运用体育中的循环赛尝试设计，用“实际数据、生活经验、画图验证”的方式进行分析，结合“场次多”“时间长”“体力消耗大”等现实问题，引导学生发现设计赛制不能只考虑公平，还要兼顾效率，才能设计出合理的拔河赛制，为优化赛制明确标准。

③聚焦赛制合理性，优化拔河赛制。

活动三：拔河赛制我优化

用多种方法，设计四年级拔河赛制（见表3-19所列）。

表3-19　评价表

评价维度	评价等级（3分、2分、1分）
1. 兼顾公平与效率，设计赛制	
2. 运用数学知识，解释赛制	

a. 出示设计要求。

以小组为单位（如图3-59所示），为四年级设计合理的拔河赛制。

小组讨论达成共识后，按照小组分工，在学习单上画出拔河对阵表，算出比赛场次和时间。

b. 小组合作设计。

c. 小组汇报展示。

预设1：优化循环赛。

为四年级设计合理的拔河赛制

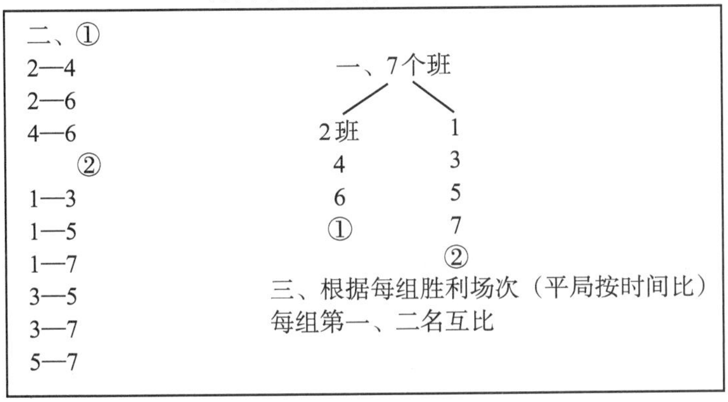

图3-59　小组展示图1

小组展示：将7个班分为A、B两个小组，A组2、4、6班，B组1、3、5、7班。先小组内循环，各组第1名小组出线，再两两对决，直到决出冠军。小组赛A组进行2+1=3场，B组进行3+2+1=6场，决赛1场，共10场，每场20分钟，共10×20=200分钟，大约3小时20分钟。

预设评价1：不太合理。虽然减少了场次，但是时间太长了。

预设评价2：不太合理。A组中的每个班先拔2场，但B组中的每个班先要拔3场，他们比赛的次数不相同。

小结：采用组内循环赛，大大减少了时间和体力消耗，提高了效率，但是分组时每个班比赛的次数不同，设计的赛制还是不够公平。

预设2：优化“淘汰赛”。

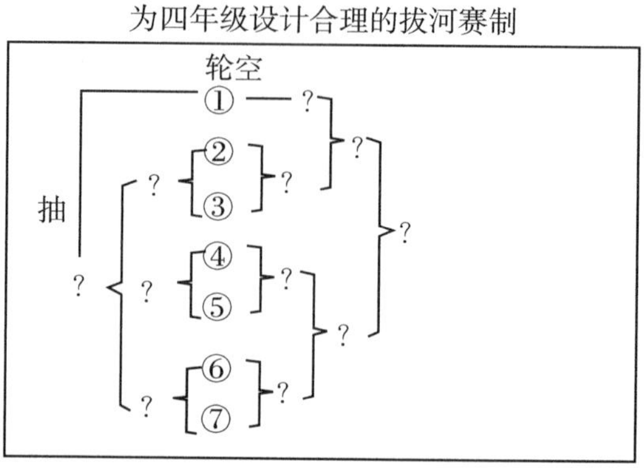

图3-60　小组展示图2

小组展示：从第一轮输的班级中抽签复活一个班级与轮空班级比赛，这样做可以消耗轮空班级的体力，让赛制更加公平。这样只用进行7场，用时2小时20分钟。再让第一轮的复活的班级休息10分钟，总共2小时30分钟。

预设评价1：赛制合理。但可从四年级1～7班中每个班派出2人，共14人组成第8支队伍，与轮空班级比赛。

预设评价2：应从三年级中派出最强的班级与轮空班级比赛。

问：两种评价都认为应增加第8支队伍，目的是什么？

预设：消耗轮空班级的体力，让比赛更公平。

小结：你们通过增加一支队伍，让单数班级变为双数班级，去消耗轮空班级的体力，让赛制更加合理。

追问汇报小组1：听了刚才这个小组的汇报，你们打算怎么优化拔河赛制呢？

组1成员预设：我们可以从四年级1～7班中每个班派出2人，共14人组成第8支队伍，放到A组中，小组赛每个班就比赛3场。

学生评价：比赛场次是6+6+1=13（场），时间是13×20=260（分）=4小时20分，已严重超时了。

组1成员预设补充：那就不设为三局两胜，改成一局定胜负，这样就会节约时间，提高效率。

【设计意图】聚焦合理性，根据设计标准，运用优化策略，以小组为单位尝试用多种方法设计四年级拔河赛制，让数学知识、体育赛制、规则意识相互关联，打通学科共同素养。布置课后任务，为下节课优化四年级拔河赛制、设计其他年级拔河设计做准备。

④课堂总结，促进素养提升。

A. 浅谈收获。

问：从拔河比赛中发现问题、质疑，通过学习赛制、优化赛制，运用赛制，有什么收获呢?

B. 作业布置。

课后，继续运用评价量规，优化四年级拔河赛制并设计其他年级拔河赛制。

问：设计其他年级的赛制，还需要考虑哪些因素?

预设：场地、时间、班级个数。

问：一年级有10个班，怎么办?

预设1：最好采用淘汰赛。

预设2：第一轮淘汰后，剩下5个班，又会产生轮空。

预设3：剩下的5个班使用循环赛。

课堂总结：本节课运用“可能性”判断赛制的公平性，学习“赛制规则”和遵守“规则意识”，结合现实问题，设计和不断优化赛制，赛制越来越全面、合理。

【设计意图】建立社会视野，学生从赛制的使用者变成赛制的学习者、制定者、优化者、评价者，形成与数学、体育、道德与法治的深度联结。

第二课时

①回顾引入，再现评价标准。

A. 课堂回顾引入。

a. 回顾上节课，你学习到了什么?

b. 聚焦本节课，提出学习任务。

这节课将以小组的形式来汇报展示同学们课前设计和优化的拔河赛制。

B. 再现评价量规。

如何判断赛制是否更加合理呢？请同学们再次回顾一下上节课一起设计的评价量规。

【设计意图】回顾引入，再现设计标准。用结果导向过程，评价各小组的赛制是否公平和合理，引导学生从多角度看待问题，为成果展示做准备。

②基于标准，优化拔河赛制。

活动一：拔河赛制我展示

A. 四年级拔河赛制展示。

a. 小组展示汇报。

b. 小组间互评互优化。

其余小组根据小组汇报的内容，结合评价量规进行评价（汇报格式：我认为×小组可以获×张乐学币，理由是……）

c. 组委会评价及推选。

老师对汇报小组设计的四年级拔河赛制进行评价，并选出最合理的赛制。

小结：结合评价标准，同学们设计出本小组的拔河赛制。结合评价等级，组委会推选出了最合理的四年级拔河赛制。

B. 其余年级拔河赛制展示。

a. 梳理各年级班数。

学校每个年级的班数不同，使用的赛制可能不同。接下来，展示其他年级拔河赛制（见表3-20所列）。

表3-20 各年级班级数表

年级	班级个数
一年级	10
二年级	8
三年级	7
四年级	7
五年级	6
六年级	4

b. 小组展示汇报。

i. 一年级展示汇报。

预设：第一轮使用淘汰赛，5个获胜班级进入第二轮。第二轮使用循环赛，一局定胜负，积分高的班级获得冠军。

场次：第一轮5场，第二轮4+3+2+1=10（场）

时间：第一轮5×20=100（分）

第二轮10×7=70（分）共100+70=170（分）=2时50分

ii. 二年级展示汇报。

预设：二年级使用淘汰赛

场次：4+2+1=7（场）

时间：7×20=140（分）=2小时20分

iii. 三年级展示汇报。

由于三、四年级都是七个班，属于单数班级，因此赛制和四年级一致。

iv. 五年级展示汇报。

预设：第一轮使用淘汰赛，3个班级获胜进入第二轮。第二轮使用循环赛，积分高的班级获胜。

场次：3+2+1=6（场）

时间：6×20=120（分）=2小时

v. 六年级展示汇报。

预设：六年级使用循环赛

场次：3+2+1=6（场）

时间：6×20=120（分）=2小时

C. 小组间互评。

D. 组委会评价，颁发收录证书。

【设计意图】聚焦合理性，根据评价标准，运用优化策略，以小组为单位展示、互评四年级拔河赛制和其他年级拔河赛制，让数学知识、体育赛制、规则意识相互关联，打通学科共同素养。

③活动总结，促素养提升。

A. 学习收获。

教师问：通过这两节课的学习、展示、交流、互评，你们有什么收获呢？

B. 课堂总结。

通过两节课的学习，学生不仅仅是赛制的使用者，还学会了用数学的眼光去看赛制，用数学的知识去不断优化赛制。虽然遇到了各种现实问题，但在不断优化的过程中，让赛制越来越合理，这种自我的不断超越正是体育所追求的更高、更快、更强的精神的体现！

【设计意图】运用数学学科的知识点，同时关联体育学科“运用规则参与裁判工作，观看体育比赛并能进行简要评价”以及道德与法治学科“根据规则参与校园生活的民主实践”，运用“优化”策略，解决单一学科无法解决的生活中的真实而复杂的问题，从而不断提升学生的综合素养。

认识轴对称图形
——“小学数学跨学科主题学习”教学实践与反思

设计教师：康承智

（1）适用学期：二年级上期

（2）内容简介（如图3-61所示）

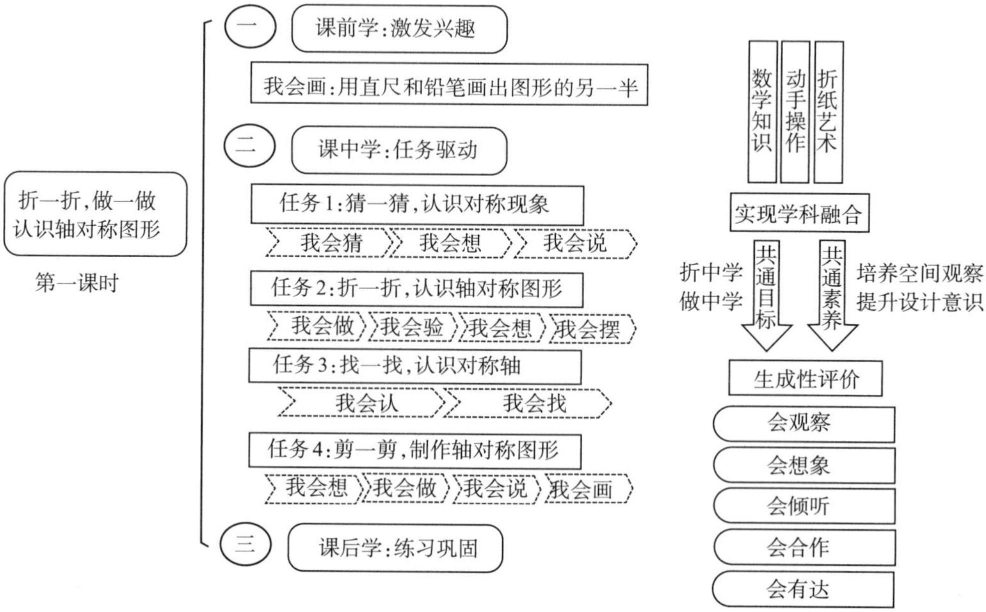

图3-61 “认识轴对称图形”教学流程图

（3）教材分析

本单元是小学数学北师大版二年级上册“图形的变化”，属于“图形与几何“领域中”图形的位置与运动”主题。学生在一年级已初步认识立体与平面图形，在学习本单元“图形的运动”时已有一定基础。同时，本单元内容又为学生在三年级学习轴对称、五年级深入探究平移和旋转做好铺垫，在小学阶段对图形运动知识体系的学习中起着承上启下的关键作用。

从学生熟悉的对称、平移、旋转现象入手，逐步过渡到轴对称图形等数学概念，强调“初步感知”和“积累经验”。与人教版二年级下册“图形的运动（一）”相比，两者都注重从生活实例出发理解抽象概念，但北师大版更侧重通过“剪一剪”等活动探究轴对称图形特征，帮助学生认识对称轴，感悟生活中的对称现象。这种设计既体现了数学学科特征，又符合学生的认知规律。

（4）学情分析

课前对部分学生进行谈话调查，发现大部分学生对“对称”有丰富的生活体验，能举例说出生活中的对称现象，能用自己的语言或手势解释什么是对称。而对轴对称图形的认识仅停留在两边一样的层面，没有意识到大小、形状、方向方面的特征。对于对称轴为横向或倾斜状态的图形，不能准确判断，也缺乏认识对称轴的经验。由此可见对轴对称图形对折后“完全重合”的探讨是本节课的重点，而感知轴对称图形两边对应点到对称轴之间的距离相等是本节课的难点，并且空间观念和想象力是本节课重点关注和培养的地方。

（5）教学目标（含教学重难点）

①通过观察、操作、想象初步认识轴对称图形，理解对称轴，能判断一个图形是否为对称图形。

②经历操作、观察、想象、交流等活动，增强观察能力、想象能力和表达能力，发展空间概念。

③感受现实世界中普遍存在的对称现象，体会生活中“处处有数学”，感受物体或图形的对称美，激发对数学学习的积极情感。

（6）教学环节

①猜一猜　认识对称现象。

A. 我会猜：根据看到的部分猜出它是什么？

B. 我会想：为什么只看到一半就能猜出它是什么？

C. 我会说：生活中还有哪些对称现象？

【设计意图】通过“比眼力”的游戏导入，激发学生的学习兴趣，培养学生的观察力和想象力，初步认识生活中的对称现象。

②折一折　认识轴对称图形。

A. 我会做：怎么证明图形两边是完全一样的？

B. 我会验证：鸭子排队的图形对折后能不能完全重合？

C. 我会想：为什么图形的两边大小一样，形状一样，对折后却不能完全重合？

D. 我会摆：让图形的两边能完全重合。

【设计意图】通过折一折、摆一摆的活动，让学生在动手操作中感知对折后，图形两边能完全重合的三个特征：大小一样、形状一样、方向相反，从而初步认识轴对称图形，感知轴对称图形的特征，发展空间概念。

③找一找　认识对称轴。

A. 我会认：什么是对称轴？

B. 我会找：轴对称图形的对称轴在哪里？

【设计意图】在认识轴对称图形后，根据学生的疑问“轴是什么？”让学生在轴对称图形上找一找轴在哪里，并能用手比画出来，为三年级进一步认识对称轴奠定基础。

④剪一剪　制作轴对称图形。

A. 我会想：怎么得到这个轴对称图形？

B. 我会做：利用彩纸、笔和剪刀制作轴对称图形。

活动要求：

a. 想一想：怎么得到这个轴对称图形?

b. 做一做：利用彩纸、笔和剪刀制作轴对称图形。

c. 说一说：你是怎么得到这个轴对称图形的?

C. 我会说：和同桌说一说自己是怎么得到轴对称图形的。

D. 我会画：这张纸打开后是什么样子的?

【设计意图】通过剪一剪的活动，让学生让充分发挥想象力和动手操作能力制作轴对称图形，进一步感知轴对称图形的特征。通过让学生画一画卡纸打开后的样子，让学生对“轴对称图形的两边对应点到对称轴的距离一样”有初步的感知。

⑤辨一辨 哪些是轴对称图形?

⑥总结收获。

⑦课后练习。

基础练习：

1.下面哪些图形是轴对称图形？在□里画“√”。

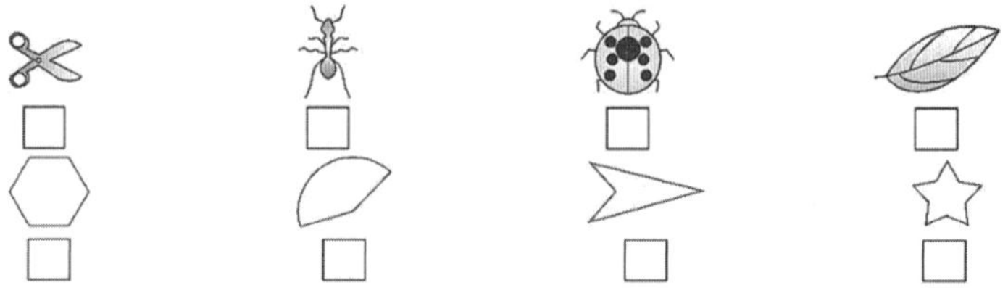

2. 下图中上面的图案是从下面的哪张纸上剪下来的？连一连。

能力培优：

1.下面是轴对称图形的有（　）。

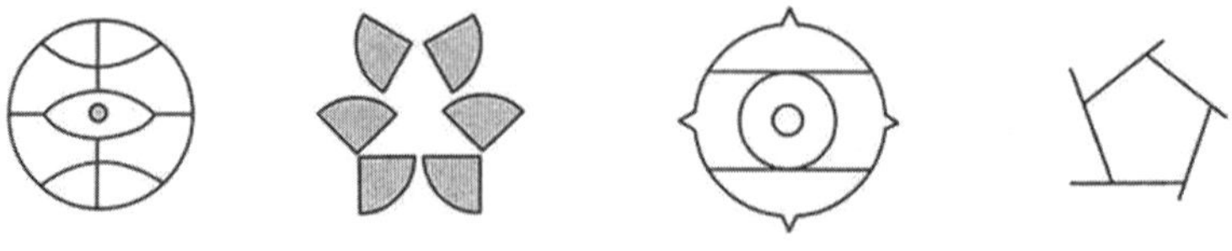

A. 4个　　B. 3个　　C. 2个　　D. 1个

（7）教学评价（见表3-21所列）

表3-21　教学评价表

评价项目	评价要点	评价等级
会观察	会观察轴对称图形有什么特征	☆☆☆
会想象	能根据一半想象出完整的样子	☆☆☆
会倾听	能认真倾听他人发言	☆☆☆
会合作	能积极参与小组讨论	☆☆☆
会表达	会完整说出制作轴对称图形的过程	☆☆☆
我有其他的思考和困惑		☆☆☆
总分		颗星

（8）教学反思

①整堂课程中合理运用信息技术，将希沃和醍摩豆有机整合应用，巧妙地把学生制作轴对称图形的过程直播演示，让学生直观感受“对折”的这一过程。

②课程设计将人教版和北师大版的内容合理安排，环节清晰、难度逐次上升，让学生从常见的对称物品中抽象出轴对称图形，初步培养了学生的空间观念。

③教学过程中注重与儿童的亲切沟通，帮助二年级的孩子在课堂上放松心态、激发思维，敢于表达自己的真实疑惑，做到以生为本，真正把课堂还给学生。

④课堂上，应该了解学生的真实困惑点，并鼓励学生大胆质疑，深入地思考问题，这样学生才会更加积极地参与到课堂讨论中来，这样的课堂氛围不仅能够提高学生的学习效果，还能培养他们的批判性思维和创新意识。只有这样，我们才能真正实现“以学生为中心”的教学理念，让每一个学生都能在课堂上收获满满。

（三）以英语为主要学科的跨学科主题学习

Good Habits, Healthy Life “悦”健康，越快乐
——“小学英语跨学科主题学习”教学实践与反思

设计教师：郅　慧

（1）适用学期：五年级下期

（2）内容简介

本课时选自人教版一期五年级下册 Unit 1 Keeping Healthy ，本课时主题为 Healthy Diet，内容涵盖了食物的分类以及均衡饮食这两大核心内容，同时融合了英语相关的核心词汇和句型，以英语为载体，传达了科学相关概念，如图3-62所示。

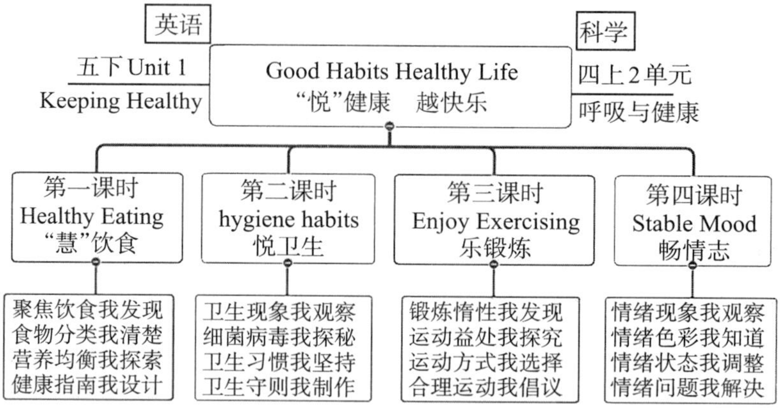

图3-62 跨学科主题系列化课时

本课时以“健康的一餐”为主题，以学生熟悉的食物作为案例，引导学生理解均衡饮食的重要概念。本课的重点是让学生认识到有各种各样的食物，不仅味道不一样，而且对于我们身体的价值也不一样。本课的核心内容是让学生认识到饮食应该多样化从而满足身体不同方面的营养需求。树立健康饮食的意识，养成合理饮食的健康生活态度，如图3-63所示。

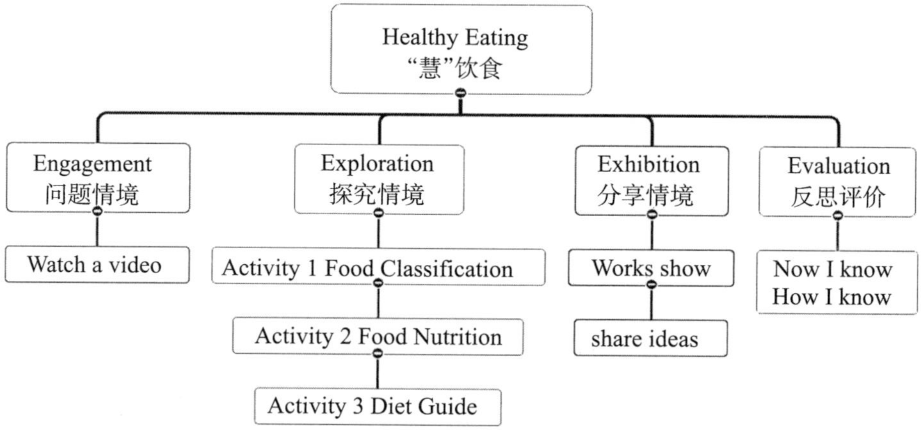

图3-63 本课时教学流程图

（3）学情分析

①知识储备。

五年级的学生通过4年的学习，在英语和科学方面都有了一定的储备。已经分别在低年级掌握了与课程内容相关的以下知识，大大降低了本课程的学习难度。

科学知识储备（教科版）见表3-22所列。

表3-22　科学知识储备

单元	内容
四下 二单元 呼吸与消化 一天的食物 食物中的营养 营养要均衡	给食物分类；了解不同的食物有不同的营养；了解如何营养配比一天中的食物
五上 四单元 健康生活	认识我们的身体并了解如何保护我们的身体以及如何健康地生活

英语知识储备（人教版 一年级起点）见表3-23所列。

表3-23　英语知识储备

年级	单元	词汇	句型
一上	Unit 6 Fruit	apple, pear, banana, orange	Do you like...? Yes, I do./ No, I don't.
一下	Unit 4 Food	rice, noodles, fish, chicken,eggs, vegetables	I'm hungry. I want... Here you are.
一下	Unit 5 Drink	tea, juice, milk, water	I'm thirsty. Do you want...? Yes, please./ No, thanks.
三上	Unit 3 Food	Ice cream，bread，cake，meat，fish，chicken，potatoes，tomatoes，fruit	What do you want for dinner? I want some...
五上	Unit 1 Keeping Healthy	eat too much candy/meat drink too much juice drink milk every day go to bed early exercise every day wash hands before eating eat	You should... You shouldn't...

②认知特点。

五年级的学生在低年级的时候已经通过英语课和科学课学习了食物的名称的英文表达，对食物的分类以及食物的营养搭配有了一定的了解。同时也学习了相应的科学方法进行观察、分析；利用不同的分类方法进行分析比较，归纳与总结。但对食物的具体分类以及语言表达还有障碍。

③生活经验。

民以食为天，“饮食”与人们的日常生活息息相关。学生能够遇到各种各样的食物，一日三餐的饮食也相对比较规律。能够熟练地进行“观察”“比较”，对本课题也有浓厚的兴趣。

（4）教学目标（含教学重难点）

跨学科教、学、评一体量化表见表3-24所列。

表 3-24　跨学科教、学、评一体化量表

<table>
<tr><th colspan="2">学科核心素养目标</th><th rowspan="2">学生活动</th><th colspan="2">效果评价</th></tr>
<tr><th>英语</th><th>科学</th><th>英语</th><th>科学</th></tr>
<tr>
<td>学生能够说出日常常见的食物名称，如：rice、carrots、apples、noodles、eggs、chicken、bananas、fish、milk、meat、tomatoes、bread 等并用句型 Ilike...对自己喜爱的食物进行简单描述。
（语言能力）</td>
<td>学生能够通过观察生活中常见的食物，认识各种日常食物。
（科学观念）</td>
<td>聚焦饮食
我发现</td>
<td><table>
<tr><th rowspan="2">项目</th><th rowspan="2">评价维度</th><th rowspan="2">评价细则</th><th colspan="3">评价等级</th></tr>
<tr><th>SO-SO</th><th>good</th><th>wonderful</th></tr>
<tr><td>speaking</td><td>correctly</td><td>能够用英语准确说出食物的名称</td><td>★</td><td>★★</td><td>★★★</td></tr>
<tr><td></td><td>fluently</td><td>能够用英语流利表达食物的分类</td><td>★</td><td>★★</td><td>★★★</td></tr>
<tr><td></td><td>confidently</td><td>能够自信、大方地表达</td><td>★</td><td>★★</td><td>★★★</td></tr>
</table></td>
<td rowspan="3"><table>
<tr><th rowspan="2">评价类型</th><th rowspan="2">评价内容</th><th colspan="3">评价等级</th></tr>
<tr><th>基本达成</th><th>达成</th><th>完全达成</th></tr>
<tr><td>会分类认知性评价</td><td>能够根据食物金字塔法则，对常见的食物进行分类。</td><td>★</td><td>★★</td><td>★★★</td></tr>
<tr><td>会观察牧能型评价</td><td>能够通过观察生活中常见的饮食现象，对饮食健康进行合理分析与判断。</td><td>★</td><td>★★</td><td>★★★</td></tr>
<tr><td>能形成体验性评价</td><td>能够树立健康饮食的意识，均衡饮食。</td><td>★</td><td>★★</td><td>★★★</td></tr>
</table></td>
</tr>
<tr>
<td>学生能用句型 A healthy meal has foods from grain;meat, fish, eggs and milk; vegetables and fruit. Group 1:Foods from grain. Group 2:Meat, fish, eggs and milk.表达食物的三大分类。
（语言能力）
（思维品质）</td>
<td>学生通过观察、比较、判断等科学方法，对常见的食物进行分类。
（科学思维）
（探究实践）</td>
<td>食物分类
我清楚
营养均衡
我探索</td>
<td><table>
<tr><th rowspan="2">项目</th><th rowspan="2">评价维度</th><th rowspan="2">评价细则</th><th colspan="3">评价等级</th></tr>
<tr><th>SO-SO</th><th>good</th><th>wonderful</th></tr>
<tr><td>speaking</td><td>correctly</td><td>能够用英语准确说出食物的名称</td><td>★</td><td>★★</td><td>★★★</td></tr>
<tr><td></td><td>fluently</td><td>能够用英语流利表达食物的分类</td><td>★</td><td>★★</td><td>★★★</td></tr>
<tr><td></td><td>confidently</td><td>能够自信、大方地表达</td><td>★</td><td>★★</td><td>★★★</td></tr>
</table></td>
</tr>
<tr>
<td>学生能够根据食物分类、食物金字塔、食物营养等知识，通过小组合作用 should/shouldn't 合理设计一份健康饮食指南。
（学习能力）</td>
<td>学生能够观察与比较生活中常见的饮食习惯，描述健康合理的饮食习惯。
（探究实践）</td>
<td>健康指南我设计</td>
<td><table>
<tr><th rowspan="2">项目</th><th rowspan="2">评价维度</th><th rowspan="2">评价细则</th><th colspan="3">评价等级</th></tr>
<tr><th>SO-SO</th><th>good</th><th>wonderful</th></tr>
<tr><td>writing</td><td>correctly</td><td>能够用英语准确写出健康饮食指南</td><td>★</td><td>★★</td><td>★★★</td></tr>
<tr><td></td><td>beautifully</td><td>书写美观、工整</td><td>★</td><td>★★</td><td>★★★</td></tr>
</table></td>
</tr>
</table>

①教学重点。

A. 学生能够通过观察、比较、判断等科学探究方法对食物进行分类。

B. 学生能根据食物的分类、营养均衡、食物金字塔设计健康合理的饮食指南。

②教学难点。

学生能根据食物的分类、食物金字塔设计健康合理的饮食指南。

（5）教学环节

①Engagement 情境引入。

1. Free Talk　　　　Q：What do you like to eat?

2. Look and think　　Q：What do you think of their eating? 如图 3-64 所示。

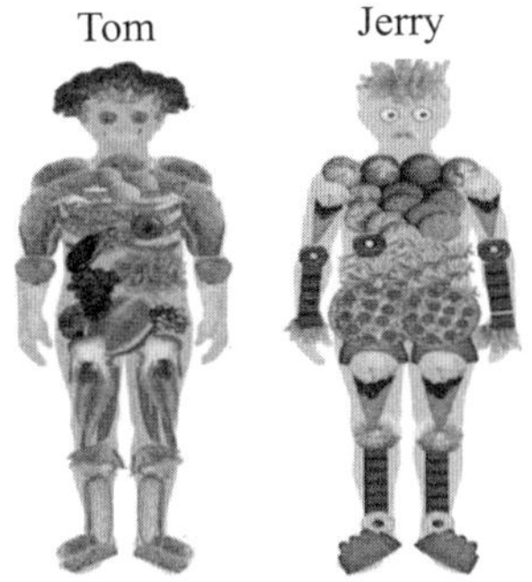

图 3-64　人物图

【设计意图】在回顾健康饮食与不健康饮食的情境中，引入 healthy 以及 unhealthy 的概念，关联主题"Healthy Eating"，在教师的引导下思考，激活学生对该主题的旧知，引导学生从多个维度进行思考，激发学生的学习兴趣，形成学习期待。

②Exploration 问题探究。

A.Put the foods into three groups. 如图 3-65 和图 3-66 所示。

图 3-65　食物图

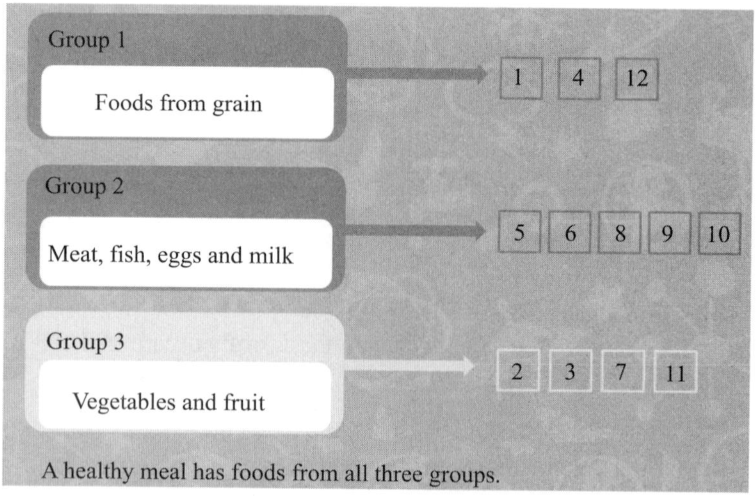

图3-66　食物分类图

2）Choose a healthy meal，如图3-67所示。

a.　　b.　　c.

图3-67　习题

得出结论：

A healthy meal has foods from all three groups.

C. Get healthy eating tips from food pyramid

D. Watch a video about food nutrition

Different groups of food has different nutrition.

E. Write down healthy eating tips for Jerry.

展示评价标准，见表3-25所列。

表3-25　评价标准

项目	评价维度	评价细则	评价等级		
			so-so	good	wonderful
writing	correctly	能够用英语准确写出健康饮食指南	★	★★	★★★
	beautifully	书写美观、工整	★	★★	★★★

完成写作练习，如图3-68所示。

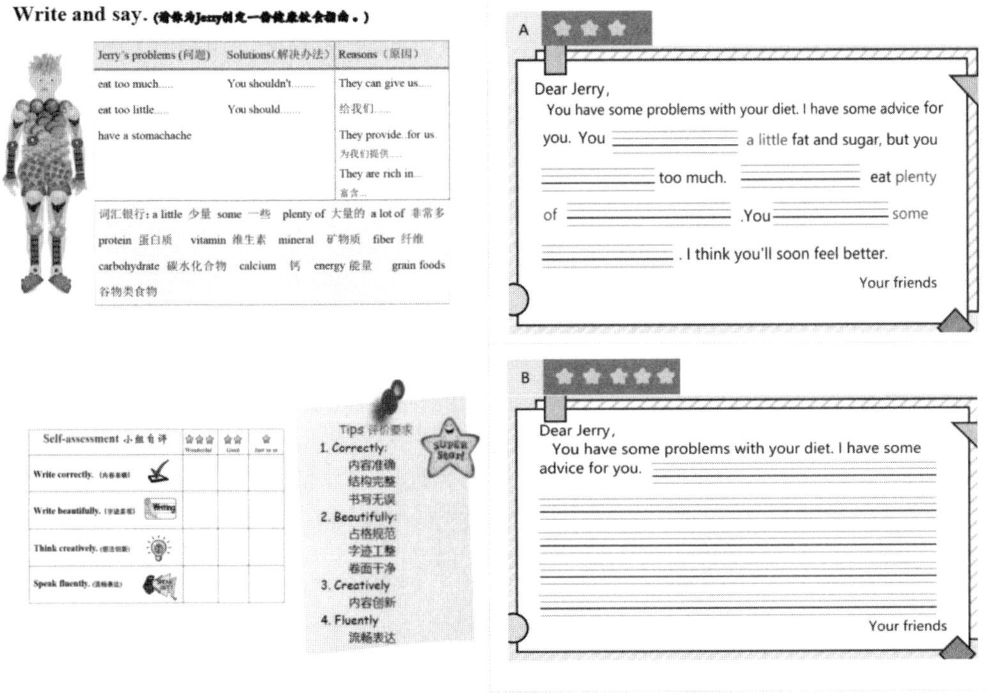

图3-68　写作练习

【设计意图】认识身边的食物，并对食物进行分类。探究食物的营养成分，提出饮食均衡的概念，旨在引导学生关注饮食健康问题。

③Exhibition 分享情境。

A. Show students' works

B. Share ideas

【设计意图】在完成健康饮食建议，聚焦饮食均衡。并用核心句型和短语汇报调查结果，形成观察、比较、归纳、总结的思维品质，同时发展语言表达能力。

④Evaluation 反思与评价。

A. Now I know

Students retell what they have learn today according to the whiteboard writing.

B. How I know

Read the book to tick what you’ve learned today.

C. Summary

Eating habits are very important for us.

Here is an old saying. You are what you eat. ——人如其食。

【设计意图】 这一活动旨在引导学生在概括与整合语言的基础上，通过复述，巩固结构化知识，进行所学的自我评估，促进学生更加全面，整体的理解通过科学的探究方法，使用核心语言进行论证，表达自己的观点。

（6）教学反思

①学科融合实践。

本课以英语为主学科，运用科学学科的食物分类、营养知识和均衡饮食概念，指导学生在为Jerry提供健康饮食建议的过程中实现跨学科知识迁移。通过建立均衡饮食的科学认知框架，有效提升了学生用英语解决实际健康问题的能力。

②教学评一体化实施。

教师通过目标、活动、评价的三维统一设计，将英语语言训练与科学思维培养深度融合。采用课堂观察、分层提问、动态追问等评估手段，实时收集学生语言应用与科学推理的证据，及时提供精准支架与反馈，形成“教学—学习—评价”的良性循环，切实保障了育人目标的达成。

（四）以信息技术为主要学科的跨学科主题学习

用编码描述秩序——研究与制订简单的编码规则

设计教师：任选梅

（1）适用学期：小学四年级上期

（2）内容简介（如图3-69所示）

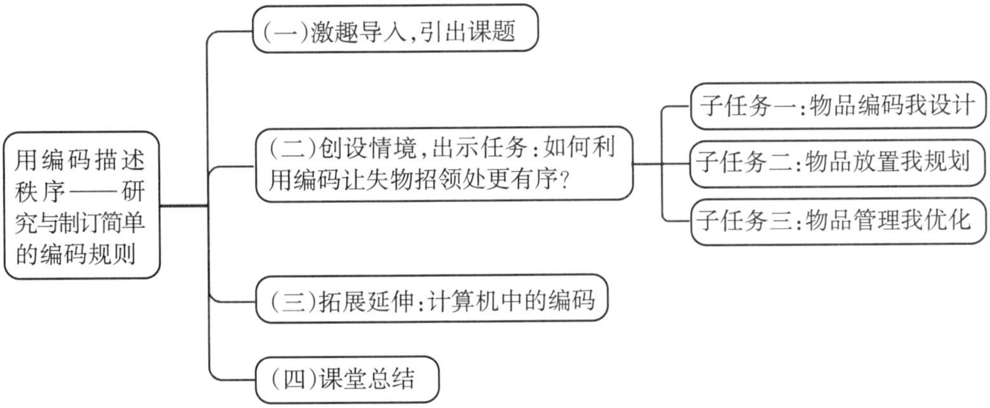

图3-69　“用编码描述秩序——研究与制订简单的编码规则”课程内容示意图

（3）学情分析

本课的教学对象是小学四年级的学生，他们思维活跃，具备分析问题、解决问题的能力。在实际生活中，学生能够感受到编码与其带来的生活便利，但基于认知阶段的局限性，他们并不能够将实际体验与数据编码的概念联系起来。学生对编码的规则制定不够完善，导致编码可能出现一些不能准确定义某一个事物的情况。因而本课注重体验，使他们通过身边的真实情境感受编码，体会编码，需要利用信息科技解决问题，调动学生参与的积极性。

（4）教学目标（含教学重难点）

①了解数据编码的规则，能根据数据编码的规则对生活中的物品进行编码让其更有序。

②通过小组合作，学生能够设计和实施简单的编码规则。

③通过编码方案的对比和优化，提高学生的实践能力和创新意识。

教学重点：明确数据与编码之间的联系，了解编码的基本原则。

教学难点：设计和实施简单的编码规则。

（5）教学环节

①激趣导入，引出课题。

A. 回顾上节课的学习内容：编码具有唯一性，且有一定的规则，除了用数字编码外，还可以利用字母、文字等字符进行编码。

B. 列举生活中随处可见的编码，如汽车的车牌、车站、机场等的指示牌，还有图书馆里图书的编码。编码能帮助人们更好地进行管理，提高处理信息和解决问题的效率；还能帮助维持良好的社会公共秩序。

教师问：是否能将编码应用到校园生活中，让校园生活更有序？（揭示课题）

【设计意图】以生产、生活实例切入，让学习贴近生活，提醒学生关注身边的信息。

②创设情境，出示任务。

展示学校失物招领处学生寻找失物的视频，请生观看后谈谈有什么想法，（同桌讨论后指出：失主不便寻找失物、不方便志愿者将失物送回失主手里等）可以怎么优化？

提出任务：如何利用编码让失物招领处更有序？

【设计意图】引导学生关注校园生活，利用学习过的知识来解决和优化生活中出现的问题。

③子任务一：物品编码我设计。

A. 小组活动：请为你的个人物品设计一个编码，让别人通过这个编码能找到你的物品，并写出编码规则。

B. 通过分析学生设计的编码，解读编码的原则。如：稳定性、可扩展性、简洁性、可读性等。同时告诉学生：将编码根据编码规则还原成它所代表的内容，就叫作解码。

C. 将大家公认的编码方案发布给全校师生，可以请大家都按这样的规则来进行编码，通过编码，就能锁定是哪一个小朋友了。

【设计意图】编码的原则是编码过程中必须遵循基本的要求和标准，这是保证编码的质量和可靠性的重要因素。通过讲解编码的原则，可以帮助学生了解如何制定合理的编码规则，提高实践能力和创新意识。

④子任务二：物品放置我规划。

A. 展示一学期孩子们丢失物品统计表（如图3-70所示）和失物招领处柜子抽象图（如图3-71所示）。

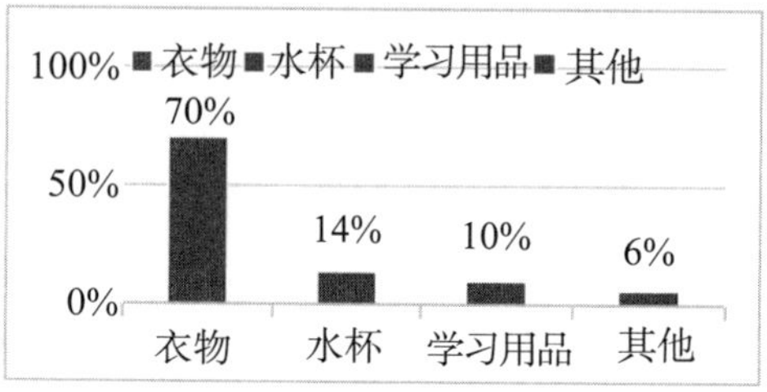

图3-70　丢失物品统计图

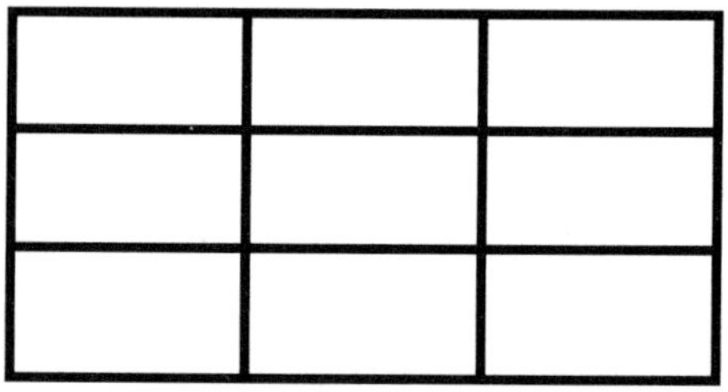

图3-71　失物招领处柜子抽象图

小组活动：请生根据统计图，尝试给柜子编码，并进行分类存放。

B. 小结：到目前为止，我们为物品贴上了个人的唯一编码，也将失物招领处的柜子进行了编码，分类存储。这样，作为失主，能相对快速地找到我们的失物。对失物招领处的志愿者来说，当物品堆积到一定量，需要清理时，也能快速找到失主，方便了管理，提高了效率。

【设计意图】通过为柜子编码并分类存放物品，让失物招领处更有序。

⑤子任务三：物品管理我优化。

A. 教师提出疑问：作为失主，要找校服，依然要在其中几个柜子里（如大家规划的8、9号）去寻找有我的编码的校服，或许还是需要花一点时间。那还有没有办法可以优化失物招领处，让寻找失物的效率更高呢？

引出智能快递柜，请生观察其中编码的应用。（播放快递员投放快递和收件人取快递的过程视频）

B. 教师小结：在这个过程中，手机号码是一种编码，由于他具有唯一性，所以通过手机号码可以快速地把物品送到需要送到的人手中。我们也能够借助信息技术，更快速地找寻到失物，让生活更加便捷。编码在我们生活中无处不在，通过为事物分配唯一的编码，可以实现有序的管理和分类，提高工作效率和准确性。比如超市里商品的条码，通过扫描条码，超市员工可以有序地管理大量的商品，提高工作效率和准确性。

【设计意图】应用视频和生活案例，启发学生可以利用信息技术解决生活中的问题。帮助学生了解“编码”代表的是唯一标识，通过唯一标识可以实现有组织、有秩序的管理。

⑥拓展延伸：计算机中的编码。

A. 你能用编码的方式来表示动物吗？比如：熊猫可以用什么编码表示呢？那下面的这一串编码（如图3-72所示）呢？如果可以，你能进行解码并还原出它的意思吗？（如图3-73所示）

图3-72　用编码表示动物

00001	a	01000	h	01111	o	10111	v
00010	b	01001	i	10000	p	11000	w
00011	c	01010	j	10010	q	11001	x
00100	d	01011	k	10011	r	11010	y
00101	e	01100	l	10100	s	11011	z
00110	f	01101	m	10101	t		
00111	g	01110	n	10110	u		

01000	00101	01100	01100	01111
h	e	l	l	o

图3-73　用编码表示字母

B. 教师小结：其实，对于计算机而言，它是不能直接存储文字等信息的，它储存的就是编码。（播放视频《计算机如何实现数据的存储?》）

【设计意图】从生活中的编码，过渡到计算机中的编码，让学生体会编码和解码在信息存储与传输中的作用。

⑦总结本课。

在了解了数据与编码的基本知识后，学生可尝试着对生活中的物品进行编码，一起研究与制订简单的编码规则，让失物招领处变得更加有序、利于管理。未来，学生们还将继续了解计算机编码的相关知识，了解编码对于社会生活的重要意义。

（6）教学反思

①通过真实情境，解决实际问题。

本课从学生身边的真实情境出发，引导学生利用学习的编码知识解决身边的实际问题：优化学校失物招领处，让失物招领处更有序。通过抛出任务，然后将任务分成三个子任务（物品编码我设计、物品放置我规划、物品管理我优化），一步一步解决问题。

②探索做中学、用中学。

在本课中，教师引导学生积极探索如何实现在做中学、在用中学，让学生在解决问题的过程中，了解编码的相关知识，并尝试研究与制定简单的编码规则。通过小组活动等形式，让学生积极参与课堂，并在此过程中，体验编码代表的是唯一标识，通过唯一标识实现对信息社会的有组织、有秩序的管理。

（五）以道德与法治为主要学科的跨学科主题学习

历史的回声——小学道德与法治跨学科主题学习教学实践与反思

设计教师/团队：熊晓燕　杨　琳　吴海燕

（1）适用学期：五年级下期

（2）内容概述

①基于课程标准，提供跨学科学习依据。

根据《义务教育道德与法治课程标准（2022年版）》的“教学建议”，应积极探索议题式、体验式、项目式等多种教学方法，引导学生参与体验，促进感悟与建构，即要围绕具有统摄性的“学习主题”，从“道德与法治+”跨向其他学科，以整体培养学生的核心素养为出发点及归宿点，为跨学科学习明确方向及目标，保障其活动的有效性。

②基于学科教材，确定跨学科教学主题。

A. 道德与法治：五年级下册第三单元为“百年追梦·复兴中华”，包括《不甘屈辱·奋勇战争》《推翻帝制·民族觉醒》《中国有了共产党》《夺取抗日战争和人民解放战争胜利》《屹立在世界东方》《富起来到强起来》。内容涵盖近代史和四史（党史、新中国史、改革开放史和社会主义发展史），以“时间为脉络，精神为核心”的明、暗双线组织结构——“明线”反映“历史发展进程”中的重大事件、重要人物；“暗线”表现重大事件、重要人物中所蕴含的“革命与爱国精神”。

B. 语文：至五年级，学生已经学习了多达10多篇的关于“革命岁月（英雄）”的文章，对革命历史有了初步了解；学生在阅读中感受革命艰辛，感悟英雄品质，为他们树立正确价值观奠定了基础。

从“教学内容”看，各学科均反映出“中国的革命斗争历经了不同的历史时期”；从“育人价值”看，各学科均指向“重温革命岁月，传承革命精神”的育人目标。因此，以道德与法治为主学科，综合运用历史和语文学科的相关知识，确定跨学科学习的主题：历史的回声。

③基于学习情境主题，开展丰富的实践活动。

以“历史的回声”为统领，在“探秘中华复兴路”问题驱动下，开展“绘制时间轴”“小诗文朗诵”“红色研学活动”“双语红色故事讲解”等一系列实践活动（如图3-74所示），让学生一步一步了解中华民族站起来、富起来、强起来的

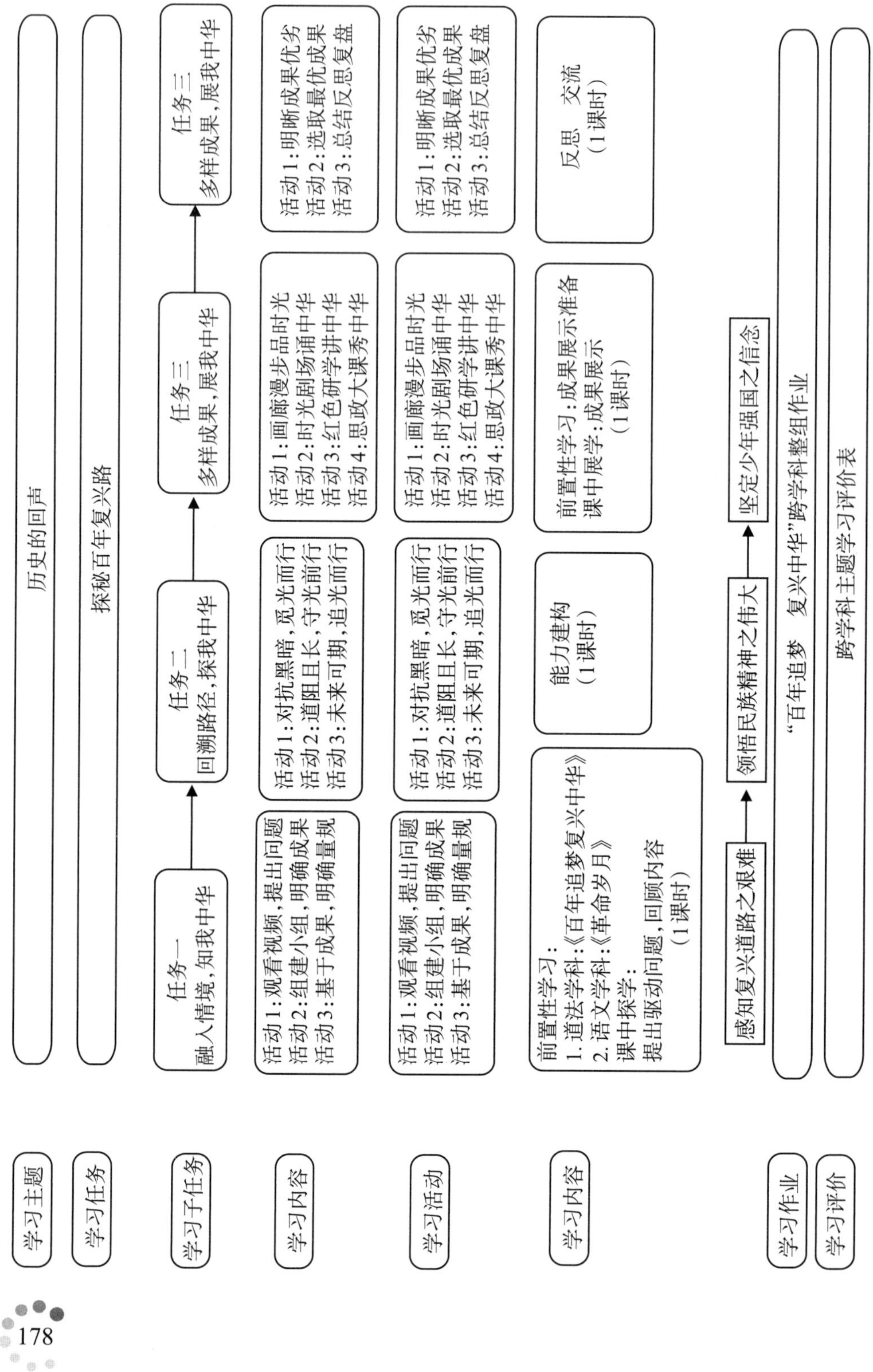

图3-74 “‘历史的回声’跨学科主题学习”活动框架

复兴历程，从而深刻理解“中国共产党为什么能”“马克思主义为什么行”“中国特色社会主义为什么好”，并树立正确价值观，增强民族自豪感，激发为实现中华民族伟大复兴而努力奋斗的决心。

（3）学情分析

①大部分学生在自主探究中，运用单一学科知识能浅层了解革命斗争的历史进程。

学生能通过影像资料、图书和家长的讲解等方式，获得关于中国近现代史的相关知识。知道中国从鸦片战争开始到新中国成立前，经历了沉重屈辱的历史；但中国的近现代史时间跨度大，涉及的历史事件非常多，学生很难系统化地了解中国革命斗争不同时期的历史进程。

基于此，项目组对五年级238名学生进行了关于中国革命斗争不同时期的历史进程的调研，调研结果如图3-75所示，13%的学生能够根据自己的了解有顺序地说出标志性的大事件，对于个别英雄印象深刻；37%的学生能零星地说出几个大事件，但历史事件的顺序错乱，更不能很好地体会英雄豪情；52%的学生只能零星地说出一件或者两件大事件，对英雄人物了解甚少。

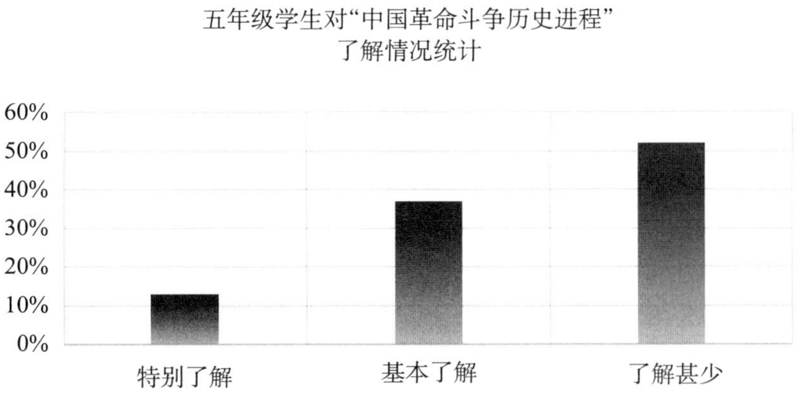

图3-75　学情调研情况统计图

②大部分学生无法整合各个学科知识进行深度体会与有效建构。

从思维发展水平来看，大多数学生能“独立阅读”“提取主要信息”，能了解中华民族站起来、富起来、强起来的复兴历程，能大体体会英雄豪情。但作为“百年复兴”这一重大历史进程，无论是英雄人物、历史时间，还是时代环境，革命精神，对当下五年级学生来说陌生且遥远，单凭教材文字以及所配插图，学生很难真正深刻理解“中国共产党为什么能”“马克思主义为什么行”“中国特色主义为什么好”；只有立足道德与法治学科，并综合运用语文学科的核心知识，有效整合各种资源，拓宽拓深活动空间，学生才能深度参与、深度学习、深度体验，才能将伟大的历史声音留存于心底，并化为坚定的人生信念。

（4）教学目标

①学科核心素养目标。

【道德与法治学科】

A. 基于“探秘百年复兴路”的真实问题，结合教材内容，开展“绘制时间轴、小诗文朗诵、班级红色研学”等实践活动。

B. 通过绘制时间轴，了解中国共产党的成立以及中国共产党带领中国人民取得革命胜利的历史，厘清发展脉络。

C. 通过小组合作创编小诗文了解不同时期、不同人物的追梦之路，感悟不同时代的主要精神。

D. 通过红色研学实践活动，进一步增强对伟大祖国、中国共产党、中国特色社会主义的认同，激发爱国爱党情感，肩负起中华民族伟大复兴的使命，从而形成政治认同和培养学生责任意识。

【语文学科】

A. 结合文学作品及背景资料，体会作者情感和感受英雄先辈们的事迹，增强学生文化自信。

B. 结合主题，筛选、重组材料，讲述百年发展历程，培养学生审美创造。

【历史学科】

要求学生能明白党史、新中国史、改革开放史、社会主义发展史的记录内容和发展过程，明确中国共产党领导是“四史”的主线 。

②跨学科素养目标。

通过探秘复兴中华之路，融合语文和历史学科知识，学生能够感知复兴路之艰难、领悟民族精神之伟大、坚定少年强国之信念，培养学生在“大思政课”视域下的“大历史观”，丰富学生思想内涵，形成学生政治认同，培养学生责任意识，增强学生文化自信。

③通用素养目标。

经历自主设计、自主复盘、自主优化的全过程，发展学生提出问题、主动参与、解决问题的综合能力，感受小组合作的价值、与人分享的快乐，提高合作意识与合作能力。

（5）教学环节

第一课时

任务一：融情入境，知我中华（如图3-76所示）

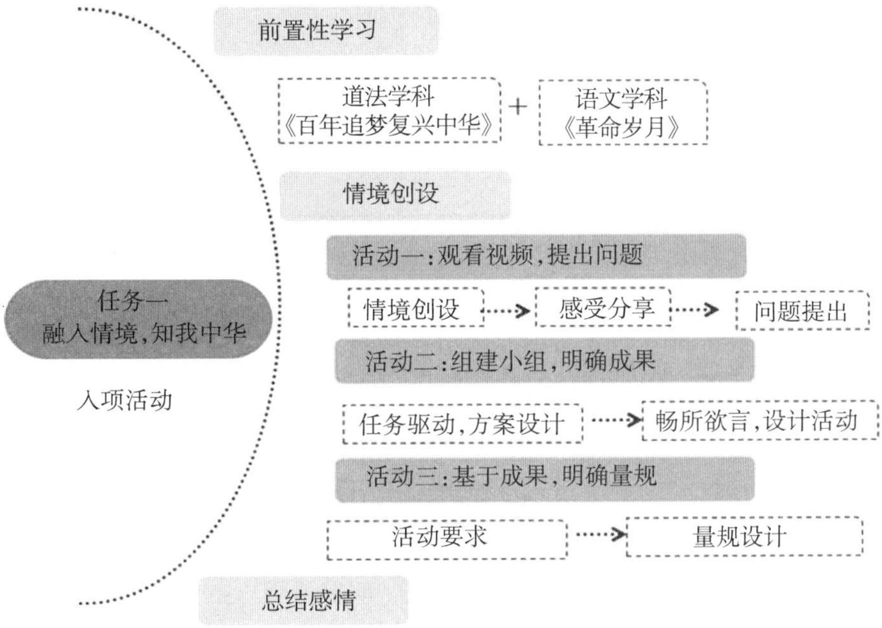

图3-76　任务一示意图

活动一：观看视频，提出问题

①情境创设。

同学们，在中国共产党建党纪念日来临之际，学校想邀请你们为党员老师设计“百年献礼活动”。百年传承，初心不忘，该设计哪些活动呢？

②感受分享。

A. 播放关于不甘屈辱、奋勇抗争的视频。

B. 看完视频，你最想说什么？（一个问题或一种感受）

【设计意图】 借助视频资料拉近与学生的距离。通过学生畅谈看完视频的感受，让学生初步感知“百年追梦 复兴中华”的不易，并激发学生探秘中华复兴路的热情。

活动二：组建小组，明确成果

①任务驱动，设计方案。

学习提示：
①圈：仔细阅读“百年献礼”活动方案，圈出关键信息；
②说：说一说关键信息。

②畅所欲言，设计活动。

结合所学内容，交流：百年献礼上适合展示哪些活动呢？出示学习要求，指导小组活动：

①说：结合关键信息,围绕“百年追梦，复兴中华”主题，组内分享交流并设计相关活动；

②写：各组筛选3～4项有创意的活动，填写在方案单上。小组推荐一名成员汇报。

根据学生汇报，相机点拨，筛选出合适的活动内容。

【设计意图】借“百年献礼”创设大情境，根据活动方案设计活动，激发学生的主观能动性及设计活动的积极性。

活动三：基于成果，明确量规

同桌讨论：展示评价表，理解标准。找出量规中的关键信息，并勾画圈点。

①提取关键信息，明确活动要求。

②根据活动内容，明确评价标准。

【设计意图】根据评价量规，明确活动要求，设计活动内容，体现项目实施过程中以学生为中心，实现“教、学、评”的一致性。

总结：今天同学们和老师一起穿越了时空隧道，重温了那段不甘屈辱，奋勇抗争的岁月。我们还一起参与了为祖国百年献礼的设计活动。后面的课堂，希望大家积极讨论，确定出适合百年献礼的活动内容吧！

第二课时

任务二：回溯路径，探我中华（如图3-77所示）

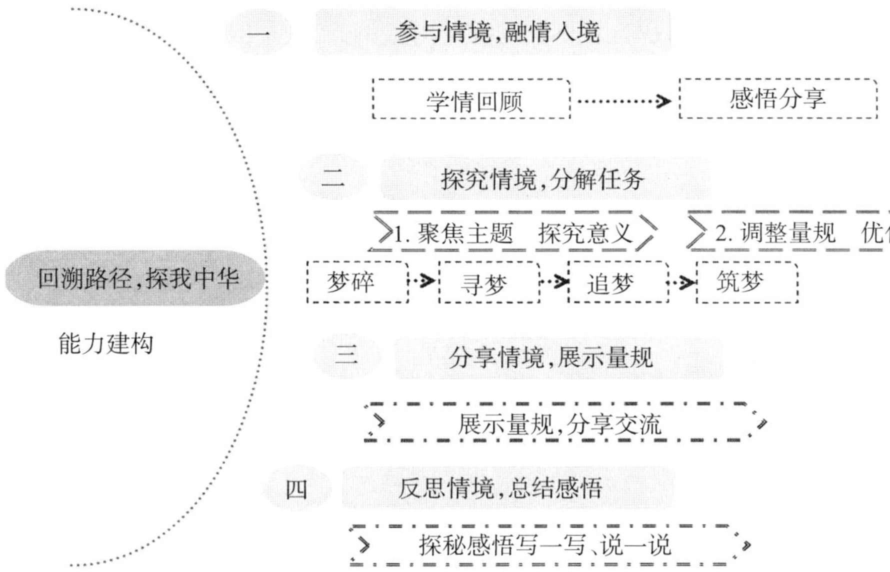

图3-77　任务二示意图

活动一：学情回顾 进入情境

学情回顾，进入情境。

【设计意图】让学生回顾前节课的情境，通过激发情感，引起学生共鸣。

活动二：聚焦主题 探究意义

①梦碎——不甘屈辱的民族精神

②寻梦——敢为人先的红船精神

③追梦——改革开放的创新精神

④筑梦——“一带一路”的大国担当精神

教师：孩子们！刚才我们以时间为脉络，一起穿越时空感受祖国百年的发展变化，从最开始的遭受压迫，到后来的站起来、富起来、强起来，这一路走来，是靠着什么信念？是靠着哪些精神呢？是谁一路带领着我们呢？

学生自由畅谈。

【设计意图】让学生经历国家梦碎时光，感叹国家之大不幸再到寻梦、感受共产党带领中国人民站起来的不易。从站起来到富起来，学生感受只有坚定信念，才能带领人民取得胜利，激发学生爱国情感。激发学生的民族自信。感受大国担当精神。

活动三：反思情境

探秘感悟写一写、说一说。

教师：孩子们，这一节课，我们一起穿越时空的光，探秘中华复兴路。通过一节课的学习，你有什么感悟吗？请你写一写吧！

学生写感悟并畅谈！

【设计意图】通过让学生撰写课堂感悟，有效回顾课堂内容，并加强学生爱国主义等情感的培养。

【设计意图】通过这一节的学习，学生对我国百年的发展已经有了更深刻的认识，期待他们带着这样的认识完善自己的成果和下一次的精彩呈现！

第三课时

任务三：多样成果，知我中华（如图3-78所示）

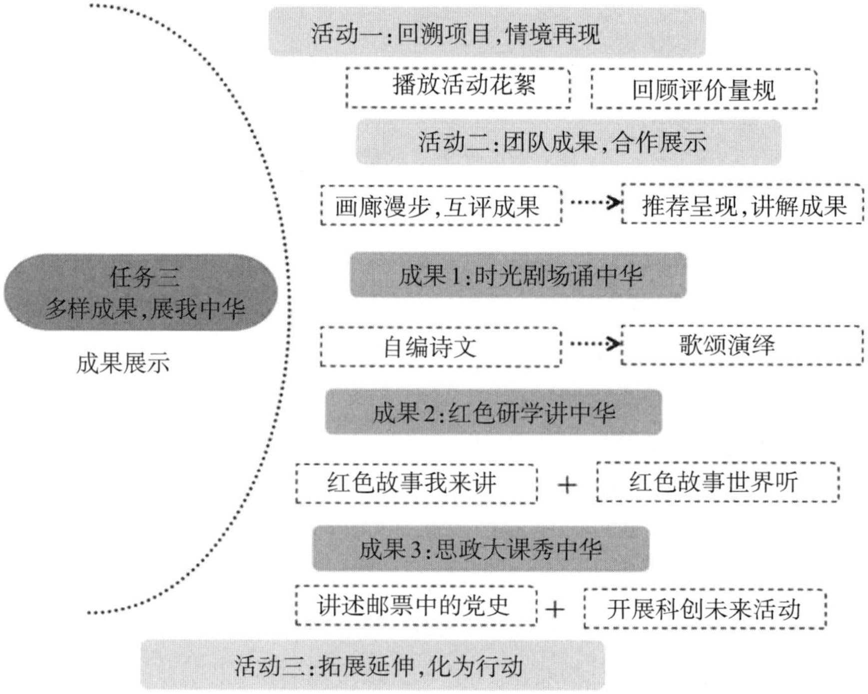

图3-78　任务三示意图

活动一：回溯项目，情境再现

①播放活动花絮。

通过观看视频回忆并讨论活动的准备内容。

②回顾评价量规。

【设计意图】引导学生回顾学习过程和收获，强化对已学知识的记忆和理解，且有助于学生建立知识之间的联系，形成完整的知识体系，同时也为后续的学习活动奠定基础。

活动二：团队成果，合作展示

①展示团队成果1：漫步画廊，品时光。

说说每个组的“时间轴”选了哪些历史时间、事件来凸显“百年复兴”的历程？

a. 画廊漫步，互评成果；

b. 推荐展示，讲解成果。

小结：历经风风雨雨，我们才取得了举世瞩目的伟大成就；历经坎坷磨难，我们才能从站起来到富起来再到逐步强起来；历经无数泪眼婆娑，中华民族才最终走向伟大复兴！

②展示团队成果2：时光剧场颂中华。

a. 自编小诗文的活动，让我们敬仰民族英雄和革命前辈，树立奋发图强的爱国志向，抒发对祖国和中国共产党的热爱之情。

b. 学生根据百年复兴的历程创编小诗文并朗诵展示。

③展个人成果3：红色研学讲中华。

a. 红色故事我来讲

b. 红色故事世界听

④展个人成果4：思政大课秀中华。

a. 借助红色思政大课，讲述邮票中的党史。

b. 借助学科活动节，开展科创未来活动。

【设计意图】通过展示团队和个人成果，引导学生深入理解中华民族百年复兴历程；同时强化学生敬仰英雄的情感及树立牢固的爱国志向，不断提升民族自豪感。

活动三：拓展延伸，化为行动

作为生活在新时代的少年，我们要珍惜这来之不易的生活。为了使祖国越来越强大，作为一名小学生，你应该怎么做呢？

【设计意图】引导学生思考自身在新时代的责任与担当，激发其爱国情怀和奋斗精神，立志为祖国的强大贡献自己的力量。

总结：通过本节课的活动，我们深刻理解“马克思主义为什么行”“中国共产党为什么能”“中国特色社会主义为什么好”，我们要将伟大的历史声音留存于心底，并化为坚定的人生信念。

第四课时

任务四：反思学习，强我中华（如图3-79所示）

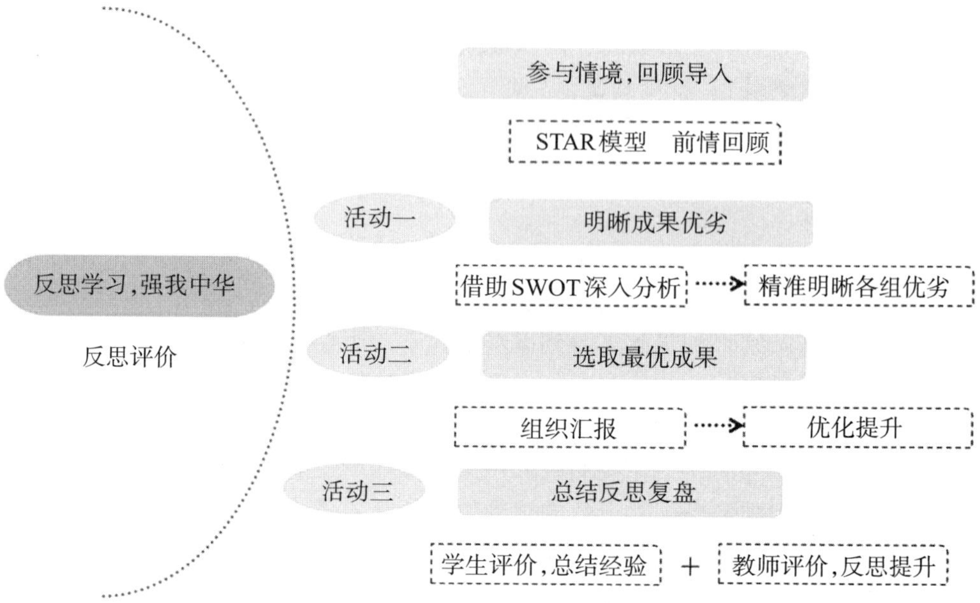

图3-79　任务四示意图

活动一：参与情境，回顾导入

孩子们！从接到要为国庆献礼的这个活动，到我们成立项目组、确定驱动问题、进行能力建构、开展成果展示。大家已经共同参与了多个课时的活动。在今天的活动开始前，首先借助STAR模型来回顾我们在本项目中一起经历过的一些重要事项。

（播放视频）

【设计意图】学生借助STAR模型，回顾前期学习过程。

活动二：借助SWOT，明晰优劣

①“穿越时空的光——探秘中华复兴路”，“光”究竟指的是什么呢？“路”又指什么？

②运用SWOT工具对每个团队的结构与建设进行优、劣势分析。（倒计时3分钟）

生借助工具进一步明晰各组作品的优、劣势。

【设计意图】通过SWOT学习工具，让学生更加明晰各组的优、劣势，为作品的进一步完善做准备。

活动三：组织汇报 优化提升

启动“头脑风暴”，大家的思路越来越清晰，对作品也有了进一步的认识，现在，请大家借助鱼缸讨论法探讨一下各自作品的优化方案！

学生畅谈。

①学生评价，总结经验。

学生进行自评和互评（见表3-26所列）。

表3-26　学生评价量表

团队学习评价量表					
评价项目	评价指标	得分			
		很棒（5分）	还不错（4分）	达要求（3分）	需努力（2分）
成员分工	分工合理，每位成员都有明确任务				
小组合作	组内成员交流密切，每位成员都能融入团体。成员有合作补位意识				
团队协议	协议内容由大家共同商定，且内容清晰合理				
语言表达	能用语言完整介绍，表达清晰，表现力强				

②教师评价，反思提升。

教师：同样，在项目开展过程中，老师们也在不断进行反思。我们一起来谈谈！

【设计意图】通过鱼缸会议进行分享交流，让学生的思路更加清晰。通过反思，让学生积累经验，帮助他们在未来的各项学习生活中更快成长！

（6）教学反思

①活动设计：多元创新，促反思强认同。

活动设计上采用“穿越时空隧道”“为祖国百年献礼”等新颖形式，激发学生参与热情与爱国情感。同时，“STAR模型”回顾和“鱼缸会议”等环节助力学生梳理项目、反思总结，既让学生重温历史，又强化了民族精神认同。

②融合效果：学科交融，育素养树自信。

将道德与法治、语文、历史学科知识有机融合，通过“绘制时间轴”“小诗文朗诵”“红色研学活动”等实践，使学生在多维度理解重要理论，不仅掌握知识，还培养了审美创造能力，树立了文化自信。

③目标达成：激发情感，达预期促成长。

通过多种活动形式，成功激发学生爱国情感和民族自豪感，达成预期教学目标。学生积极参与，自评互评促进自我反思成长。虽有成效，但仍需明确改进方向，以提升教学质量；关注个体差异，助力全体学生发展 。

美术中的语文
——“小学美术跨学科主题学习”教学实践与反思

设计教师：卓书其

（1）使用学期：五年级上期

（2）内容简介

本单元是人美版美术教材五年级上册《偶戏》《提线纸偶》两课内容结合语文中民间故事整合而来的单元性课程，以“民间艺术，非遗偶戏”为主题进行的单元教学，计划为4课时，如图3-80所示。本案例为其中的第四课时。

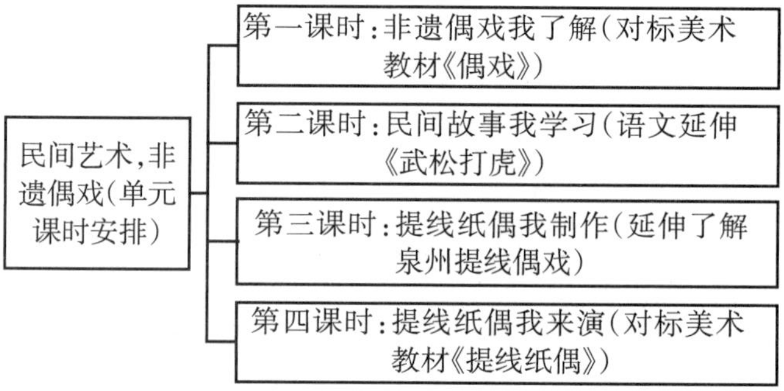

图3-80　“民间艺术，非遗偶戏”美术单元课程课时安排

结合《义务教育艺术课程标准（2022年版）》的要求，在3～5年级学段中，“学习任务4：学做传统工艺品”（如图3-81所示），依托“学习任务5：融入跨学科学习”，以小组合作的方式，将美术与自然、社会及科技相结合。参考语文学科五年级上册“民间故事”单元的学习，在跨学科学习中，会利用影视、表演等丰富学习内容，分享学习收获。立足于美术学科本位的前提下，综合性学习，探究非遗匠心制作，培养学生继承发扬我国传统艺术的意识。

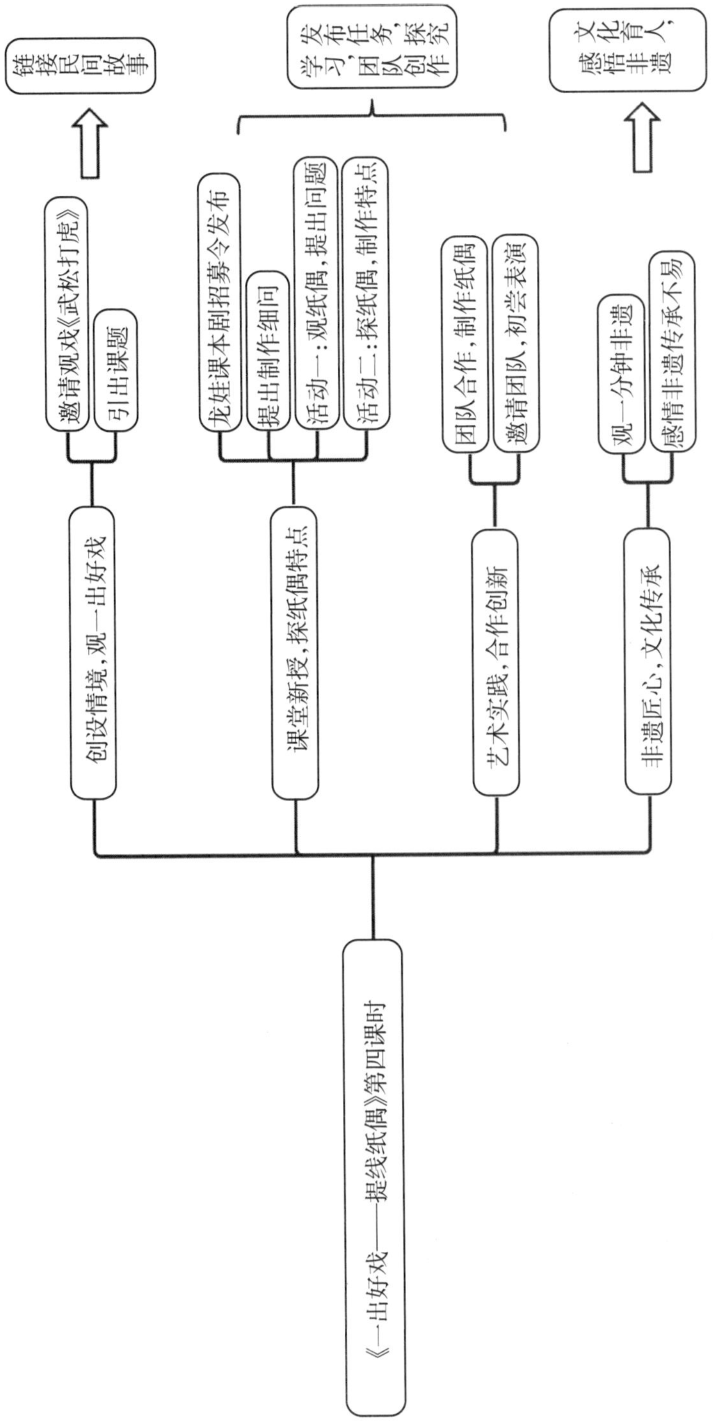

图 3-81　第四课时《一出好戏——提线纸偶》教学环节设计

（3）学情分析

通过美术单元课程的学习，学生已经初步了解偶戏的发展历史和四大种类，以及偶戏在不同种类中的材料、制作、造型等特点。结合民间故事《武松打虎》为学生搭建表演平台，在立体纸造型的制作和巧设提线等方面，还需要教师更多的指导和引领。

（4）教学目标

①审美感知。

引导学生感受非遗偶戏民间艺术形式美感，发现提线纸偶的组成特点。

②艺术表现。

通过探究、合作、展示等活动，学习制作提线纸偶的方法，培养学生的造型能力、设计意识和动手能力。

③创意实践。

学习利用纸材进行民间故事《武松打虎》提线纸偶的设计制作。

④文化理解。

倡导学生在学习中主动参与、乐于研究，勤于动手，让学生在实践中树立、继承、发扬我国传统民间艺术的意识。

⑤教学重点。

掌握制作纸偶的基本方法。

⑥教学难点。

提线与纸偶的有效连接。

（5）教学环节

①创设情境，引出课题。

赏一出戏，谈感受。

教师课上邀请全体学生看一出好戏，学生欣赏《武松打虎》这出提线纸偶剧。教师根据学生欣赏剧目后，询问学生这出戏怎么样，感受如何?

【设计意图】创设情境《武松打虎》剧目，激发学生兴趣，并引出该课课题“一出好戏——提线纸偶”。

②课堂新授，探纸偶制作。

A. 课本剧场，招募令来袭。

学生分享观戏感受后，教师再次询问学生是否愿意挑战制作提线纸偶，学生表示愿意，随后将“龙娃课本剧”招募令进行现场发布（如图3-82所示）。

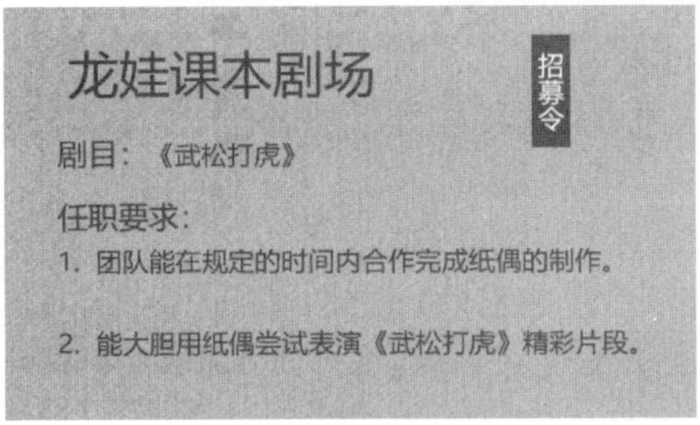

图3-82　龙娃课本剧招募令

【设计意图】让学生明确本节课的学习内容是关于提线纸偶的制作，制作完成后进行相关剧目的表演。

B. 活动一：观纸偶，提出问题。

教师针对提线纸偶的制作，询问学生在制作过程中可能会遇到什么样的问题？学生思考并回答，出示在提问中出现频率较高的问题，结合导学单让学生组内进行探讨并完成导学单的填写。

C. 活动二：探纸偶，制作特点。

小组合作讨论3分钟，填写导学单上相关题目答案并尝试最后一题的挑战。讨论结束后教师邀请学生进行汇报展示（如图3-83所示）。

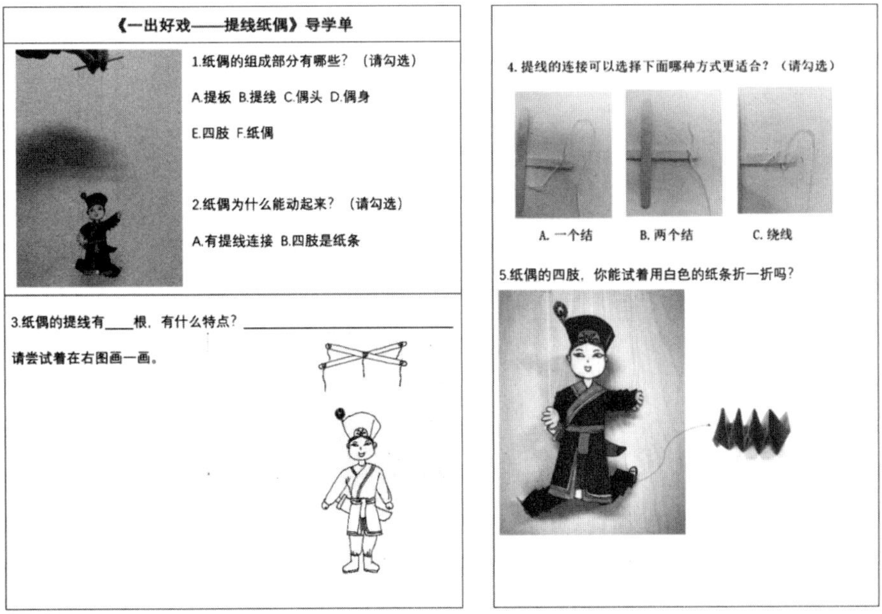
《一出好戏——提线纸偶》导学单

1.纸偶的组成部分有哪些？（请勾选）

A.提板 B.提线 C.偶头 D.偶身

E.四肢 F.纸偶

2.纸偶为什么能动起来？（请勾选）

A.有提线连接 B.四肢是纸条

3.纸偶的提线有____根，有什么特点？____________

请尝试着在右图画一画。

4.提线的连接可以选择下面哪种方式更适合？（请勾选）

A. 一个结　B. 两个结　C. 绕线

5.纸偶的四肢，你能试着用白色的纸条折一折吗？

图3-83　“一出好戏——提线纸偶”导学单

【设计意图】通过导学单初步解决本节课的重、难点。

D. 纸弹簧，微课学习。

a. 学生汇报时，分成两组进行汇报，待汇报第5题时，教师询问全班挑战失败的同学请举手。针对挑战失败的同学，出示微课学习纸弹簧的制作方法，而挑战成功的同学再次复习纸弹簧的制作。

b. 教师小结：提线纸偶由提板、提线、偶头、偶身、四肢组成（同时板书在黑板上）。

【设计意图】通过纸弹簧的微课一学习，让动手能力较差的学生明白纸弹簧的制作方法，而动手能力较强的学生可复习其制作方法。

E. 观微课，举一反三。

a. 通过微课一解决纸弹簧制作后，教师赠送几样“法宝”，微课二让学生明白提线纸偶还具备美观性。

b. 通过微课二的学习，让学生明白武松提线纸偶的制作方法，同时展开讨论老虎提线纸偶可以怎么制作，学生回答以后，教师展示相关图片。

【设计意图】通过微课学习，让学生明白武松的提线纸偶的步骤，并且能举一反三知道老虎的提线纸偶制作方法。

c. 艺术实践，展示评价。

教师向学生出示艺术实践要求，小组成员明确要求后开始制作（如图3-84所示）。在规定时间内完成后，教师邀请完成制作的小组上台尝试表演《武松打虎》剧目后进行相关评价（见表3-27所列）。

1. 小组分工明确，确定小组团队成员安排
   1名形象制作师：设计纸偶形象、道具等并上色
   2名四肢制作师：制作纸偶四肢或身体等
   1名组装设计师：梳理提线，组合纸偶形象
2. 利用折、粘、组合的方法完成纸偶形象制作，并尝试演一演，时间15分钟。

图3-84　艺术实践要求

表3-27　评价表

评价项目	评价内容	分值
纸偶制作	纸偶形象生动有趣	★
提线与纸偶	连接方法正确	★
团队合作	分工明确	★

d. 非遗匠心，文化传承。

教师邀请制作完成的小组上台表演《武松打虎》，台上学生表演，台下学生欣赏。学生表演后，询问学生台上一分钟的表演感受如何？学生发表自己的见解，随后教师提出“一分钟可以做什么”的问题让学生思考，从而引出一分钟的非遗制作，使学生感悟“台上一分钟，台下十年功”的不易，从而结束本课学习。

（6）教学反思

①教学于师：美术单元式课程教学中，教学设计要环环相扣。在第4课时的教学过程中，教学微课在武松纸偶的制作中，关于五根提线的分配，应该在微课中展示出细节，让学生简单易懂提线怎么分配。关于评价，应该调整在艺术实践要求环节里同时出现，让学生可以明白制作要求和评价要求，在后续的教学环节上也能有效衔接。同时，评价表的评价内容还需优化完善，指向性要更明确。

②教学于生：在第4课时的探究中，学生能积极参与小组探究，但在艺术实践过程中，部分小组缺乏合理的分配任务，能力较强的学生身兼数职，动手能力较差的学生在艺术实践中“无所事事”。组长在制作过程前就应该将上色、折、剪相对简单的任务分配给动手能力较差的组员，合理安排以后可以节约组内制作纸偶的时间，增加排练表演的时间。

指向核心素养的跨学科实践教学探索——以“泥趣百家姓”教学为例

设计教师：任姝融

（1）教材分析

①概况。

《义务教育课程方案和课程标准（2022年版）》指出课程内容以中华优秀传统文化为主体，融合人类文明优秀成果，追求精神、文化、艺术统一。制作姓氏泥板字是家风传承仪式，融合姓氏文化与礼仪，让传统文化精髓在孩子心中生根。“泥趣百家姓”源于人美版一年级下册《一起玩泥巴》，是“泥玩天地”单元落脚点，该单元通过泥塑活动，让学生在实践中体验美术乐趣，培养观察力、想象力和创造力。

②教材内容。

《姓氏歌》作为一年级下册语文教材的内容，是一首以百家姓为基础的儿歌，学生了解常见的姓氏，并通过韵语识字的方式，提高学生的识字能力和语言表达能力。而人美版“泥玩天地”单元，则是一个以泥塑活动为主的美术单元，将两者结合，可以实现语文与美术的跨学科融合，让学生在了解姓氏文化的同时，通过泥塑活动将姓氏以艺术的形式呈现出来。

（2）学情分析

一年级下期的学生已掌握一定汉字基础，对与生活紧密相关、充满趣味性的学习内容感兴趣。学生喜欢通过动手操作探索世界，处于具体形象思维向抽象逻辑思维过渡的阶段，对直观、形象的事物更感兴趣。

（3）教学目标

①学科素养。

审美感知：初步感受汉字演变过程与美感。

艺术表现：用搓泥条技法塑造独特的篆书字体“百家姓”形态，体会泥巴的可塑性及初步感知小篆字体形体简化，笔画婉转且简单纤细、圆转流美、方整匀称、整体布局规范、端庄稳重的美感。

创意实践：尝试不同的技法和材料，探索泥塑艺术的无限可能。

文化理解：培养动手能力、创造力和对家族文化的认同感，培养文化自信。

②教学重、难点。

重点：让学生理解姓氏文化，练掌握揉、搓、压等基本的泥塑技法，通过制作姓氏泥板字，将家风建设融入日常行为，体现于实际行动中。用搓泥条技法塑造出符合文字结构特点的“百家姓”形态，使文字与泥板在形式、色彩、纹理等方面达到和谐统一。

难点：激发学生对家族文化的自豪感，初步养成家风传承的意识。

（4）设计思路

如图3-85所示。

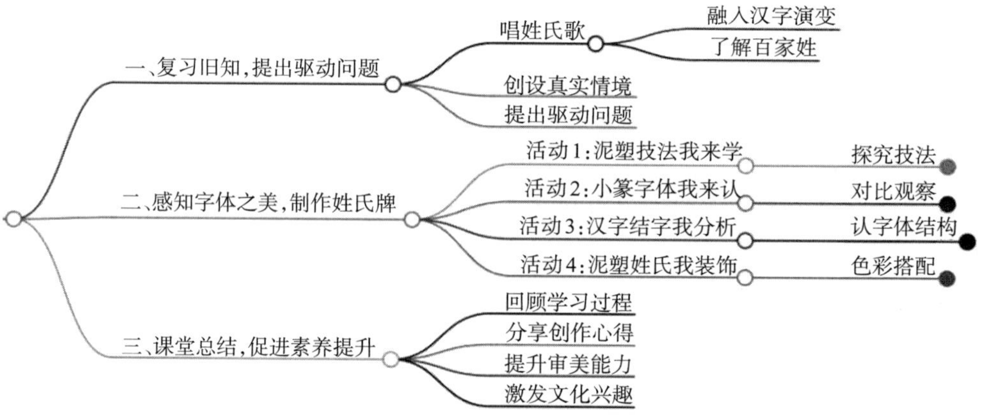

图3-85 《泥趣百家姓》设计思路思维导图

（5）教学过程

①导入：知姓氏由来，感家族故事之韵。

A. 布置课前任务，引导学生了解自己的姓氏由来及小故事。

B. 开火车：吟《姓氏歌》，学生接龙说一说自己的姓氏。

【设计意图】夯实学生文化根基，为泥板作品融入姓氏文字元素奠定坚实基础。在此过程中，着力培养学生自主探寻、资料搜集之能，让其在探索中深化对中华优秀传统文化的认同与理解。

②新授：知汉字起源，感书画同源之美。

A. 寻找汉字祖先，初步了解文字演变历程：通过观察“大麦地岩画”（如图3-86）引导学生了解汉字最早是画出来的，初步感受“书画同源”的美（如图3-87、图3-88）。

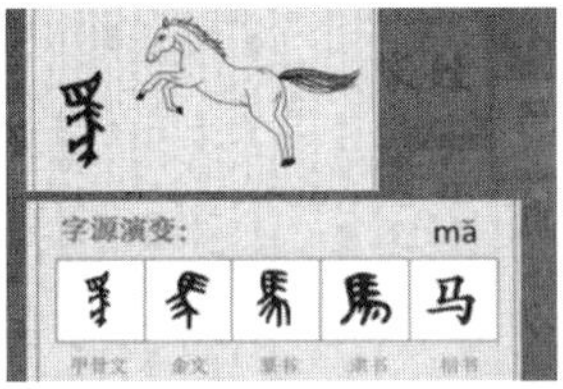

图3-86　大麦地岩画（宁夏回族自治区）

图3-87　“马”字演变过程

图3-88　“马”字字源演变

2）创设真实情境（如图3-89所示），以任务驱动方式提出问题：如何用泥塑方法制作泥板姓氏牌？

图3-89　成都百家堂姓氏博物馆教学

【设计意图】首先让学生初识甲骨文与象形文字，初步感知人类早期记事传情之瑰宝。文字未生之前，先民或借图画以载生活点滴，抒内心情感。这些图画历经演变，终成具有固定读音与深刻内涵之文字。其次与成都百家堂姓氏博物馆合作，特邀小朋友亲手制作姓氏牌为礼，让学生深切体会到所学知识与现实生活之紧密联结，激发他们浓厚的学习兴趣与探索未知的热情。最后引出课题《泥趣百家姓》。

③探究：设递进小问题，构任务群之阶。

A. 合作探究，自主学习。

跨学科任务执行需要设计具有启发性的、递进式的关键小问题，构建任务群，学生需要围绕“如何用泥塑方法制作泥板姓氏牌”“如何让姓氏牌既美观又有创意”这些问题，结合小组讨论、学习微课等方式，逐步掌握泥塑的基本方法和技巧，最终完成泥板姓氏牌的制作。每个小问题紧密相连，任务逐步深入展开。学生依托导学单，小组合作探寻答案：“泥板姓氏牌由哪些部分组成?”“用什么方法制作泥板?”“几号泥牌衣服最漂亮?”“几号字体能用泥巴做出来?”通过探究解决本课重点，制作方法逐渐显现：“揉一揉、搓一搓、压一压、捏一捏、刻一刻”

B. 实践操作，尝试结字。

以结果为导向，展示教师泥塑技法下的泥板姓氏牌，邀学生依篆书之韵还原汉字真容（如图3-90所示）。在此过程中，巧引学生细察线条之疏密对比，泥条之粗细变化，及篆书字形之总体风貌，于实践中体悟书法与泥塑之交融之美。

《泥趣百家姓》导学单

小组：　　　组长：

1.泥板姓氏牌由哪些部分组成？（请勾选）

A.泥板　　B.泥条　　C.装饰

2. 用什么方法制作泥板 ？（请勾选）

A.压一压　　B.揉一揉　　C.推一推

3. 几号泥牌的“衣服”最漂亮？为什么？（请勾选）

（　　）　（　　）　（　　）

4.猜一猜，几号字体能用泥巴做出来呢？（请勾选）

（　）（　）（　）（　）

图3-90　《泥趣百家姓》课中导学单

【设计意图】以学生为中心，布置具体任务，促学生主动探索姓氏牌制作。通过实践对比，归纳字体特点，总结泥塑技法“揉、捏、搓、压”。

C. 微课示范，突破难点：通过学生自主讨论找到制作方法与“点、线、面”装饰技巧，能够激发学生的学习兴趣和主动性，使他们在学习过程中更加投入和积极。在讨论过程中，学生需要分析泥巴深浅变化、装饰位置、点的大小等具体的问题，这有助于培养他们的批判性思维和问题解决能力。

④总结。

赏个性佳作，感创意思维之美。

A. 收获评价：通过作品展览形式评价学生作品，提升学生成就感（如图3-91所示）。

B. 总结升华：强调姓氏的家族传承意义，引导学生做家族文化的守护者与传播者。

C. 课后作业：制作姓氏牌挂件，与家人分享。

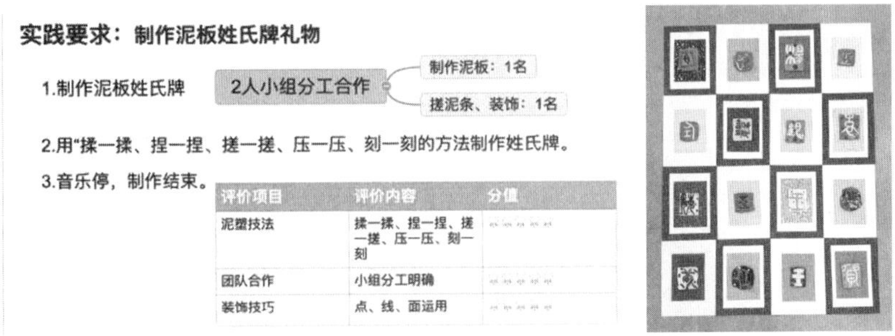

图3-91　学生作品展示

【设计意图】欣赏“百家姓”礼物，让学生感受姓氏不仅是个人身份的标识，还承载着家族、血缘和文化的传承。用相同的制作方法为家人制作姓氏牌挂件，形成知识的迁移。

（6）教学反思

①跨学科融合成果丰硕：美术与语文携手，共绘文化新篇。

本节课将美术泥塑技法与语文姓氏文化相结合，丰富了课堂内容，激发了学生的学习兴趣，实现了预期的教学目标。

②传统文化绽放光彩：姓氏文化进课堂，文化自信深植心。

通过引导学生了解姓氏的起源、汉字在岩壁上的早期形态及演变，培养了学生的文化自信，增强了他们对中华文化的认同感和自豪感。

③美术核心素养全面提升：审美、表现、实践、文化并重。

A. 审美感知：学生欣赏了不同时期的文字形态和泥塑作品，提高了审美水平。

B. 艺术表现：学生创作出具有个人特色的姓氏泥板字，展现了艺术风格。

C. 创意实践：学生尝试不同材料和技法，探索了泥塑艺术的多种可能性。

D. 文化理解：学生了解并传承姓氏文化，增强了对家族文化的认同感。

④反思不足，展望未来：精进技法，优化课堂。

尽管本节课取得了显著成效，但也存在一些不足之处。部分学生在泥塑入门技法上尚显生疏，需加强基础技法的练习。同时，课堂时间分配也需进一步优化，确保每个环节都能充分、深入展开。在未来的教学中，教师将针对这些问题进行改进，力求让跨学科教学更加完善，为学生的全面发展奠定坚实基础。

三、“超学科综合学习”优秀案例

（一）耕园项目

校园一方土，荒漠千点绿
——“超学科项目化综合实践活动”的案例研究

设计团队：刘　檩　吴　艳　马恬然

（1）适用学期：五年级至六年级上、下两学期

（2）内容简介

龙小新城分校作为“四川省环境友好型学校”“全国少工委‘小小志愿者’项目学校”，立足于生态文明建设和志愿公益教育，深入思考人类与环境的关系，引导学生用实际行动守护大自然，参与“10元拯救10平方米荒漠的阿拉善一亿棵梭梭树”公益项目。

由18位导师指导48～60位学生在占地面积约80平方米的学校“耕园”采取PBL项目式学习的方式，从学生的真实问题和成长需要出发，将耕园成长项目综合实践活动的驱动性问题设定为“如何让耕园达到最大化兑换梭梭树的目标?”把“校园一方土，荒漠千点绿”的耕园综合实践活动和“阿拉善公益项目”两者结合，找寻教育的“黄金契合点”；把学校环境教育景点“活水园”和“耕园”有机结合，形成教育的“生态融合点”；把“植物美学”和“移动商城”有机整合，形成教育的“文创生长点”，打造学生身边的综合实践活动基地，实现沉浸式的公益环保学习，使学生获得自我、社会、自然的真实体验。

“耕园环保公益项目” 通过分阶段、分步骤地推进“耕园成长项目”，将学生的生态环境素养落脚于国家战略的生态文明建设中，通过普及宣传种植梭梭树参与荒漠化公益项目的活动意义，开展“关于沙漠环境保护和治理”的序列化生态文明教育活动及项目式学习，使学生走进“生活课堂”的场域中，全程参与

“做”项目的过程，从而实现“做中学”“问中学”，让“绿水青山就是金山银山”的环保思想、绿色理念在学生心中生根发芽，并认识到保护、珍惜土地资源和水资源对人类生存和发展的重要性，助力学生生态文明素养的提升。

（3）学情分析

三至四年级学生已具有一定的科学、美术、语文、信息技术知识素养及动手实践操作的能力，他们活泼好动，好奇心、探究欲都很强。当然由于年龄特点的原因，在理论思考、产品效果、产品推广及营销方面有一定的欠缺，需要老师的专项指导。五至六年级学生有一定的抽象和逻辑思维能力，有一定的研究性学习和参加社会实践的基础，自我探究能力有所提高。处在这个年龄段的孩子，大部分乐学好学，上进心强，初步养成了良好的学习习惯、行为习惯，学习较认真，能比较有兴趣地参与到老师预设好的一些实践活动中来，接受新事物的能力较强。

从学生需求看，PBL项目式学习以学生为主体，链接学生的真实世界，整个团队分工协作，共同解决一个充满复杂性和挑战性的问题，通过亲身体验问题提出、方案的规划、方案的修订与实施、成果呈现、总结反思等环节获得知识与技能、实践应用、创造性能力、沟通协作能力等核心素养的发展。

从国家层面看，生态文明建设是国家战略，中国学生发展核心素养中的人文底蕴、科学精神、学会学习、健康生活、责任担当、实践创新等6大素养均可通过“耕园”项目在一定程度上实现；从省、市层面看，省、市党代会分别提出的“建设美丽和谐繁荣四川”和“成都市美丽宜居公园城市规划（2018—2035年）”，均指向生态文明建设，了解并认识并用行动亲自参与荒漠治理是作为市民应有的担当与责任；从学校层面来看，作为四川省环境友好型学校，学校的育人目标——培养“乐道、乐学、乐体、乐艺、乐群、乐新”的“六乐”龙娃娃，其中“乐道”“乐新”“乐群”指向面对生活、面对社会、面对自然的和谐共生的态度和创新创造的成长生态，具有综合性、实践性的“耕园成长项目”是极佳的育人载体。

（4）教学目标

①价值确认。

通过调查研究、数据收集、资料查询等方式，增强关注自然、保护自然的意识，增进知校园、爱家乡、护祖国的情感。通过搭建校社服务性劳动公益劳动平台和志愿服务，强化学生社会责任，培养良好的社会公德和公益劳动观。让学生体会劳动有意义、劳动有价值。

②责任担当。

通过堆肥实验、植物种植、了解荒漠治理、社区志愿服务、环保宣传倡议、兑换梭梭树公益项目等活动初步培养学生自理自立精神和热爱劳动的态度，培养具有主动积极参与校社生活的意愿，以及乐于在社会公益承担责任的意识。

③问题解决。

教师通过对耕园的来历背景及现状的讲解，引导学生问题意识的养成，鼓励学生发现并提出和耕园相关的感兴趣问题，将问题转化为若干研究小课题，进而综合运用学科知识，在教师指导下用科学方法开展研究，经历发现问题、提出假设、设计制作、实施验证，初步培养学生自理、自立精神，善于解决问题、热爱劳动的态度。最后形成对问题的初步结果，主要围绕驱动问题，提升解决以下4个核心问题的能力：

A. 关于“种”的三个问题：种什么？怎么种？如何种得又多又好？

B. 如何融合创新创造植物的周边产品？

C. 如何开展“线上+线下”的产品直通车和推广营销？

D. 如何在实践中渗透关于沙漠环境保护和治理的公益环保学习？

④创意物化。

A. 形成多个资源包：出一本“耕园”综合实践校本读本；形成科研立项、课例展示、经验交流、活动分享等多形式的“耕园”综合实践课程资源包。

B. 形成系列文创产品：如植物扎染、植物造型、植物插花等花艺作品、如植物明信片、植物书签、植物杯垫、植物书画等艺术作品、如植物自动灌淋装置、自动驱鸟工具等科技作品；引导学生融合创新创造植物的周边产品，成立植物美学生活馆的同时开展“线上+线下”的产品直通车和进行推广营销，打造“耕园移动商城”。

C. 建成一个生态基地：将学校环境教育景点“活水园”和“耕园”有机结合，形成教学校的“生态教育基地”。

D. 开展一项公益活动：招募小小志愿者成立“绿洲号”公益小分队，开展公益环保学习，将收益所得参与阿拉善梭梭树种植公益项目。

（5）教学环节

活动过程的流程如图3-92所示，具体执行过程见表3-28所列。

(一)活动过程流程图

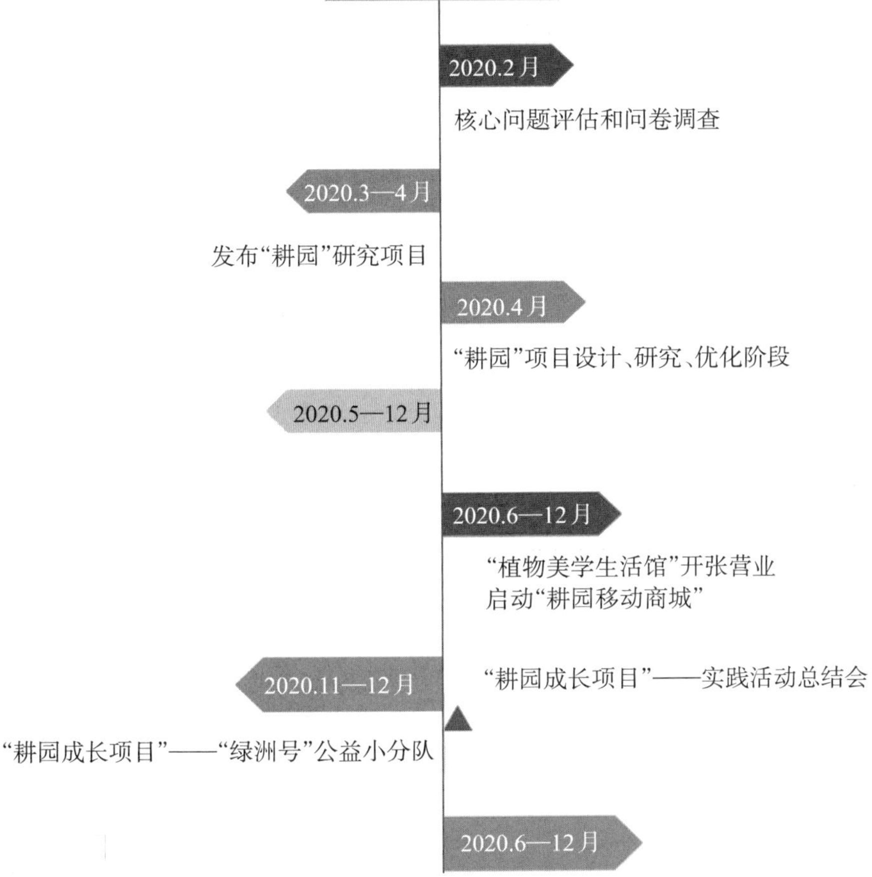

图3-92　活动过程流程图

表3-28　活动实施过程表

活动阶段	阶段目标	课时/学时	教师指导	学生活动
活动准备	学生围绕驱动问题提出耕园可以种什么的可行性方案，并利用思维导图的方式对驱动问题提出可行性方案	1课时/3学时	对学生的可行性方案优劣进行评价和引导	第1—3学时 1.围绕驱动问题制作思维导图； 2.在老师指导下修改调整思维导图

续表

活动阶段	阶段目标	课时/学时	教师指导	学生活动
活动实施	育植问诊中心——整合科学、数学学科知识，通过实地调查耕园的面积、土壤、环境等，解决种植什么，怎么种植可以提高产量等问题	4课时/12学时	第一课时 采取线上直播教学方式带领学生研究植物的生长特点，研究五月的耕园可以种什么。 第二课时 采取线下实地教学方式带领学生实地调查了解耕园的面积、土壤与环境特点。 第三课时 采取线上直播教学方式通过推送影响植物生长因素的微视频，让学生了解影响植物产量的原因。 第四课时 采取线下实地教学方式带领学生实地栽种	第1～3学时： 学生了解植物的生长特点，编写植物知识小报 第4～6学时： 学生根据实地调查了解耕园的面积、土壤与环境特点，写出任务单 第7～9学时： 学生自主学习并了解影响植物生长与产量的因素，写出微报告（表格形式） 第10～12学时： 学生动手实践、实地栽种
	植物美学生活馆——整合美术、信息技术、科学、语文、英语等学科，通过实验操作、动手制作、编程设计等方式，解决植物与文创的结合点：如开展植物艺术作品、花艺作品、编程作品、文学作品的创作等	4课时/12学时	第一课时 采取线上教学方式 观察植物特点，寻找植物特点与文创作品的结合点。思考可以创作哪些主题的文创作品。 采取线下教学指导 第二课时 书画及花艺作品的创作指导 第三课时 编程与摄影作品的创作指导 第四课时 文学作品的创作指导	第1～3学时： 根据资料学习，做出植物与文创可以怎样结合的思维导图 第4～6学时： 学习、了解并自主创作编程与摄影作品 第7～9学时： 学习编程及摄影知识并进行创作 第10～12学时： 学习、了解并自主创作文学作品，如自然笔记，种植日记，观察报告

续表

活动阶段	阶段目标	课时/学时	教师指导	学生活动
活动实施	“耕园”移动商城——整合信息技术、语文学科，通过“最具创意的文创产品推广”、举办“耕园市集”活动，让耕园的文创产品通过线上电子商务、线下实体等方式推广，以产出更大收益	4课时/12学时	第一课时 采取线上教学方式 了解产品的推广要素 第二课时 采取线下开展活动 开展“最具创意的文创产品推广”评选活动 第三课时 了解线下耕园市集的筹办要素 第四课时 开展线下“耕园市集”活动	第1～3学时： 学习用语言文字和图片对文创产品进行描述 第4～6学时： 学生对文创产品进行说明 第7～9学时： 学生创意设计“耕园线下市集”方案 第10～12学时： 学生体验参与耕园市集文创产品推荐及售卖会
	“绿洲号”公益小分队——整合道德与法治学科、生命生活与安全学科等，开展沙漠环境治理与保护的学习，用收益所得参与“种植梭梭树开展荒漠治理”的公益项目	1课时/3学时	引导学生思考通过前期活动售卖所得应该怎样使用更有价值与意义？ 了解梭梭树公益项目 参与公益项目	第1～3学时： 学生学习并了解荒漠治理的相关知识，学习了解梭梭树的公益项目
活动总结	开展“活动反思总结分享会”，用耕园的面积与梭梭树固沙的面积进行对比，提升学生环保意识。对最具创意的文创产品颁奖、对销售量前三的文创产品颁奖。十大最具创意的文创产品，最有意义的毕业礼物等			

（6）教学反思

①教师在这个课程中的作用和自我提升有哪些？

学校重视基于真实问题解决的学科间、跨学科间的融合课程，从“0”到“1”，积极开展PBL项目制学习。学校充分利用校园的种植园区，开展“耕园成长项目学习”，项目组导师团队分别由数学、科学、英语、信息学科、美术、语文教师自主申报组成，根据项目的需要，教师将相机介入各自学生团队的实践中，用恰到好处的引导贯穿综合实践活动实施的全过程，给学生留白，使其充分思考实践的空间。教师应扮演好支持与管理，帮助与引导，合作与评价的角色。作为指导者，教师不能试图以权威的方式将答案告诉学生，让学生机械地重复或者简单地模仿，而是要与学生平等交流，询问解决问题的过程，共同商讨解决问题的办法，激发和深化学生对所遇到问题的思考。这就要求在综合实践活动中，教师要让学生拥有自主活动的机会，还要深入研究不同类型活动的不同特点，为学生开展活动创设条件，不断调整改进指导方式，引导学生深入探究体验。因此，教师要在推进项目的过程中善于总结反思，努力提升自我的课程开发意识，课程研究能力，从而进一步培养教师的跨领域跨学科发展的综合能力。

②“耕园”综合实践活动课程的未来发展?

耕园项目最终可能会以慈善公益捐助的形式结束，但应思考，学校课程开发与设计如何从“碎片化”走向“系统化”，如何将学生带入更加广阔的生活课堂里，让更多其他年级的孩子参与进来，建立一套拥有更加完备体系的综合实践活动课程，不仅着眼于每一节活动课的开展，更要着力于培养学生跨学科综合素质和未来素养的建构。这就需要学校根据自身情况，对各种问题进行深入研究，系统谋划，对综合实践活动课程进行整体规划和顶层设计，以便更好地协调各方资源，发挥综合实践活动课程的育人功能，提升活动育人含金量。

③思考如何建构社区服务性劳动课程，回应新时代劳动关切?

我国的劳动教育中存在的问题日益凸显。在《关于加强中小学劳动教育的意见》中明确提出了中国学生劳动教育中存在的一系列问题，比如，学校、家庭和社会对劳动教育问题重视不够，中小学生普遍缺乏劳动意识，重视学生学习成绩，轻视劳动能力锻炼。

从本校学生参与此次项目的情况来看，存在劳动意识和观念不强、劳动精神不足、劳动习惯一般、自我服务意识较弱，当前社区服务性劳动教育还存在诸多薄弱环节和问题，小学生劳动机会少，有一部分学习能力差的学生，忙着做作业，参与劳动的机会也很少。服务他人的机会和平台较少，现有资源没有形成序列化，社区服务性劳动呈现零碎化、点状化的问题。

通过加强劳动课程和社区生活资源的有机整合，借助开辟校内实践园、布置家务实践作业、开展社会实践活动等，将劳动教育的体验范围向学生的生活拓展，让学生在丰富多彩的劳动实践中增长才干，提高劳动素养，树立积极向上的劳动观念是应继续思考的问题。

（二）活水园项目

项目式学习在教学实践中的应用
——以“活水园移动科普站”项目为案例

设计教师：赵春梅

（1）适用学期：春季学期

适用年级：小学中高年级

（2）内容简介

本文以“活水园移动科普站”项目为案例，探讨项目式学习在小学教学实践中的应用。项目围绕学校内的“活水园”——一个污水净化微缩景观展开，旨在通过跨学科的项目式学习，让学生了解水资源保护的重要性，并将“活水园”打造成一个移动科普站。项目包括实地考察、实验操作、设计制作、成果展示等环节，培养学生的综合素养和问题解决能力，同时增强他们的节水、护水意识。通过这一项目，学生不仅能够掌握科学知识，还能在实践中提升团队合作能力、创新思维和工程设计能力。

（3）学情分析

①知识基础。

A. 学生在科学课上已接触过简单的污水处理知识，了解水的循环过程和基本的水质检测方法。

B. 在道德与法治课上学习过保护水资源的重要性，具备一定的环保意识。

C. 在信息技术课上接触过简单的编程和数据处理，能够为项目中的智能灌溉系统设计提供支持。

②能力水平。

A. 学生具备一定的观察、实验操作和小组合作能力，但对复杂系统的理解和设计能力有待提升。

B. 部分学生在动手操作和创新设计方面表现出较强的兴趣和能力，但整体水平参差不齐，需要分层指导。

③兴趣与动机。

A. 学生对身边的“活水园”充满好奇，对动手实践和创新设计有较高的兴趣，但需要教师引导他们将兴趣转化为持续的学习动力。

B. 项目式学习的实践性和创新性能够激发学生的学习热情，但教师需要设计有趣且富有挑战性的任务，以保持学生的参与度。

④学习差异。

A. 学生在知识储备、动手能力和创新思维上存在差异，需要分层指导和多样化的教学支持。

B. 部分学生可能对科学知识的理解较弱，需要更多的辅导和实践机会，而一些学有余力的学生可以承担更具挑战性的任务，如设计优化方案。

（4）教学目标

①科学观念。

A. 理解水资源的重要性，学生能够认识到水资源的有限性及其在生态环境和社会发展中的关键作用，理解水资源保护的紧迫性。

B. 掌握污水净化的基本原理，学生能够了解“活水园”的污水净化流程，包括沉淀、过滤、生物处理等环节的作用机制，掌握水质检测的基本方法。

C. 认识水循环与生态系统的关联，通过项目实践，学生能够理解水的自然循环过程以及人工净化系统在生态系统中的作用，认识到水资源的可持续利用对环境保护的重要性。

②科学思维。

A. 学生的问题解决与工程思维得到培养，学生能够在项目中提出关于“活水园”的问题，并通过分析、设计、实施和优化的步骤，提出解决方案，培养工程设计思维。

B. 学生的数据处理与分析能力得到提升，学生能够通过水质检测等实践活动收集数据，并运用简单的数据分析方法来解释实验结果，形成科学的结论。

C. 学生的跨学科思维得到培养，学生能够在项目中整合科学、技术、工程、数学等多学科知识，理解不同学科知识在解决实际问题中的协同作用。

③探究实践。

A. 实验操作能力得到提升，学生能够熟练使用pH试纸、简易净水装置等工具进行水质检测和污水净化实验，掌握基本的实验操作技能。

B. 设计与制作能力得到提升，学生能够设计并制作简易净水装置，根据“活水园”的实际情况提出优化方案，并通过实践验证其可行性。

C. 实地考察与调研能力得到提升，学生能够通过实地考察成都市活水公园，收集相关信息，分析学校“活水园”与成都市活水公园的异同点，并将所学知识应用于项目设计中。

④态度责任。

A. 学生的环保意识与社会责任感得到培养，学生能够树立节水、护水的环保意识，认识到个人在水资源保护中的责任，形成积极的环保行为习惯。

B. 团队合作与沟通能力得到培养，学生能够在小组合作中明确分工，积极参与讨论，学会倾听他人意见，培养团队合作精神和沟通能力。

C. 科学探究的兴趣与习惯得到培养，学生能够在项目实践中体验科学探究的乐趣，激发对科学学习的兴趣，培养持续探索的科学精神和自主学习的习惯。

（5）教学环节

①项目导入（1课时）。

A. 引入话题。

a. 课堂讨论：通过展示水资源短缺和污染的图片或视频，引导学生讨论水资源的重要性以及当前面临的挑战。

b. 问题引导：提出问题："我们学校有一个'活水园'，你知道它是做什么的吗?"激发学生对"活水园"的兴趣。

B. 明确任务。

a. 项目介绍：通过PPT展示项目的目标——将活水园打造成一个移动科普站，让学生了解项目的背景和意义。

b. 任务分解：将项目分解为多个子任务，如成立科普队伍、建成实践基地、开发校本读本、创新设计方案等，让学生明确自己的任务。

C. 问题驱动。

问题梳理：引导学生提出关于"活水园"的问题，如"活水园是如何净化污水的?""净化后的水能用来做什么?"并将这些问题梳理成研究课题。

②实地考察与知识学习（2课时）。

A. 实地考察。

a. 参观活水公园：组织学生参观成都市活水公园，了解其污水净化原理和生态设计。

b. 小组任务：学生分组完成考察记录，包括拍照、绘制简图、记录观察到的现象等。

B. 课堂学习。

a. 知识讲解：通过多媒体课件讲解"活水园"的净化流程，包括沉淀池、活氧池、植物池等的作用。

b. 小组讨论：学生分组讨论如何利用"活水园"开展科普活动，提出初步的想法和建议。

C. 问题研讨。

a. 课堂交流：邀请学生分享考察心得，教师引导学生分析"活水园"与成都市活水公园的异同点。

b. 任务布置：布置学生课后查阅资料，进一步了解污水处理的相关知识。

③实践操作与设计制作（4课时）。

A. 水质检测。

a. 实验指导：教师讲解水质检测的方法，包括pH检测、浊度检测等。

b. 小组实验：学生分组进行水质检测实验，记录数据并分析结果。

B. 制作净水装置。

a. 材料准备：教师提供花岗岩石子、英砂、活性炭、石英砂、海绵、纱布等材料，指导学生制作简易净水装置。

b. 动手实践：学生分组设计并制作净水装置，记录制作过程中的问题和解决方案。

C. 设计方案。

a. 任务布置：学生分组设计“活水园”改造方案，包括污水净化系统、动植物分布、外观改造等。

b. 方案讨论：各小组展示设计方案，其他小组提出建议和意见，教师进行指导和总结。

④成果展示与评价（2课时）。

A. 成果展示。

a. 展示形式：各小组通过PPT、实物展示、现场讲解等形式展示设计方案、水质检测报告、净水装置等成果。

b. 展示过程：邀请学校领导、其他班级学生和家长观看展示，增强学生的成就感。

B. 评价反馈。

a. 多元评价：教师、学生、家长共同参与评价，从科学性、创新性、实用性等方面对各小组的成果进行打分和点评。

b. 颁发“最佳设计奖”“最具创意奖”“最佳团队合作奖”等个人和团队奖项。

C. 总结反思。

a. 学生分享：学生分享在项目中的收获和体会，反思遇到的问题及解决方法。

b. 教师总结：教师总结项目实施过程中的问题与改进措施，鼓励学生将所学知识应用到生活中。

（6）教学反思

①项目设计。

A. 时间安排

项目内容丰富，但时间安排较为紧凑，部分环节（如实地考察和设计制作）可能需要更多时间。建议根据实际情况灵活调整课时安排，确保学生有足够的时间完成任务。

B. 任务难度。

部分任务难度较高，如设计智能灌溉系统，需要提前为学生提供相关的技术支持和培训。

②学生参与。

小组合作：学生对项目兴趣浓厚，但在小组合作中存在分工不明确、参与度不均衡的问题。教师需提前明确分工，加强过程指导，确保每个学生都能积极参与。

③跨学科整合。

知识融合：项目涉及多个学科知识，但部分学生在跨学科应用上存在困难。建议在项目前增加跨学科知识的衔接课程，帮助学生更好地整合知识。

④评价方式。

A. 评价标准：评价指标较为全面，但学生对评价标准的理解不够深入。建议在项目开始时明确评价标准，并在过程中及时反馈，帮助学生改进。

B. 过程评价：除了结果评价，还需要加强对学生学习过程的评价，关注学生的参与度、合作能力和创新思维。

⑤资源利用。

A. 校内外资源。

项目充分利用了校内外资源，如"活水园"和成都市活水公园，但对校外资源的利用仍需进一步拓展，如邀请专家指导、与社区合作等。

B. 技术支持。

在设计智能灌溉系统等环节，需要提供更多的技术支持和设备。

（三）人气午餐项目

如何设计一周的校园人气午餐单
——"小学超学科主题学习"教学实践与反思

设计教师：吴　艳　马恬然　胥　梅　苟千惠　李耀怡　刘　宁　黄倩霞

（1）使用学期：四至六年级上学期和下学期

（2）内容简介

习近平总书记提出"反对浪费、光盘行动"的重要指示后，学生们更加关注身边的浪费现象。在学校，他们敏锐地察觉到午餐浪费情况较为严重，并及时将这一现象反馈给了项目组的老师。

项目组导师迅速引导学生对学校午餐的剩菜剩饭情况展开调查。经过一周的细致观察，学生们发现低年级（一、二年级）的学生几乎不存在倒饭现象，而随着年级的升高，倒饭的情况却越来越普遍。为了深入探究这一现象背后的原因，学生们进一步开展了调查。

通过校园采访、问卷调查等多种方式，学生们找到了造成午餐浪费的主要原因——学生对学校午餐的满意度较低，现有的菜品和口味无法满足他们的实际需求。这种情况不仅影响了学生的营养摄入，还造成了严重的食物浪费。

与此同时，学生们表现出了强烈的参与热情，渴望能参与到学校午餐菜单的设计活动中。基于学生们面临的这些真实问题，以及他们成长过程中的切实需求，项目组将综合实践活动的驱动性问题确定为："如何设计出一周的校园人气午餐单"

在解决这一问题的过程中，项目组整合了科学、数学、信息技术、语文、道德与法治、美术、生命生活与安全等多学科知识，开展了项目式学习活动。学生们在项目学习中，积极践行习近平总书记的指示，针对食物浪费和节俭意识不足的问题，加强自我引导和管理，培养勤俭节约的良好品德。

通过走进"生活课堂"，学生们全程参与到"做"项目的过程中，真正实现了"做中学""问中学"。在项目式学习中，学生们根据自己发现的问题，积极探索、努力实践，凭借自己的努力解决问题，收获成功的喜悦。

这样的活动，使"反对浪费、光盘行动"的理念在学生心中深深扎根，使他们深刻认识到珍惜粮食对人类生存和发展的重要意义，有效助力了学生生态文明素养的提升。项目开展如图3-93所示。

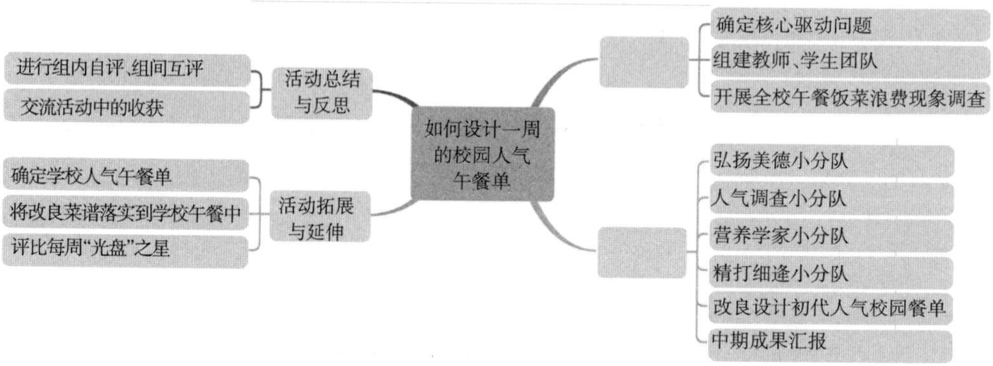

图3-93　"如何设计一周的校园人气午餐单"项目流程图

（3）学情分析

四、五、六年级学生有一定的抽象和逻辑思维能力，有一定的研究性学习和社会实践经验的基础，自我探究能力有所提高，具备一定分析、概括及归纳的能力。处在这个年龄段的孩子，大部分乐学好学，上进心强，初步养成了良好的学习习惯、行为习惯，学习较认真，能比较有兴趣地参与到老师预设好的一些实践活动中来，接受新事物的能力较强，所以把四、五、六年级的学生作为此次PBL项目式学习主体，整个学习团队分工协作，共同解决一个充满复杂性和挑战性的问题，通过亲身体验、问题提出、方案的规划、方案的修订与实施、成果呈现、总结反思等环节获得知识与技能、实践应用、创造性能力、沟通协作能力等核心素养的发展。

（4）教学目标（含教学重难点）

①教学目标。

A. 价值确认。

通过调查研究、数据收集、资料查询等方式，增强自主解决的问题意识，增进“我是学校小主人”的获得感，增强他们节约粮食的意识和社会责任感，懂得尊重普通劳动者，珍惜劳动成果，养成良好的餐饮习惯。

B. 责任担当。

通过用马赛克遮挡学生面部进行匿名采访、数据分析、社区调研、食堂调研、小组讨论、自主设计等活动，初步培养学生自理自立精神和热爱生活的态度，培养主动积极参与校社生活的意愿，作为学校小主人能主动参与学校事务，并在此过程中培养学生乐于沟通的技能，敢于面对困难和善于解决问题的主人翁责任意识。

C. 问题解决。

通过引入对于学校午餐的改良计划，引导学生问题意识的养成，鼓励学生发现并提出和午餐改进计划相关的感兴趣问题，将问题转化为若干研究小课题，进而综合运用学科知识，在教师指导下用科学方法开展研究，经历发现问题、提出假设、设计制作、实施验证，最后形成对问题的初步结果，围绕核心驱动问题，解决以下4个核心子问题：

a. 如何弘扬节约粮食的传统美德？

b. 如何让午餐控制在成本内？

c. 如何让午餐有营养？

d. 如何让午餐受欢迎？

D. 创意实现。

a. 形成由学生自主改良设计的人气校园午餐单。学生通过对学校原有的午餐单进行调查分析并综合营养搭配、食品安全、成本计算、色彩搭配等因素改良设计出人气校园午餐单，并通过人气校园午餐发布会确定学校的人气午餐单。

b. 建立校园微信公众号，固定板块中定期推送改良食谱，并收集反馈意见，完善人气校园午餐单。

c. 建立校园午餐公示栏。同时，评比每周“光盘”之星，张榜表扬并结合学校新城市奖励体系表彰。

②教学重难点。

A. 教学重点：以培养学生综合素质、发展核心素养为导向，引导学生从日常社会生活中提出具有教育意义的活动主题，并带着问题由个体转向群体，走进家庭生活，走入社区调研等，始终链接学生完整的生活世界，使学生获得关于社会、自我的真实体验，建立学习与生活的有机联系。

B. 教学难点：引导学生主动参与并亲身经历实践的过程，从前期的问卷制作、中期的市场调研和后期午餐单制作，成为整个活动的主导者，参与者，建构者，在实施过程中，随着实践活动不断深化，学生能够逐步形成共识，找出核心问题，并将核心问题分解为子问题，再根据实际需要，对活动的目标与内容、组织与方法、过程与步骤等做出动态调整，最终解决问题。

（5）教学环节

第一阶段：活动准备阶段

课时安排：1课时

环节一：确定核心驱动问题

学生发现各班级午餐浪费严重，于是找到老师并提出是否可以通过自己的行动减少校园午餐的浪费。接着开展了匿名采访，对于学校午餐的满意度进行调查，在此基础上师生共同确定此次综合实践活动的核心驱动性问题。

【设计意图】通过采访让学生对学校午餐满意度情况有一个大概的了解。

环节二：组建教师、学生团队并观察全校班级午餐情况

课时安排：2课时

①通过项目式学习工具——个人特色卡，招募感兴趣的同学并组建相关小分队。

②通过午餐时间进入班级走访，对学校午餐喜好度情况有一个基本的了解。

③利用项目式工具——鱼骨图梳理出活动步骤。

④通过梳理出的活动步骤，完成活动框架图。

【设计意图】组建学生和导师团队并明确任务，为后期活动的开展奠定基础。

第二阶段：活动实施阶段

课时安排：18课时

环节一：弘扬美德小分队

通过观看视频、查阅资料等方式，了解了世界存在的粮食浪费问题。

【设计意图】进行节约美德和责任担当意识的公民教育。

环节二：人气调查小分队

①根据思考配对分享法，和同伴共同思考，广泛获取建议。

②设计《午餐剩余量统计表》《校园午餐满意度调查问卷》。

③向3～6年级学生发放线上《校园午餐满意度调查问卷》，午餐时间进班观察并填写“午餐剩余量统计表”。

④根据问卷得到数据资料，进行数据的分析和整理并根据得到的信息进行讨论。

【设计意图】通过调查问卷让学生体验基于数据化模块的调查分析。

环节三：营养学家小分队

营养学家小分队在导师们带领下走进锦城社区食育中心，听课学习，参观交流，同时进行图书查阅、上网查询，进一步了解营养学知识。

【设计意图】学生开展基于营养健康、合理搭配的探究性的自主学习。

环节四：精打细算小分队

①了解学生午餐的人均费用问题。

②依据MECE法则制订调研流程，在不同时段对周边菜市场的食物价格进行调查，走访了周边中餐馆，收集了符合大众口味的荤素菜品，分析讨论调查的数据。

③与食堂大厨在午餐的口味上展开讨论，了解到食堂工作的不易。

④运用项目式学习工具——5W2H对市场菜品和食堂调研实践活动进行全程分析梳理。

【设计意图】该阶段活动链接学习和生活的双重场域，重点进行基于社会参与的共同体教育，引导学生在真实情境中开展自主探究，小组合作的活动，真正实现在做中学。

环节五：中期成果汇报

以小组为单位，开展回顾、画廊漫步等环节，并采用项目式学习工具——“我喜欢—我希望—我想知道”来进行投票、汇报和点评等环节来展示考察探究、设计制作阶段性的成果，形成迭代后的人气餐单。

【设计意图】用科学方法开展研究，经历发现问题、提出假设、设计制作、实施验证，最后形成初步的成果。

第三阶段：活动总结与反思阶段

课时安排：2课时

总结与反思

通过2+1的方式来反思，围绕以下2个收获进行思考：

①学科知识与现实问题之间有什么联系？

②围绕你和小组成员、学校之间的联系，制订一个改进方案进行反思和总结。

【设计意图】通过量规表，让学生自己主动反思他们在综合实践过程中的得与失，为以后开展课程总结经验

第四阶段：拓展与延伸阶段

课时安排：1课时

成果物化

通过选用学生设计的人气午餐餐单替代学校原有餐单来实现活动落地，并利用校园微信公众号在固定板块中定期推送改良食谱，收集反馈意见，完善校园人气午餐单。

【设计意图】通过这些方式，落实人气餐单。

（6）教学反思

①学生反思：在参加这次项目活动过程中，我们在老师的指导下处理一个又一个项目，在这一过程中学习解决在处理项目中遇到的困难，提高了兴趣也调动学习的积极性。初步接触项目式学习时，并不习惯，我们大脑里的教学方法，应该老师在讲台讲，学生在下面听，而项目式学习法是老师介绍任务，由我们完成，老师进行指导，最后互评，老师再讲。但是经过完成几个项目后，慢慢发现，我们已经开始喜欢上这种学习方法了，老师们在这个过程中监督、指导我们完成任务，对出现错的地方老师并不立刻告诉我们答案，而是让我们自己发现、自己纠正，这样我们会很有成就感。我们在规定的时间完成任务后，老师再对我们完成任务的情况进行评价，有哪些值得肯定的地方、有哪些需要改进的地方，哪个小组完成得又好又快，哪个小组需要加油等等，这样更激发我们学习知识的兴趣，小组之间相互竞争，相互促进、相互进步。

②教师反思：在这次综合实践活动过程中，孩子们从身边的真实问题出发，以小组为单位，通过考察探究、设计制作的活动方式，打破了学科壁垒，开展了跨学科项目化课程的学习，落实了核心素养的要求。学生们不仅设计出了形式多样的人气餐单，而且整个过程中孩子们都兴致昂，积极性得到充分的体现。与此同时，各学科导师不再是书本知识的传授者，而是参与整个过程，变成了课程建设者和实践者，尝试着将多学科进行融合和学生共同成长。但对于课堂上学生的生成处理或许还不够灵活，这也为我们今后的课程改进提供了借鉴和思考。未来我们将不断完善我校PBL及综合实践课程体系，为以后的人气校园午餐的迭代、及其他项目的推进提供资源。

第四章

反思与展望

一、课程综合化的成果与成效

课程综合化的开发与实施，探索变革了教与学的方式，对学校“六乐”课程体系进行了持续优化，有效提升了学校办学品质，实现学校发展与教师发展、学生发展的同频共振。

1. 从理念到实践：学生创新能力培养的校本化实现

在以“六与”课程为基石的课程综合化体系的引领下，学校结合特色文化开发了多个覆盖一至六年级的课程综合化课程，为学生提供了丰富的学科实践与问题解决的机会。学生在知能整合、协作沟通、创新迁移、元认知反思、必备品格等一系列核心素养上实现了显著的提升与发展。由此，学校涌现了一批又一批具有创新精神、实践能力和团队协作素养的乐新学子。

学生团体获奖49次，在2024年科技信息类比赛获奖超过300人次，艺术比赛获奖555人次，体育比赛获奖610人次。在中小学综合实践活动课程成果展评中，学生项目“如何设计一周的人气校园午餐单”获市级和区级特等奖，“如何为家委会设计一份合理的研学方案”获市一等奖、区特等奖。

2. 从碎片到系统：“六与”课程赋能学生综合能力发展

自2012年建校以来，学校实现从单一学科到多学科再到跨学科学习的转变并形成课程综合化课程体系，通过课程整体设计、课程要素整合、管理保障机制优化等系统性支撑，让老师课程综合化的教学组织、实施、评价等有了抓手。

教师团队紧密围绕“六与”课程，积极投身学术研究与创新教学设计，在多个课程综合化评选活动中频频获奖，验证了课程体系的理论价值与实践效能。如，PBL系列融合课程荣获全国新教育实验年度卓越课程提名奖以及多项科创项目式学习方案获得国家级一等奖。教师们的专业成长迅速，近三年来共获得区级及以上赛课、获奖、发表2 047人次，较前三年增长499%，平均每年6.8人次。在省级和市级的赛课、展示课中也取得了显著成绩，共获得省级一等奖1人，省级展示课5人，市级一等奖2人，市级展示课4人。3个跨学科主题学习项目遴选入全国第三届跨学科主题学习典型案例、获四川省跨学科主题教学设计一等奖一次，二等奖两次。

3. 从机制到生态：课程综合化管理保障机制助推学校高质量发展

经多年探索，学校通过持续的研究、实践、迭代从而更新和完善组织机构、教研机制、师资培训等课程综合化管理保障机制，提高了教学质量与课程整合能力，增强了学校竞争力与特色发展，提升了优化资源配置与提高管理效率，使学校由一所新校发展成为拥有两个校区的优质教育共同体。

在教育成果方面，学校荣获包括“教育部中外人文交流特色学校”和“四川省优秀少先队集体”在内的20多个市级以上荣誉称号。2023年，学校被评为“成都市新优质学校”。学校的课程综合化课程获得“全国新教育实验2020年度卓越课程提名奖”，其中《校园一方土，荒漠千点绿》等课程获得国家级奖项。

4. 从校本到区域：跨学科主题学习辐射助推区域教育优质均衡

团中央书记处书记、全国少工委主任和教育部基础教育司副司长等领导对学校的“校社共建综合实践活动课程”给予高度评价。《中国教育报》《四川日报》《教育导报网》以及中国网等权威报刊及媒体，纷纷对学校课程综合化课程进行了深入专题报道。学校课程综合化成果在省市级平台进行了5次“真实而复杂问题解决”的成果展示，12位学科老师到成都师范学院给学生进行课程综合化经验分享。

同时，我校积极将课程综合化的宝贵经验向区内外辐射，助力更多优质学校快速成长，共享教育硕果。在学校承办教育集团第19届教学节活动中，教育部跨学科主题学习指导委员会秘书长以及相关专家对我校的课程综合化建设成果给予了高度评价，得到了20余所参会学校的高度评价和充分肯定。

二、课程综合化的总结与展望

我们认为课程综合化实施一定是“求真”的。

在校园乐体节活动中，学生对“体育赛事”提出很多现实问题：派出怎样的选手才能在年级跳绳赛中获胜？为什么400米跑步比赛大家的出发点各不相同？

运动会的比赛项目是如何确定的？拔河比赛为什么会出现轮空现象？学生的好奇、疑问、质疑引发思考，老师们从数学新课标中找到“体育中的数学”的主题介绍、从教材中找到相关主题内容，从而确定其研究主题。

无论是学科内整合、跨学科主题学习、超学科综合都是在“围绕真情境、开展真探究、产出真作品、解决真需求、应对真挑战、形成真素养”。千教万教教人求真，“真”所激发出的学习力和深度思维，是令人震撼的。

其次，课程综合化实施的学校行动一定得认真。

这不是个别老师、个别学科、少数团队的事，它与我们每一位学科老师息息相关。每一位老师要做好学科内的整合，还要上好10%的跨学科主题学习，并站高看远，让这10%去撬动影响学科的90%。

学校将秉持“老老实实做人、踏踏实实做事”的精神，久久为功认真做好。

我们相信一旦开始做，就会有反思，一反思就有机会走向深刻。

课程综合化学习踏着时代的呼唤而来，变化的是学科联结的内容与方式，奔着学生的核心素养而去，只为活化知识与能力，将素养内化成心智，始终不变的是育人的初心。

后　记

本书的诞生，是成都市龙江路小学武侯新城分校在教育改革浪潮中砥砺前行、勇于探索的见证，也是学校在“课程综合化”道路上从“破冰”到“深耕”的生动记录。作为武侯区委、区政府在新城片区重点打造的名校新校区，龙小新城自创办以来，始终以“传承龙小基因、创新新城特色”为使命，致力于培养具有“六乐”品质的未来公民。

2012年，龙小新城在区域教育大力推进名校集团化的背景下应运而生。学校以“思想引领、文化渗透、行为导向”为方针，传承龙江路小学“愉快教育”的优良传统，同时积极探索适应新时代需求的教育模式。随着《中国学生发展核心素养》的发布和《义务教育课程方案和课程标准（2022年版）》的出台，课程综合化成为教育改革的重要方向。学校敏锐把握这一趋势，以“六乐”课程体系为依托，将红色德育、绿色智育、橙色体育、七色美育、金色劳动教育融入课程设计，开启了从“学科本位”向“素养本位”的转型之路。

学校的课程综合化探索，经历了三个阶段的系统化推进：2012年至2015年的破冰与尝试、2015年至2020年的项目驱动突破、2020年后跨学科主题学习的深化。从“拼盘式”整合到项目式学习，再到如今的跨学科主题学习，学校在课程综合化的道路上不断探索、不断前行。

本书的编写，立足学校在“课程综合化”领域的长期实践与深入思考，通过系统梳理课程综合化的理论基础、实施路径与优秀案例，从国家教育政策的宏观背景到学校课程改革的具体实践，从理论探索到案例呈现，凝聚了龙小新城全体师生的智慧与心血，是学校在教育改革道路上的一次重要总结与分享。

随着本书的付梓，我们也如释重负，又满是沉甸甸的感慨。知易行难，著书与教书育人虽同属教育事业的范畴，却有着截然不同的挑战与体验。日常的教学工作中，我们面对的是鲜活的学生，他们的成长与进步是我们最直观的收获。而著书，我们面对的则是文字与思想的碰撞，每一个观点的阐述、每一个案例的选择，都需要反复推敲、精心打磨。这个过程漫长且充满挑战，从最初的案例积累到框架设计，从理论梳理到实践反思，著作团队历时一年多的实践，完成了这部成果集。但当我们看到这些文字逐渐成形，仿佛看到了教育理念在纸上的生长，不禁充满了成就感。

教育之路永无止境，课程综合化也并非终点。希望通过这本书，将我们的思考与实践分享给更多同行，让更多教育者感受到课程综合化的魅力。也希望每一位读者都能从中看到教育的另一种可能：知识不是冰冷的符号，而是解决问题的钥匙；学习不是孤独的竞争，而是共创意义的旅程；教育不是塑造标准件，而是唤醒生命独特性的音符。

我们始终坚信，只要心怀热爱，脚踏实地，便能在这条路上走得更远，走得更好。期待本书能成为更多教育工作者手中的“火把”，照亮教育改革前行的道路，共同为实现教育强国的目标而努力奋斗。

成都市龙江路小学武侯新城分校